중국 (고대편)
옛명사들의
삶과
수수께끼

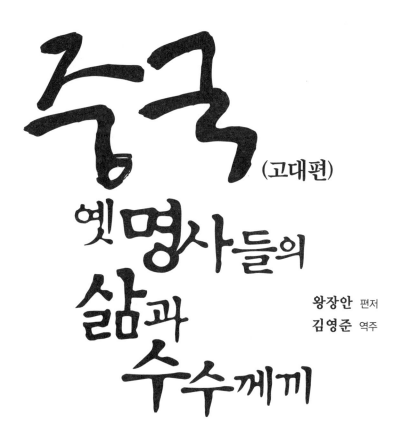

중국 (고대편)
옛명사들의
삶과
수수께끼

왕장안 편저
김영준 역주

어문학사

머리말

'명사(名士)'란, '세상에 그 이름이 널리 알려진 사람'을 말한다.

필자의 전공은 우리 고전문학이다. 그러다 보니 자연히 다른 전공자들보다 중국의 옛 역사나 문화, 인명 등과 접할 기회가 많고, 인하여 평소 그러한 것들에 대해서 관심도 많이 갖게 된다.

수년 전, 북경의 한 대형서점에 들렀을 때의 일이다. 그곳 서가에서 우연히 왕장안이란 사람이 편집한 ≪중국역사명인현안전파역≫이란 책을 보게 되었다. 책을 펼쳐 드는 순간, 책의 내용에 깊숙이 빠져들었다. 평소 낯익은 중국 명사들이 모두 망라되어 있을 뿐만 아니라, 그들에 관한 다소 충격적인 주장들이 미스터리 형식으로 펼쳐지고 있었다. 책의 내용과 형식 모두에, 사람을 책 속으로 깊이 빠져들게 하는 묘한 매력이 숨어 있었다. 그즈음 이런 매력에 이끌려, 필자는 자연스럽게 이 책을 번역해보자는 욕심을 품게 됐다.

다만, 책의 내용 중 한 가지 마음에 걸리는 것이 있었다. 그것은 책 속에 등장하는, 중국의 수많은 낯선 옛 지명들과 인명들과 서적 명들이었다. 내용의 이해를 방해하는 이런 것들이 바다의 암초처럼 여기저기에 산재되어 있는 한, 책이 난해하다는 인상을 종내 벗기 어려울 것으로 판단되었다. 그래서 충분히 매력적인 본서를, 우리말로 번역해서 국내 독자들에게 소개하기로 하되, 책의 내용 이해에 크게 방해가 되는 요소들에 대해서는 최대한 상세한 주석을 달기로 했다. 번역이 끝난 뒤, 완성된 책을 훑어보니, 아직도 미흡한 구석들이 많았지만 그런대로 대략적인 의미 전달에는 큰 문제가 없었다. 그리하여 마침내 출간을 결심하기에 이르렀다.

본서는 원래 중국의 이름 있는 현대 역사학자들이 서로 힘을 합해 집필한 책으로서, 현재 중국 역사학계의 쟁점이 되고 있고, 지금껏 미해결의 과제로 남아 있는 주요 현안들을 집중적으로 소개한 책이다. 주로 미스터리 화법을 이용하여, 우리에게 잘 알려진 역사의 '오해와 진실'을 다루었다. 즉, 역사적 인물의 미화된 겉모습보다는 역사의 이면에 감춰진, 역사적 인물의 있는 그대로의 모습을 여과 없이 드러내 보이는 데에 주안점을 두었다.

본서에서, 사실 검증의 도마 위에 오르고 있는 명사들의 삶은, 기존 이미지의 판도 변화에 따라서, 대략 아래와 같은 몇 가지 유형으로 구분될 수 있다.

먼저 '이미지 추락의 유형'이 있다. 이 유형은 인물에 대한 기존의 좋은 이미지(긍정적 이미지)가 나쁜 이미지(부정적 이미지)로 바뀌고 있는 유형을 말하는 것으로, 본서에 가장 많이 등장하는 유형이다. 예를 들자면, 성인(聖人)의 이미지를 갖고 있는 순임금이 권력을 위해서는 수단과 방법을 가리지 않는 혁명가의 모습으로 등장하고 있음과 같은 것이 바로 그것이다.

둘째 유형은, '이미지 상승의 유형'이다. 이 유형은 첫 번째 유형과 정반대되는 유형으로서, 인물에 대한 기존의 나쁜 이미지(부정적 이미지)가 좋은 이미지(긍정적 이미지)로 바뀌고 있는 유형을 말한다. 예컨대, 은나라 주왕(紂王)의 경우가 그렇다. 그는 중국의 대표적인 폭군 중의 한 명이다. 그러나 여기서는 그의 그와 같은 나쁜 이미지가, 사실인즉 전쟁에서 패배한 자에게 씌어진 억울한 누명일 뿐이라는, 대담한 주장이 소개되고 있다.

셋째 유형은, '팩트(fact)의 픽션(fiction)화 유형'이다. 이 유형은 일반적으로 사실로 알려져 있던 것이 사실은 허구임을 밝히고 있는 유형이다. 이 유형의 예로는 맹강녀의 이야기를 들 수 있다. 책의 내용에 따르면, 이 이야기는 핵심이 되는 모티프를 제외한 나머지는 모두 실제의 사실과는 거리가 있다는 주장이 펼쳐진다.

넷째 유형은, '픽션(fiction)의 팩트(fact)화 유형'이다. 이 유형은 세 번째 유형의 반대 유형으로, 일반적으로 믿기 어려운 전설로 알려져 있는 이야기가 실제로는 사실일 수도 있다고 보고 있는 유형이다. 이 유형의 예로는 치우에 대한 이야기와 서왕모에 대한 이야기를 들 수가 있다.

앞에 거론한 이들 유형들과 관련, 여기 한 가지 더 덧붙여 둘 사항은, 여기서 말하는 '오해와 진실'이란, 결코 검증이 끝난 '오해와 진실'을 뜻하는 것은 아니며, 목하 검증의 절차를 밟고 있는 '오해와 진실'을 뜻한다는 사실이다.

끝으로, 본서가 출판될 때까지 음으로 양으로 수고를 아끼지 않으신, 어문학사 사장님 이하 편집위원들께 심심한 감사의 뜻을 표하고, 출판 후, 본서가 부디 독자 제위의 흥미와 교양에 많은 보탬이 될 수 있기를 빌어 마지않는다.

甲午年 初春에
草巖齋에서 김영준 識

목차

상고시대~주나라

〜시방삼세에 3황5제 제불보살마〜

1. 3황5제는 과연 누구인가?

중화(中華) 민족에게는 찬란한 역사와 5천 년의 유구한 문화가 있다. 우리들에게 잘 알려져 있는 상고(上古) 시절의 문화 전설들, 예를 들면, 【천지(天地)를 개벽(開闢)한 반고(盤古)의 이야기】라든지, 【돌을 녹여서 하늘을 기운 여왜(女媧)의 이야기】, 【사람들에게 고기잡이와 사냥을 가르친 복희씨(伏羲氏)의 이야기】, 【용감하게도 세상의 온갖 풀들을 맛봤다는 신농씨(神農氏)의 이야기】, 【치우(蚩尤)와 싸운 황제(黃帝)의 이야기】, 【부주산(不周山)에 부딪친 공공(共工)의 이야기】, 【왕위를 선양(禪讓)한 요순(堯舜)의 이야기】… 등등, 이와 같은 전설들은, 듣는 이로 하여금 찬탄을 금치 못하게 한다. 그러나 중국의 고대 신화들을 자세히 연구하다 보면, 아직 정연한 체계가 부족해서, 어떤 인물에 대한 개념에는 가끔 모순이 발생하는 일을 발견하게 된다. 예를 들면 3황5제(三皇五帝)에 관한 견해 같은 것이 곧 그것이니, 3황5제(三皇五帝)에 관한 견해는 우리를 매우 당혹스럽게 만들고 있다.

3황(三皇)이란 대체 누구를 지칭하는 말일까? 3황(三皇)이란 이름이 가장 먼저 등장하는 것은, ≪여씨춘추(呂氏春秋)≫[1]에서부터다. 그런데 ≪사기(史記)·시황본기(始皇本紀)≫에 보면, 진(秦)나라 승상 이사(李斯)가 시황제(始皇帝)에게 존호(尊號)를 바치면서 이렇게 말한다.

"옛날에 천황(天皇)과 지황(地皇)과 인황(人皇)이 있었는데, 그중에서 인황(人皇)을 가장 존귀하게 생각했습니다. 그러니 존호(尊號)를 인황(人皇)으로 정하심이 좋을 듯합니다."

그런데 문제는, 이 '3황(三皇)'이란 말이 아주 모호하기 짝이 없는 개념이라는 사실이다. 3황(三皇)이란 개념은 대체 누구누구를 지칭하는 말일까?

3황(三皇)의 개념에 대해서, 고대 학자들 사이에는 대략 네 가지

---

1) **≪여씨춘추(呂氏春秋)≫**: 진(秦)나라 때의 사론서(史論書). 진나라의 정치가 여불위(呂不韋)가 빈객(賓客) 3,000명을 모아서 편찬하였다. 팔람(八覽), 육론(六論), 십이기(十二紀)로 분류하여, 유가(儒家), 도가(道家)를 주로 하고 병가(兵家), 농가(農家), 형명가(刑名家)의 설(說)과 춘추 전국 시대의 시사(時事) 등을 논술하였다. 모두 26권이다.

의 견해가 존재한다. 첫 번째는, 【복희(伏羲), 여왜(女媧), 신농(神農)】
이 3황(三皇)이라는 견해고, 두 번째는 【복희(伏羲), 신농(神農), 수인
(燧人)】이 3황(三皇)이라는 견해다. 그리고 세 번째와 네 번째는, 각
각 3황(三皇)은 【복희(伏羲), 신농(神農), 축융(祝融)】이라는 견해와
【복희(伏羲), 신농(神農), 공공(共工)】이라는 견해다.

　복희(伏羲)와 신농(神農)은, 큰 이견(異見) 없이 쉽게 3황(三皇) 중
에 집어넣을 수가 있다. 그리고 여왜(女媧)는 하늘을 깁고 4개의 하
늘 기둥을 세웠으며, 흙을 뭉쳐 사람을 만든 공로가 크므로, 3황(三
皇)에 끼워 넣는 것이 마땅하다. 나무를 뚫어 불을 얻은 수인씨(燧人
氏)는, 인류로 하여금 익힌 음식을 먹을 수 있게 해주고 추위를 막을
수 있게 해줌으로써 인류의 생명과 건강을 지켜주었으니, 그 또한
3황(三皇)에 집어넣는 것이 바람직하다. 그리고 축융(祝融) 또한 '하
늘과 땅의 통로를 절단냄으로써(絶地通天)[2], 사람과 신(神)의 경계를
분리했으므로, 3황(三皇) 속에 굳이 못 집어넣을 이유가 없다. 분노

---

[2] **절지통천(絶地通天)**: 전욱(顓頊)이 황제(黃帝)의 뒤를 이어 주재신(主宰神)에 오르기 전까지만
해도 하늘과 땅은 비록 구분되어 있기는 했지만 서로 가까이에 있어 이른바 하늘 사다리(높
은 산이나 큰 나무)를 이용하면 얼마든지 서로 왕래할 수가 있었다. 원래 하늘 사다리는 신(神)
이나 선(仙), 무당들이 이용하는 사다리였다. 그러던 것이, 인간들 중에서 지혜로운 자나 용
사(勇士)들이 지모(智謀)와 용맹(勇猛)을 이용하여 하늘 사다리를 타고 하늘에 올라가서 천제
(天帝)에게 억울한 일을 직접 호소하는 일이 벌어졌으며, 신들 또한 인간 세상으로 자유롭게
나들이를 가는 일들이 빈발하여 신과 인간의 경계가 불분명하게 되었다. 그러자 신과 인간
이 무질서하게 섞임은 득보다 실이 많다고 생각한 전욱(顓頊)은, 명령을 내려 하늘과 땅이 통
하는 통로를 끊어버리게 했다고 한다. 축융(祝融)은 전욱(顓頊)의 수하(手下) 대장(大將).

를 억누리지 못해 부주산(不周山)³⁾에 머리를 부딪쳐 하늘을 서북쪽으로 기울게 만들고 땅은 동남쪽으로 기울게 만듦으로써, 중국을 서고동저(西高東低)의 지세(地勢)로 만든 공공(共工) 또한, 3황(三皇) 중에 넣는다고 뭐라 시비를 걸 사람은 없다. 요컨대, 3황(三皇)에는 사실상 정설(定說)이 없는 것이다.

그렇다면 오제(五帝)는 과연 누구누구일까? 오제(五帝)의 설(說)은, 주(周)나라와 진(秦)나라 때 형성되었고, '오방제(五方帝)와 오색제(五色帝)의 사당(祠堂)'⁴⁾에서 유래한 것이다. 오제(五帝)의 정체에 대해서도, 의견이 분분하다. 어떤 사학자(史學者)는, 오제(五帝)는 【태호(太皞), 염제(炎帝), 황제(黃帝), 소호(少昊), 전욱(顓頊)】이라고 하고, 또 어떤 사람들은 【황제(黃帝), 전욱(顓頊), 제곡(帝嚳), 요(堯), 순(舜)】이라고 말한다. 그럼, 이제 그들의 역사와 공적을 하나씩 살펴보면서, 각각의 인물들을 평가해보기로 하자.

황제(黃帝)는 성(姓)이 공손(公孫)이고, 호가 헌원씨(軒轅氏)다. 그는 사람들에게 집 짓는 방법과, 가축(家畜) 치는 방법과, 오곡(五穀)

---

3) **부주산(不周山)**: 중국 고대의 전설 속의 산 이름. 그러나 오늘날의 파미르 고원의 옛 이름이 부주산(不周山)이라고 한다. 부주산(不周山)에 대한 가장 이른 기록인, 《산해경(山海經)》 대황서경(大荒西經)》에 보면, 다음과 같이 기록되어 있다. "서북해(西北海) 바깥쪽 아득히 먼 곳에 둘로 갈라진 산이 하나 있는데, 이름하여 부주(不周)라고 한다."

4) **오방제(五方帝)와 오색제(五色帝)의 사당(祠堂)**: 전국(戰國) 시대 말엽에 유행했던 설로서, 오방천제(五方天帝)의 설을 말하며, 이것과 함께 오색제(五色帝)의 설이 있었다. 그리하여 진(秦)나라 때에는 백(白), 청(靑), 황(黃), 적(赤)의 4명의 상제(上帝)의 사당에다 제사를 지내다가 한(漢)나라 고조(高祖) 때에 와서 흑제(黑帝)의 사당이 하나 더 첨가되었다.

의 씨를 뿌리고 정착 생활을 하는 방법을 가르쳐 주었다. 또 중국 역사상 처음으로 수레와 배를 만들고, 창힐(倉頡)을 시켜 글자를 만들기도 한다. 그리고 천간(天干)[5]과 지지(地支)[6]를 이용해서 해(年)를 기록하는가 하면, 또 음률(音律)을 바로잡고, 의학서(醫學書)인 황제내경(黃帝內經)[7]을 남기는 등, 중국의 조상들에게 문명 생활의 커다란 혜택을 가져다준다. 황제(黃帝)는, 이처럼 중국을 대표할 만한 걸출한 인물이다. 따라서 오제(五帝)의 으뜸은, 단연 황제(黃帝)라고 해도 과언이 아닐 것이다.

성(姓)이 강(姜)씨였던 염제(炎帝)는, 황하 유역 서북쪽에 있는 부족의 두령이었다. 전설에 따르면, 그가 바로 신농씨(神農氏)다. 그는 용감하게도 수많은 풀들을 직접 맛본 뒤, 사람들에게 식량과 채소, 과일, 약재(藥材)를 구분하는 방법과 농기구를 제작하는 방법 등을 가르쳐 주었다. 그리하여, 원시 농업생산의 발전에 막대한 공헌을 세운다. 따라서 염제(炎帝)를 오제(五帝)의 반열에 올리는 데에는 아무런 지장도 있을 수 없다.

---

5) **천간(天干)**: 육십갑자(六十甲子)에서 위의 단위를 이루는 요소. 즉 갑(甲), 을(乙), 병(丙), 정(丁), 무(戊), 기(己), 경(庚), 신(辛), 임(壬), 계(癸)를 말한다.

6) **지지(地支)**: 육십갑자(六十甲子)에서 아래 단위를 이루는 요소. 곧, 자(子), 축(丑), 인(寅), 묘(卯), 진(辰), 사(巳), 오(午), 미(未), 신(申), 유(酉), 술(戌), 해(亥)이다.

7) **≪황제내경(黃帝內經)≫**: 중국의 가장 오래된 의학서. 내경(內經)이라고도 하며, 의학오경(醫學五經)의 하나이다. 중국 신화의 인물인 황제와 그의 신하이며 천하의 명의인 기백(岐伯)과의 의술에 관한 토론을 기록한 것이라 한다. 그러나 진한(秦漢)시대에 황제의 이름에 가탁(假託)하여 저작했다는 주장도 있다.

전욱(顓頊)은 호(號)를 고양씨(高陽氏)라고 한다. 전(傳)하는 바에 따르면, 그는 황제(黃帝)의 손자다. 그는 지모(智謀)가 뛰어나고 총명했다. 그는 귀신과 미신(迷信)을 활용해 부족원들을 잘 다스림으로써, 위엄과 믿음이 매우 높았다. 전욱(顓頊)은 수많은 지방을 시찰하고 다닌다. 그의 시찰의 범위는, 동쪽으로는 동해(東海)[8]로부터 서쪽으로는 감숙(甘肅)에 이르고, 남쪽으로는 남령(南嶺)[9]과, 북쪽으로는 하북(河北)[10]에까지 이른다. 그렇게 함으로써 그는 화하(華河) 민족의 활동 범위를 크게 넓혀 놓는다. 전욱(顓頊)은 강토의 개척과 씨족의 관리 측면에서 감히 넘겨다 볼 수 없는 재능을 가지고 있었다. 그러므로 그를 오제(五帝)의 반열에 올려놓더라도, 아무런 문제가 있을 수 없다.

전하는 바에 따르면, 제곡(帝嚳) 고신씨(高辛氏)는 황제(黃帝)의 증손(曾孫)이다. 그는 태어날 때부터 대단히 총명했다. 그리하여 15살의 나이에 벌써 부친인 전욱(顓頊)의 부족 관리 사무를 돕는다. 그는 식견이 뛰어나 털 한 올도 놓치지 않는 치밀함의 소유자였다. 그는 열세 살의 나이에 제위(帝位)에 올라, 하늘의 뜻에 따라 민심을 밝히 살핀다. 그리고 위엄과 인애(仁愛)를 두루 갖추고 있어 백성들

---

8) **동해(東海)**: 우리나라의 서해(西海, 황해)에 해당한다.
9) **남령(南嶺)**: 중국 남부의 호남(湖南), 강서(江西), 광동(廣東)의 3성(省) 및 광서(廣西)의 장족(壯族) 자치구 변경 산계(山系)의 총칭(總稱).
10) **하북(河北)**: 중국 황하강 북방 지역을 통틀어 이르는 말.

이 기쁜 마음으로 그에게 순종한다. 재위하는 동안, 그는 절약과 근검을 주창하여 민중을 교화하는 등, 훌륭한 업적을 남긴다. 따라서 따지고 보면, 제곡(帝嚳) 또한 오제(五帝)의 반열에 올리는 데에 하등의 이의가 있을 수 없다.

요(堯) 임금은 이름을 방훈(放勳)이라 하고, 호를 도당씨(陶唐氏)라고 했다. 그는 희화(羲和)[11]를 시켜 천지(天地)를 관장케 하고,【희중(羲仲), 희숙(羲叔), 화중(和仲), 화숙(和叔)】 4형제[12]를 보내 사방(四方)을 관장케 한다. 또 역법(曆法)을 창제(創製)하고, 1년을 366일로 규정하며, 1년을 춘하추동의 사계절로 나눈다. 그런 다음 농업과 목축, 어업 생산을 계절에 따라 적절히 안배한다. 요(堯) 임금은 만년(晚年)에, 어질고 재주 많은 순(舜)에게 제위(帝位)를 물려줌으로써, 천고(千古)의 아리따운 이야깃거리가 되기도 한다. 그러니 이러한 요(堯) 임금을 오제(五帝)의 반열에 넣지 않으면, 누구를 오제(五帝)에 반열에 집어넣을 것인가?

순(舜) 임금은 성을 요(姚)라 하고, 이름을 중화(重華)라 하였다. 기주(冀州) 사람이다. 그는 모친과 일찍 사별한다. 눈먼 아버지와

---

11) 희화(羲和): 중국 고대의 전설상의 인물. 태양의 마부(馬夫)라고도 하고 태양을 낳은 어머니라고도 한다. 중국의 가장 이른 시기의 백과전서(百科全書)격인 ≪산해경(山海經)≫에 기록된 바에 의하면, '그녀는 동해(東海, 황해)바다 바깥쪽의 감천(甘泉)이라는 곳에 있는 희화지국(羲和之國)의 여인으로서, 제준(帝俊)의 아내임과 동시에 열 개의 태양을 낳았고, 늘 감연(甘淵)에서 태양을 목욕시켰다'고 한다.

12) 희중(羲仲)·희숙(羲叔)·화중(和中)·화숙(和叔) 4형제: 요(堯)임금의 대신(大臣)들로서, 요(堯)임금 시절에, 동서남북의 각 천문에 관한 임무를 담당했던 사람들이다.

계모는, 계모 소생의 아들 상(象)을 편애한다. 그리하여 그들은 서로 공모(共謀)하여 그를 죽이려고 한다. 그럼에도 불구하고, 순(舜)은 그 모든 것을 참고 용서하면서 예전처럼 변함없이 부친에게 효도를 하고, 계모와 동생인 상(象)에게 관대하게 대한다. 순(舜)의 이와 같은 고귀한 인품은, 민중들의 존경과 흠모의 대상이 된다. 그가 역산(歷山)[13]의 기슭에 가서 농사를 짓자, 서로 다투고 미워하던 농민들은 겸손해져서 서로 돕고 양보하기 시작한다. 순(舜)이 뇌택(雷澤)[14]에 가서 고기를 잡자, 그곳의 어민들 또한 서로 한 집안 사람들처럼 화목해진다. 순(舜)이 하빈(河濱)[15]에 가서 도자기를 굽자, 도공들은 정교하고 아름다운 도자기를 제작하게 된다. 순(舜)은 제위(帝位)를 계승한 뒤, 타고난 성실함과 백성들을 사랑하는 마음으로 정사(政事)에 임하여, 천하를 문명(文明)되고 풍족한 세상으로 만든다. 그러므로 순(舜) 임금을 오제(五帝)의 반열에 올림은 너무도 당연한 처사라 하겠다.

　　태호(太皡)의 성은 풍(風)이다. 용(龍)을 관원으로 삼았다고 하는

---

13) **역산(歷山)**: 지금의 중국 산동성(山東省) 제남(濟南)에 있는 천불산(千佛山)의 옛 이름.

14) **뇌택(雷澤)**: 고대 중국의 큰 연못 이름. 뇌하택(雷夏澤), 용택(龍澤)이라고도 한다. 그 위치에 대해서는 2가지 설이 있다. 그 하나는 지금의 산동성 하택(菏澤)의 동북쪽 60리 되는 지점에 있었다는 설이고, 또 다른 하나는 지금의 산서성 영제(永濟)의 남쪽에 있는 뇌수(雷水)를 가리킨다는 설이다.

15) **하빈(河濱)**: 지금의 내몽고자치구 서남쪽에 있는 악이다사(鄂尔多斯) 좌익전기(左翼前旗)의 경계 안에 있다.

데, 혹자는 그가 다름 아닌 복희씨(伏羲氏)라고 한다. 소호(少昊)는
전하는 바에 따르면, 황제(黃帝)의 아들로서 새를 관원으로 삼았다
고 하는데, 혹자는 그가 바로 제곡(帝嚳)이라고 한다. 태호(太暤)와
소호(少昊)는 각각 용과 새를 관원으로 삼았으니, 그들의 능력 또한
어찌 간단하다고 할 수 있으랴? 이들 둘 또한, 오제(五帝)의 적(籍)에
올릴만한 인물들이라고 하겠다.

앞서 거론한 여러 중국의 선조들은, 모두 그 공덕이 무량하기 짝
이 없는 위인들이다. 그러니 오제(五帝)의 반열에 누구는 넣고 누구
는 뺄 수 있으랴? 역시, 추후 사학자들의 치열한 논쟁을 통해서만
그 가부(可否)를 정할 수 있을 것이다.

몽골대왕궁에 치우 동상부조물

2. 치우와 외계인설

전하는 바에 따르면, 지금으로부터 약 5천여 년 전 중원(中原) 땅 탁록(涿鹿)[16]에서 천지를 깜짝 놀라게 할, 일대 혈전이 벌어졌다고 한다. 그 한쪽은, 오늘날 중국인들에게 중화민족의 큰 조상으로 떠받들어지고 있는 황제(黃帝)와, 그의 연합군인 염제(炎帝)였고, 다른 한쪽은, 괴이한 용모에 출신(出身) 불명(不明)의, 어디서 왔는지도 모를, 바로 치우(蚩尤)[17]라는 인물이었다.

양쪽은 이 싸움에서, 그야말로 목숨을 건, 치열한 전투를 벌인

---

16) **탁록(涿鹿)**: 하북성(河北省) 장가구(張家口)에 있는 현(縣).

17) **치우(蚩尤)**: 중국 전설의 인물이다. 신농씨 때에 난리를 일으켜 황제(黃帝)와 탁록(涿鹿)의 들에서 싸우면서 짙은 안개를 일으켜 괴롭혔는데, 지남거를 만들어 방위를 알게 된 황제에게 패하여 잡혀 죽었다고 한다. 후세에는 제(齊)나라의 군신(軍神)으로서 숭배되었다.

다. 먼저 황제(黃帝)가 호랑이와 표범, 곰을 앞세우고 맹렬한 기세로 돌진해 온다. 그리고 뒤이어 강물을 막아 치우(蚩尤)를 빠뜨려 죽일 계책을 짠다. 그러나 치우(蚩尤)는 전혀 두려워하지 않고 용감히 맞선다. 아울러 풍백(風伯)[18]과 우사(雨師)[19]를 불러서 광풍을 일으키고 폭우를 퍼붓게 하면서, 황제(黃帝)의 진군(進軍)을 막는다. 치우(蚩尤)의 신통력이 범상치 않음을 본 황제(黃帝)는 쉽게 승리할 수 없음을 알고 현녀(玄女)[20]를 급파(急派)하여 한발(旱魃)[21]을 불러서 싸움을 돕게 한다. 한발(旱魃)이 크게 외마디소리를 한 번 지르자 먹구름과 폭우가 삽시간에 종적을 감추고 하늘은 맑게 갠다. 현녀(玄女)가 북을 두드리자, 그 소리는 천지를 뒤흔드는 어마어마한 소리를 내면서 500리 밖까지 멀리멀리 울려 퍼진다. 그 소리에, 치우(蚩尤)는 그만 혼이 빠지고 머리가 어지러워 방향을 잃고 만다. 치우(蚩尤)는 황급히 눈알을 굴려 무시무시한 안개와 흙모래를 일으킨다. 그리하여 황제(黃帝)의 군대로 하여금 방향을 잃고 피아를 구분하지 못하게 한 뒤, 그들이 자기편끼리 치고박고 하는 틈을 타서 도망을 치고 만다.

---

18) 풍백(風伯):바람을 주관하는 신.

19) 우사(雨師):비를 맡은 신.

20) 현녀(玄女):구천현녀(九天玄女)라고도 하며, 황제(黃帝)가 치우(蚩尤)와 싸울 때에 병법을 가르쳐 주었다는 신녀(神女)를 말한다.

21) 한발(旱魃):가뭄을 일으키는 전설상의 괴물.

안개를 일으켜서 한번 재미를 본 치우(蚩尤)는 득의양양하여, 다음번 싸움에서도 또다시 안개를 일으킨다. 그러나 어찌 뜻하였으랴? 뛰어난 총명의 소유자인 황제(黃帝)는, 북두칠성이 방향을 가리키는 원리에 따라 일찌감치 지남거(指南車)²²⁾를 만들어 놓고 그를 기다리고 있었다. 이런 까닭으로, 그는 짙은 안갯속에서도 여전히 방향을 잡을 수가 있었다. 황제(黃帝)는 치우(蚩尤)의 대본영(大本營)²³⁾으로 곧바로 쳐들어간다. 그리고 불시에 치우(蚩尤)를 습격해서 그를 붙잡은 뒤, 그의 목을 잘라 버린다. 이렇게 하여 황제(黃帝)는 중원(中原)을 통일하게 되었으며, 화하(華夏)²⁴⁾의 자손들은 오늘날에 이르기까지 이곳에서 대대손손 번영을 누리게 된다.

흔히 말하기를, '이기면 왕후(王侯)요, 지면 역적(逆賊)'이라고들 한다. 그러나 치우(蚩尤)만큼은 전쟁에서 지고 죽임을 당했음에도 불구하고 아무도 그를 경멸하거나 타매(唾罵)하지 않았다. 그러기는커녕, 역대 제왕(帝王)과 백성들은 그를 '병주(兵主)'²⁵⁾나 '전신(戰神)'²⁶⁾으로 섬기면서 최상의 예를 갖추었다. 이 점, 우리 현대인들에

22) **지남거(指南車)** : 사남거(司南車)라고도 한다. 중국 고대에 일정한 방향을 가리키도록 고안한 기계장치를 장착한 수레. 속도의 차이를 이용한 기아장치의 원리를 사용하였으며, 수레 위에 세운 나무 인형이 일정한 방향을 가리키도록 했다. 자기 효과를 이용한 지남철의 원리와는 차이가 있었다.

23) **대본영(大本營)** : 지휘 본부를 말함.

24) **화하(華夏)** : 중국의 옛 명칭.

25) **병주(兵主)** : 최고의 장수.

26) **전신(戰神)** : 무운(武運)을 맡은 신. 전쟁의 신(神).

게는 커다란 불가사의가 아닐 수 없다. 치우(蚩尤)는 도대체 신(神)인가, 사람인가, 그것도 아니면, 괴물인가? 정말 알 수 없는 미스터리라 하겠다.

근래 출현한 또 하나의 대담한 가설은, 이와 같은 풀지 못할 미스터리에 신비한 색채를 한층 강화시켜주고 있다. 그 가설에 따르면, 치우(蚩尤)는 바로 로봇이고, 탁록(涿鹿)의 전쟁은 우주인들이 참전한 행성 간의 전쟁이다.

옛 서적에 묘사된 치우(蚩尤)의 생김새는, 기이하기 짝이 없다. 그는 구리로 된 머리에 쇠로 된 이마를 하고, 사람의 몸에 소의 발굽을 하고 있다. 그리고 눈은 네 개, 발가락은 여덟 개며, 머리에는 뿔이 달려 있고 귀밑머리는 창과 같다. 몸에는 날개가 달려 있어서 하늘을 날아다니기도 하고, 모래와 자갈을 삼키기도 하며, 사람처럼 말을 하기도 하는 괴물이다. 이를 보면, 그의 골격과 피부는 모두 금속으로 이루어져 있었다고 하지 않으면 안 될 것이다. 머리에 달렸다는 긴 뿔은, 혹시 안테나는 아니었을까? 네 개의 눈은, 광학(光學)을 이용한 사물 측정과 관련된 것이고, 여덟 개의 발가락은 운행(運行) 장치(裝置)로서 진퇴를 자유롭게 하는 것은 아니었을까? 그리고 모래와 자갈을 삼켰다는 건, 광석(鑛石)을 채집해서 즉석에서 분석하고 정련(精鍊)했던 사실을 나타내는 건 아닐까? 날개가 있었다고 하니, 당연히 이착륙(離着陸)도 자유로웠을 것이다. 이렇게 보면, 치우(蚩尤)를 슈퍼 로봇이었다고 말하지 못할 이유도 없다.

　≪세본(世本)≫[27]'작편(作篇)'에 보면, "치우(蚩尤)는 과(戈)[28], 모(矛)[29], 극(戟)[30], 추모(酋矛)[31], 이모(夷矛)[32] 등 오병(五兵)을 만들었고", ≪관자(管子)≫[33]에 보면, "그들은 갈로산(葛盧山)[34]에서 흘러나오는 금속(金屬) 물을 이용하여 검(劍)과 철제 갑옷과 모(矛), 극(戟)을 만들었으며, 옹호산(雍狐山)[35]에서 흘러나오는 금속(金屬)으로 된 물을 이용하여 장극(長戟)과 단과(短戈)를 만들었다"고 한다. 다만 한 가

---

27) ≪세본(世本)≫: '世'는 '世系'를 가리키고 '本'은 기원을 표시하는 것으로서 선진(先秦) 시대 사관(史官)이 수찬한 역사 서적이다. 이 책에는 대략 상고(上古) 시대의 제왕, 제후, 경대부 등의 가족(家族)과 세계(世系)에 대한 전승 내용이 담겨 있다. '帝系', '王侯世', '卿大夫世', '氏族', '作篇'과 '居篇', '諡法' 등 모두 15편으로 구성되어 있다.

28) 과(戈): 중국(中國) 고대(古代)에서 쓰인, 갈고리 모양으로 된 무기(武器)의 하나. 자루 끝에 쌍날이 달렸다. 거의 청동(靑銅)으로 만들었으며, 쇠로 만든 것은 적음. 길이는, 周나라 기준으로 대략 1.3미터 가량되었다.

29) 모(矛): 끝이 꼬부라진 긴 창(槍)으로 장식이 달려 있다. 2장(2丈, 약 4미터) 정도(程度)의 나무 자루 끝에 갈고리처럼 옆으로 굽어진 칼날이 달려 있다. 옛날, 주로 병거(兵車)에 세우고 다녔다. 구리, 쇠 따위로 만들었다.

30) 극(戟): 중국(中國) 고대(古代)에 쓰인, 독특(獨特)한 갈고리 무기(武器)의 하나. 과(戈)와 비슷하나, 자루 끝에 날카로운 날이 선 창끝을 겸(兼)한 병기(兵器)임. 청동(靑銅)으로 만든 것보다 쇠로 만든 것이 많다. 길이는, 周나라 기준으로 대략 3미터 가량되었다.

31) 추모(酋矛): 중국(中國) 고대(古代)에 쓰인, 끝이 꼬부라진 긴 창. 길이는, 周나라 기준으로 대략 4미터 가량되었다.

32) 이모(夷矛): 오병(五兵) 중 가장 긴 창으로서 주로 병거(兵車) 위에서 사용함. 길이는, 周나라 기준으로 대략 4.5미터 정도되었다.

33) ≪관자(管子)≫: 중국 춘추 시대의 제나라 재상인 관중(管仲)이 지었다고 전해지는 책. 부민(富民), 치국(治國), 포교(布敎)를 서술하고 패도 정치를 역설하였다. 원본은 86편이었다고 하나 원나라 이후 76편이 남아 오늘날까지 전한다.

34) 미상.

35) 미상.

지 아쉬운 것은, 자료가 되었든 실물이 되었든, 근래 고고학자들이 아직 그것을 증명해줄 충분한 증거물을 찾아내지 못하고 있다는 사실이다. 이러한 까닭으로 사람들로 하여금 한층 더 큰 궁금증을 자아내고 있다.

현재까지, 고증(考證)을 거친 허다한 고대 문화 유산들 중에서, 구리의 정련(精鍊)과 관계가 있는 곳은 단 두 곳뿐이다. 그 하나는, 치우(蚩尤)와 같은 연대(年代)로 보이는 산동(山東) 용산(龍山) 문화유적(文化遺跡)으로, 구리를 정련(精鍊)한 잔류물과, 공작석(孔雀石)[36]과 같은 부류의 구리 정련(精鍊) 원료를 이곳에서 발굴해냈다. 그러나 동제(銅製) 병기(兵器)는 아직 찾아내지 못하였다. 두 번째는, 하남(河南) 이리두(二里頭) 문화유적(文化遺跡)으로, 여기서는 청동(靑銅) 병기(兵器)를 발견해냈다. 그러나 질량수 14의 탄소를 이용한 측정 결과, 이 병기(兵器)들이 모두 하(夏) 나라 시대의 것들로 밝혀짐으로써, 치우(蚩尤)의 시기와는 1천 년의 격차를 보여 주었다. 그럼에도 불구하고 치우(蚩尤)는 대량의 병기(兵器)를 가지고 있었을 뿐만 아니라, 그것들을 대규모의 실전(實戰)에 사용하고 있었다. 당시의 지구인들에게 이것이 과연 가능한 일이었을까?

---

36) 공작석(孔雀石): 단사정계(單斜晶系)에 속하는 구리 1차광물이다. 녹색을 띠고 있다. 농담의 무늬가 공작의 꼬리깃털 같으며 장식용, 안료, 불꽃의 원료, 구리광석으로 이용된다. 기본적으로 공작석은 구리광산의 산화대(酸化帶)에서 생겨나므로 구리 광산이 있는 곳에서는 대개 산출되게 마련이다.

황제(黃帝)의 군대는 비록 강했으나 모두 평범한 사람들뿐이었으며, 사용하는 무기 또한 몽둥이나 돌멩이였다. 그러므로 당연히 번쩍거리는 창으로 무장된 치우(蚩尤)의 군대를 대적하기는 어려웠을 것이다. 게다가 치우(蚩尤)는 로봇이었으므로, 비바람을 일으키고 안개와 구름을 만드는 재주가 있었다. 그러니 황제(黃帝)는, 싸움에서 승리하기 위해 불가불 '우주인'의 도움을 청하지 않을 수 없었을 것이다. 새의 머리에다 사람의 몸뚱이를 가진 '현녀(玄女)'와, 날개를 가지고 있었던 '응룡(應龍)'은, 어쩌면 우주 비행선이었을 것이고, 그들이 내는 소리와 쿵쿵거리는 소리는 아마도 모종의 전파나 음파로, 치우(蚩尤)의 통신계통이나 제어장치를 교란시키고 파괴시키는 작용을 했을 것이다. 그 때문에 치우(蚩尤)는 끝내 전쟁에서 패배하고 붙들리는 신세가 되고 말았을 것이다.

치우(蚩尤)가 죽고 난 뒤, 사람들은, 그를 위해 산동(山東)에 있는 수장(壽張)[37]과 거야(巨野)[38]에다 무덤 두 개를 만들어 준다. 그 무덤들은 둘 다 그 높이가 일곱 길[39]에 달하였다. 그의 무덤 위에서는 늘 진홍색 비단과 같은 붉은 기운이 뻗쳐오르고 있었는데, 그가 살아생전에 이륙하거나 착지할 때 꼬리 부분에서 분출하던 붉은 화염

---

37) **수장(壽張)** : 수장진(壽張鎭)을 말한다. 산동성(山東省) 양곡현(陽谷縣) 현성(縣城) 남쪽에 위치하며, 산동(山東)과 하남(河南) 양성(兩省)의 경계선에 있다.

38) **거야(巨野)** : 거야현(巨野縣)을 말하는 것으로, 산동성(山東省) 하택시(菏澤市) 동쪽에 위치한다.

39) **길** : 1길은 10척(尺)으로, 약 3.33미터.

과 같은 것이었다. 사람들은 그것을 일컬어 '치우기(蚩尤旗)'라고 했다. 이는 혹시 외계의 동료들이, 잔해(殘骸)를 수습하여 실패 원인을 연구하기 위해서, 블랙박스와 같은 유물을 찾고 있었던 것은 아니었을까? ≪낙사후기(絡史後記)≫[40]에는 치우(蚩尤)의 죽음에 대해 독립적인 해설이 붙어 있고, ≪술이기(述異記)≫[41]의 기록에 따르면, 탁록(涿鹿)의 전쟁터에서 기주(冀州)[42] 사람들이 '구리나 쇠'로 된 듯한 치우(蚩尤)의 뼈다귀를 발굴했다고 하면서 말하기를, "지금 남아 있는 치우(蚩尤)의 치아는 그 길이가 2촌(寸)[43] 정도로, 아주 단단해서 깨지지 않는다"고 했다. 여기서 '지금 남아 있다'라고 한 것은, 작자(作者)가 살고 있는 시대인 남조(南朝) 양(梁)나라 시대[44]에 그 물건이 아직 남아 있었음을 말한 것이다. 이를 미루어 짐작건대, 치우(蚩尤)의 뼈다귀는 철이나 구리와 유사하면서도 뼈다귀처럼 가벼운

---

40) 미상.

41) ≪술이기(述異記)≫: 남조(南朝) 시대의 양(梁)나라 사람 임방(任昉, 460년~508년)이 지은 책으로, 귀신이나 괴상한 일에 관한 사적이 많이 기록되어 있다. ≪수서(隋書)·경적지(經籍志)≫ 잡전류(雜傳類)에 모두 10권이 있었다고 하는데, 모두 실전(失傳)되고 지금은 남아 있지 않다.

42) 기주(冀州): 지금의 하북성(河北省)을 말한다. 이곳은, 춘추전국시대에는 연(燕)나라와 조(趙)나라 지역이었으며 한(漢)나라와 진(晉)나라 때에는 기주(冀州)·유주(幽州)라고 불렸다. 당(唐)나라 초기에는 하북도(河北道), 원나라 때는 중서성(中書省), 명나라 때는 경사(京師) 지역에 속하였다. 청(淸)나라 때부터 독립된 성을 이루었고, 1928년부터 현재의 명칭으로 불렀다.

43) 촌(寸): 1촌은 1척(尺)의 1/10로, 약 3.33cm. 따라서 2촌은 약 6.6cm.

44) 남조(南朝) 양(梁)나라 시대: 남조 양나라 시대는, 502년부터 557년까지의 시기로, 여기서는 502년에서 임방(任昉, 460년~508년)이 죽기 전까지의 시기를 말한다.

재질의 고급 합금으로, 그의 골격은 다기능 기계장치였다고 보지 않을 수 없을 것이다. 이런 까닭에 그가 죽자 머리와 몸뚱이가 따로따로 해체되었던 것이라고 할 수 있다. 이 때문에 당시 사람들의 안목으로 보았을 때에는, 치우(蚩尤)는 죽어서도 결코 부패하지 않는, 강하고 신비한 초자연적 실력자로 보여졌을 것임에 틀림없다.

전하는 바에 따르면, 치우(蚩尤)가 죽은 뒤 천하(天下)에 또 한 번의 동란(動亂)이 일어났다고 한다. 그러자 황제(黃帝)는 자신의 명성과 위엄을 내보이는 대신에, 명(命)을 내려 치우(蚩尤)의 그림을 많이 그려서 여기저기 붙이게 한다. 그랬더니 놀랍게도, 만방(萬邦)이 순종을 해 와서 천하가 다시 태평을 누리게 되었다고 한다. 그 유명한 진시황(秦始皇)과 한무제(漢武帝)[45]는 모두, 동쪽에 있는 제(齊)나라 땅을 순행(巡幸)[46]하면서 '팔신주(八神主)'[47]에 제사를 지낸다. 그

---

45) 한무제(漢武帝, BC 156년~BC 87년): 이름은 유철(劉徹). 전한(前漢)의 제7대 황제(재위: BC 141년~BC 87년). 중국 한(漢)의 제7대 황제로서 제후왕에 대한 통제를 강화하여 중앙집권체제를 완성하였고, 적극적인 대외정책을 펼쳐 영토를 크게 확장하여 한(漢)의 전성기를 이끌었다.

46) 순행(巡幸): 왕이 나라안을 두루 살피며 돌아다니는 일.

47) 팔신주(八神主): 제지팔신(齊地八神)이라고 하기도 한다. ≪史記·封禪書≫의 기록에 따르면, 팔신(八神)이란 천주(天主), 지주(地主), 병주(兵主), 음주(陰主), 양주(陽主), 월주(月主), 일주(日主), 사시주(四時主)를 말한다. 팔신(八神)에 대한 숭배는 예로부터 있었는데 혹자는 태공(太公) 이래로 만들어진 풍조라고 말한다. 진시황과 한무제(漢武帝)가 동쪽 해상(海上)을 순행(巡幸)할 때 팔신(八神)에 제사를 지냈다고 하는데, 고래로 제나라 땅에는 각종 민간 미신이 성행했다고 한다. 그리하여 제나라 사람들은 보기 드문 여러 가지 자연현상에다 의미를 부여하기도 하고, 길흉화복을 점치기도 하며 신령의 포폄이나 경계 등을 전달하기도 했다고 한다. 치우(蚩尤)는, 위의 팔신(八神) 중 병주(兵主)에 해당한다.

때 그들은 치우(蚩尤)의 이름을 세 번째로 올린 뒤, 그를 정성스레 섬긴다. 한고조(漢高祖) 유방(劉邦)[48]은, 군사를 일으킬 때 고향에서 맨 먼저 황제(黃帝)와 치우(蚩尤)에게 제사를 지낸다. 그리고 전쟁에서 승리를 거둔 뒤에는, 황제(黃帝)는 푸대접한 반면에 치우(蚩尤)의 사당은 서울인 장안(長安)으로 옮긴다. 송태종(宋太宗)[49] 조광의(趙光義)는 하동(河東)[50]을 정벌하려고 하면서, 서울을 떠나기 바로 전날 치우(蚩尤)에게 제사를 올린다. 심지어는 민간에서도 광활한 중국 전국에 걸쳐서 어딜 가나 치우(蚩尤)의 사당이 있어서, 천하가 치우(蚩尤)의 백성들로 가득했다. 전하는 바에 의하면, 치우(蚩尤)가 죽은 뒤에 버린 족쇄와 수갑은, 자라서 단풍나무가 됐다고 한다. 묘족(苗族)[51]들이 자신들의 조상신(祖上神)인 '부우(剖尤)', '우공공(尤公公)', '풍신(楓神)'을 섬기고 제사 지내는 것은, 당연히 치우(蚩尤)를 기념하고 있는 것이다.

---

48) 유방(劉邦, BC 247년?~BC 195년): 중국 한(漢)나라의 제1대 황제(재위 BC 202년~BC 195년). 진(秦)나라 말에 군사를 일으켜 진왕(秦王)으로부터 항복을 받았으며, 4년간에 걸친 항우(項羽)와의 쟁패전에서, 항우(項羽)를 대파하고 천하통일의 대업을 실현시켰다.

49) 송태종(宋太宗, 939년~997년): 송나라 제2대 황제. 본명은 조광의(趙匡義). 뒤에 그 형인 태조의 휘(諱)를 피해 趙光義라고 개명하였고, 즉위한 뒤에는 이름을 다시 경(炅)으로 바꾸었다. 22년 동안 재위하면서 중앙집권을 강화하고 과거(科擧) 제도를 확대하였으며, ≪태평어람(太平御覽)≫등의 서적을 편찬하여 중문(重文)의 분위기를 고취했다.

50) 하동(河東): 지금의 산서성(山西省)을 말한다. 산서(山西)가 황하 동쪽이 있으므로 붙은 이름으로, 옛날에는 이 지방을 하동(河東)이라고 불렀다.

51) 묘족(苗族): 중국 소수 민족의 하나로, 주로 귀주성(貴州省)을 중심으로 운남(雲南)·광서(廣西)·광동(廣東)·호남(湖南)·호북(湖北)·중경(重慶) 등지에 분포하고 있다.

치우(蚩尤)가 황음무도(荒淫無道)했다든지 주색에 빠져 지냈다는 말은 들어본 적이 없다. 또 치우(蚩尤)가 살인을 밥 먹듯이 했다거나 백성들을 도탄에 빠지게 했다는 말도 들어본 적이 없다. 따라서 그는 아마도 여느 군왕(君王)과 같은 성격이나 감정은 지니고 있지 않았던 듯하다. 그렇다면 그건 그의 신체 속에 감정 장치가 없어서였을까? 아니면, 지구의 생명체를 유린하는 것은 그의 사명(使命)이 아니어서였을까? 옛 서적에서는 그를 '탐(貪)'이라는 글자 하나로 평가한다. 그렇다면 '탐(貪)'이란 대체 무엇일까? 지구상의 모든 물질의 표본을 '탐취(貪取)'했다는 말이 아닐까? 왜냐하면 그것이야말로 외계인의 유일한 사명이니까···.

이와 같은 여러 가지 가설과 추측들은, 과연 어떻게 실증(實證)할 수가 있을 것인가? 과학 기술의 진보만이 여기에 답할 수 있을 것이다. 그리고 인류는 그때를 기다려서만이 자신의 조상에 대한 진정한 인식을 얻게 될 것이며, 그때를 기다려서만이 진정한 자기 인식에 도달할 수 있을지도 모른다.

사마천이 본 순임금 (기원전22세기)

3. 순임금의 두 얼굴

고대의 기록에 의하면, 요(堯)는 3황5제 중의 네 번째 임금(帝)이다. 그의 성(姓)은 이기(伊祁), 이름은 방훈(放勳)이며, 호(號)는 도당씨(陶唐氏), 약칭(略稱)은 당요(唐堯)다. 순(舜)은, 성(姓)이 요(姚)고 이름은 중화(重華)다. 역사 서적에 따르면, 요(堯)임금은 자발적으로 제위(帝位)를 순(舜)에게 양도하면서 칭찬하여 말하기를, "이것이 바로 거현(擧賢, 어진 사람을 천거하는 일)"이라고 했다고 한다. 이는 권력 교체의 전범(典範)이 되는 일로, 이른바 '요순 선양(堯舜禪讓)'이란 바로 이를 두고 하는 말이다. 사실인즉, 이와 같은 기초(基礎) 사실들은, 아주 먼 옛날의 전설들로서 애초에는 전혀 문자로 기록된 것이 아니었다. 그러던 것이, 뒤에 춘추전국(春秋戰國) 시대에 와서

문자로 정착을 보게 된다. 그것이 사실인지 아닌지, 그리고 확실한지 아닌지에 대해서는 줄곧 쟁점이 되어 왔다.

먼저 '거현(擧賢)'의 고사(故事)에 대해서 이야기를 해보기로 하자.

요(堯)임금은 천하를 매우 잘 다스렸다. 그는 희화(羲和)를 시켜 천지(天地)를 관장(管掌)하게 하고, 희중(羲仲) 등 네 사람을 보내 동서남북의 사방을 관장(管掌)하게 한다.[52] 또 역법(曆法)을 제정하고, 1년을 춘하추동 4계절과 366일로 정한 뒤, 계절에 따라 농업(農業), 목축(牧畜), 어로(漁撈), 수렵(狩獵) 등을 진행하게 한다.

요(堯)임금 재위 70년, 곧 그의 나이 86세 되던 그 해에, 그는 자신이 늙고 쇠약해졌음을 깨닫고, 자신의 뒤를 이어 왕위를 계승할 사람을 찾고자 한다. 그러자 머지않아 사람들은, 어질고, 유능하고, 덕이 있는 순(舜)을 추천한다.

전하는 바에 따르면, 순(舜)은 안구(眼球)에 눈동자가 두 개인 기인(奇人)이었다. 순(舜)은 어려서 모친을 여의고, 두 눈이 실명된 부친과 함께 살게 된다. 뒤에 계모(繼母)가 들어오고, 그 계모는 상(象)이라고 하는 아들을 낳는다. 그런데 이 상(象)이라는 아이는, 먹을 것만 밝히고 천성이 게으른 데다가 성격이 모질고 악질적이어서,

---

52) 여기에 대해서는, 앞쪽에 있는 〈삼황오제는 과연 누구인가?〉 항목의, 희화(羲和) 및 희중(羲仲) 4형제에 관한 주(註)를 참조할 것.

분란을 일으키는 걸 아주 좋아한다. 상(象)은 그의 모친과 밀모(密謀)하여, 걸핏하면 술수를 써서 순(舜)을 살해하고 재산을 가로채려고 한다. 그러나 순(舜)은 원한을 오히려 덕으로 갚고, 늘 그들에게 잘 대해 주었으며, 그들의 악행을 마음에 두는 법이 없었다.

그를 알게 된 요(堯)임금은 매우 만족스러워하며, 그의 갈등 조정 능력을 정확히 시험해보기로 한다. 그리하여 그는 자신의 두 딸 아황(娥皇)과 여영(女英)을 순(舜)에게 시집보낸다. 순(舜)은 자신의 미덕을 바탕으로, 역산(歷山)에서는, 토지 때문에 서로 다투던 농민들에게 겸양의 미덕을 알게 하고, 뇌택(雷澤)에서는, 집을 가지고 원수처럼 싸우던 어민(漁民)들에게 서로 친구가 돼서 한집안 식구처럼 화목하게 지내게 만든다. 그리고 하빈(河濱)에서는 도자기공들로 하여금 도자기를 한층 정교하게 제조하게 만든다. 이후, 이러한 여러 가지 공적들은 그의 이름을 널리 알리게 한다. 그리하여 그가 어딜 가든 수많은 사람들이 늘 그의 뒤를 졸졸 따라다니게 된다. 이 때문에 자연스럽게 마을이 형성되고, 마을이 점점 커져 도시(都市)를 이루게 된다. 그러자 요(堯)임금은 순(舜)에게 수많은 하사품(下賜品)을 내려준다.

이를 보고 질투심이 생긴 순(舜)의 눈먼 아비와 상(象)은, 이전보다 훨씬 악랄한 방법으로 순(舜)을 해칠 계획을 세운다. 한번은 이런 일이 있었다. 맹인인 아비가 순(舜)에게 곡식 창고 지붕에 올라가 일을 하게 한 다음, 밑에서 사다리를 치우고 불을 질러서 순(舜)을 태워 죽이려는 음모를 꾸민다. 다행히 아황(蛾皇)과 여영(女英)이 이런 음모를 재빠르게 알아채고, 순(舜)에게 곡식 창고에 올라갈 때 삿갓 두 개를 가져가라고 일러준다. 밑에서 불을 지르자, 순(舜)은 새의 날개처럼 양손에다 삿갓 하나씩을 활짝 펴고, 건물 밑으로 사뿐히 내려앉는다. 그리하여 그는 무사하게 된다.

또 한 번은, 맹인인 아비가 순(舜)에게 우물을 치우게 한다. 그리고는 그가 우물에 들어간 틈을 타서, 흙을 덮어 순(舜)을 생매장하려고 한다. 그러나 예상과는 달리 순(舜)은 우물 벽에다 구멍을 뚫어 죽지 않고 살아나온다. 순(舜)은 살아나온 뒤에도 결코 잘잘못을 따지거나 가족들을 원망하지 않는다.

순(舜)이 이처럼 도량이 넓다는 말을 들은 요(堯)임금은, 크게 안심한다. 그는 국사(國事)를 순(舜)에게 맡긴 뒤, 자신은 한 무리의 군사만 거느린 채 각지를 순행(巡幸)하기 위해 길을 떠난다. 순(舜)이 국사(國事)를 맡은 지 어언 20여 년. 그는 모든 일을 조리 있게 처리함으로써 인심을 크게 얻게 된다. 그즈음 요(堯)임금의 나이는 이미 100살을 넘기고 있었다. 천하를 순행(巡幸)하고 돌아온 요(堯)임금은, 모든 권력을 순(舜)에게 넘겨준 뒤, 자신은 집에서 여년(餘年)을 안락하게 보낸다. 다시 8년의 세월이 지난 뒤, 요(堯)임금은 세상을 떠나고 만다. 그리고 순(舜)은 천하를 더욱더 잘 다스린다. 이상이

'요순 선양(堯舜禪讓)'의 고사(故事)다.

여기 또 하나의 에피소드가 있는데, 이는 다음과 같다. 순(舜) 임금도 만년에 요(堯) 임금처럼 여기저기를 순행(巡幸)한다. 그런데 불행하게도 창오(蒼梧)[53]라는 곳에서 그만 병들어 죽고 만다. 그러자 그의 두 아내 아황(蛾皇)과 여영(女英)[54]은 그를 너무도 그리워한 나머지, 날마다 문앞에 있는 대나무를 붙들고서 눈물을 흘린다. 이때 그들이 흘린 눈물방울 때문에 대나무 위에 알록달록한 얼룩이 생겼다고 한다. 이것이 바로 '상비죽(湘妃竹)'[55]이라는 것이다. 혹은 '반죽(斑竹)'이라고 하기도 한다.

혹자는 이러한 전설이 모두 거짓이며, '선양(禪讓)'을 한 것이 아니라 '찬탈(簒奪)'을 한 것이라고 주장하기도 한다. 그들의 근거는 이러하다.

사서(史書)의 기록에 따르면, 순(舜)은 행정 관리 권한을 위임받은 뒤, 자신의 통치기반을 공고히 하기 위해, 곧바로 측근들을 등용하고, 자신과 뜻을 달리하는 자들을 배제한다. 이를 역사서에서

---

53) 창오(蒼梧): 창오산(蒼梧山)을 말한다. 중국 호남성(湖南省) 영원현(寧遠縣) 동남쪽에 있다. 순(舜) 임금이 남방을 순행하다가 붕어(崩御)하였다는 곳으로, 일명 구의(九疑)라고도 한다.

54) 아황(蛾皇)과 여영(女英): 요(堯)임금의 두 딸. 자매가 모두 순(舜)에게 시집갔는데, 순(舜)이 천자(天子)가 되자 아황은 후(后)가 되고 여영은 비(妃)가 되었다. 그 후 순(舜)이 죽자, 강에 빠져 죽어 상수(湘水)에 사는 여신(女神)인 상군(湘君)이 되었다.

55) 상비죽(湘妃竹): 순(舜)임금이 창오(蒼梧)에서 죽자, 그의 두 왕비인 아황(娥皇)과 여영(女英)이 상수(湘水)에서 창오(蒼梧)를 바라보며 울었다고 해서 이런 이름을 갖게 된 것이다.

는 '거십육상(擧十六相)[56]', '거사흉(去四凶)[57]'이라고 칭하고 있다. 이른바 '거십육상(擧十六相)'이란, 요(堯)임금이 오랫동안 권력의 중심에서 배제시켜왔던 '팔개(八愷)'와 '팔원(八元)[58]'을 순(舜)의 시기에 등용해서 쓰기 시작했음을 말하고, 이른바 '거사흉(去四凶)'이란, 요(堯)임금이 총애하고 믿었던【혼돈(渾敦), 궁기(窮奇), 도올(檮杌), 도철(饕餮)】등을 배제시켰음을 말한다. 이렇게 요(堯)임금을 실각시킨 순(舜)은, 다시 요(堯)임금을 연금(軟禁)시키고, 아들과 함께 지내거나 친지들을 만나는 일 등을 일체 허용하지 않는다. 그리고 그에게 양위(讓位)하라고 윽박지른다. 그리고 급기야는 요(堯)의 아들을 단수(丹水)[59]로 쫓아내기까지 한다. 요(堯)임금은 양위(讓位)를 해준 뒤에야 간신히 천수(天壽)를 누릴 수 있었는데, 그나마 이는, 그가 순(舜)의 장인이었기 때문에 그럴 수 있었다.

순(舜)의 죽음의 문제 또한, 이러한 방식으로 설명할 수 있다. 사서(史書)의 기록에 따르면, 순(舜)은 남쪽을 순행(巡幸)하다가 창오(蒼梧)의 벌판에서 죽음을 맞이하게 된다. 그리고 구의산(九疑山)[60]

---

56) **거십육상(擧十六相)** : 요순 시절에 당시의 16명의 군자를 등용한 사실을 말한다.
57) **거사흉(去四凶)** : 요순 시절에 당시의 4명의 소인배를 제거한 사실을 말한다.
58) **팔개(八愷)와 팔원(八元)** : '팔개(八愷)'는 蒼舒, 隤敳, 檮戭, 大臨, 尨降, 庭堅, 仲容, 叔達 등 8명을 말하고, '팔원(八元)'은 伯奮, 仲堪, 叔獻, 季仲, 伯虎, 仲熊, 叔豹, 季狸 등 8명을 말한다.
59) **단수(丹水)** : 오늘날의 하남(河南) 석천현(淅川縣)의 단수(丹水) 유역(流域)을 말한다. 진(秦)나라 때는 석천(淅川)을 단수현(丹水縣)이라고 하였다.
60) **구의산(九疑山)** : 호남성 남쪽 영릉도(湖南省零陵道)에 있는 산으로 순(舜)임금의 능이 있다. 순임금은 창오(蒼梧)에서 죽어 구의산에 묻혔다고 전한다. 구의산은 9봉우리가 거의 같아

에 묻힌다. 그러자 그가 죽었다는 소식을 전해 들은 아황(娥皇)과 여영(女英)은, 호남(湖南)까지 좇아가서 대나무를 안고 대성통곡을 한 뒤, 나란히 물속에 몸을 던져 자살한다.

생각해 보자. 몇천 년 전의 창오(蒼梧)의 땅은 인적도 드물고, 정치와 경제의 중심지도 아니며, 더군다나 변경(邊境)을 지키는 요새도 전혀 아니었다. 그렇다면 순(舜)은 무엇 때문에 남쪽으로 순행(巡幸)을 간 것일까? 그 당시에 벌써 100살의 고령이었던 그가, 과연 수천 리나 되는 창오(蒼梧)의 땅까지 그 먼 길을 갈 수 있었을까? 또한 그렇게 나이 많은 사람이 먼 길을 떠나는데, 가족들은 왜 그를 보살피려고도 하지 않았을까? 그리고 애초에 따라갈 생각조차 하지 않던 두 왕비가, 뒤늦게 그를 위해 물속에 몸을 던져 자결했던 이유는 무엇일까? 타이완의 백양(柏楊) 선생은, 이 문제에 대해 다음과 같이 결론을 맺는다.

"무장(武裝) 압송(押送)되어 간 것이 아니면, 군사들의 추격을 받아 허겁지겁 쫓겨갔던 게 분명하다. 그렇지 않은가?"

그런가 하면, 왕위를 선양(禪讓) 받은 것이 아니라, 추대(推戴)된 것이라고 보는 사람도 있다. 맹자(孟子)나 순자(荀子)는, 세상에서

서 이것인지 저것인지 의심스럽다는 뜻에서 붙인 이름으로, '의심'의 뜻으로도 쓰인다.

가장 높은 지위이자 막대한 권한을 가진 천자(天子)의 자리를, 남에게 넘겨준다는 것은 처음부터 불가능하다고 본다. 그렇다면 그들은 어떻게 천하를 얻게 되었던 것일까? ≪맹자(孟子)≫의 만장편(萬章篇)에 따르면, 요(堯)임금이 죽은 뒤, 순(舜)은 요(堯)임금의 아들 단주(丹朱)[61]를 피해 남하(南河)[62]의 남쪽으로 내려간다. 그러자 천하의 제후들이 모두 순(舜)을 찾아와 알현하고, 소송을 하려는 자들도 순(舜)을 찾아온다. 또 시중에는 순(舜)을 칭송하는 노래가 떠돈다. 이렇게 되자, 순(舜)은 만인(萬人)의 호의(好意)를 받아들여 제위(帝位)에 오른다. 즉, 요(堯)임금이 선양(禪讓)을 했든 안 했든, 제후들과 민중들이 한결같이 '추대'를 하매, 천하가 곧 순(舜)의 것이 되었다는 말이다. 이와 같은 관례는, 우(禹)임금 때까지 그대로 이어진다. 그러나 이러한 '추대(推戴)'의 형식은, 수천 년 뒤에 송태조(宋太祖)[63]가 진교(陳橋)의 병란(兵亂)[64]으로 권력을 장악한 사실과 비교

61) **단주(丹朱)** : 요(堯)임금의 아들. 요임금이 자신의 자리를 물려줄 인물을 찾자 신하 방제(放齊)가 단주를 천거하였는데, 요임금은 단주가 충신(忠信)한 말을 좋아하지 않고 다투기를 좋아한다는 이유로 그에게 자리를 물려주지 않았다고 한다.

62) **남하(南河)** : 기주(冀州, 지금의 河北省)의 남쪽을 말한다.

63) **송태조(宋太祖, 927년~976년)** : 조광윤(趙匡胤). 송나라를 창건한 황제(재위, 960년~976년). 탁주(涿州) 사람으로 낙양(洛陽)에서 태어났다. 처음 후주(後周)의 세종(世宗) 밑에서 벼슬하여 거란과 남당(南唐)과의 싸움에서 공을 세워 금군총사령(禁軍總司領)이 되었다. 그 후, 세종이 죽은 뒤 북한(北漢)이 침입하는 위기를 당하자 공제(恭帝) 현덕(顯德) 7년(960) 금군에 의해 진교병변(陳橋兵變)을 거쳐 옹립되어 제위에 올랐다. 연호를 건륭(建隆)이라 했다.

64) **진교(陳橋)의 병란(兵亂)** : '진교(陳橋)의 변(變)'을 말한다. 서기 960년, 오대십국(五代十國) 시대 후주(後周)의 제2대 황제 세종(世宗)이 죽자, 제3대 공제(恭帝)가 어린 나이로 즉위한다. 그러자 어린 황제에 불안을 느낀 군인들이, 수도 개봉(開封)의 동북지역 진교(陳橋)에서 반란

를 해보면, 서로 크게 다르지 않음을 볼 수 있다.

이 밖에도 '외로설(畏勞說, 힘든 일을 두려워한 것이라는 설)'이라는, 자못 흥미로운 또 다른 설도 있다. 그 의미인즉, 요순(堯舜)의 선양(禪讓)은, 우리가 생각하는 것처럼 엄숙하거나 신성한 것이 전혀 아니고, 흔히 그렇듯 힘든 직무를 서로 떠맡지 않으려고 한 데에 지나지 않는다고 보는 것이다.

≪장자(莊子)≫에 보면, 요(堯)임금이 허유(許由)[65]에게 천하를 주려고 하자, 허유(許由)가 받지 않는다. 그래서 다시 자주지보(子州支父)[66]에게 주려고 하자, 자주지보(子州支父)도 또한 핑계를 대면서 받지 않는다. 그들은 대체 왜 제위(帝位)를 마다고 한 것일까? 거기에 대해 한비(韓非)는 이렇게 말한다.

"요(堯)임금 재위 시절에는 지붕의 띠도 가지런하지 않았고, 집에 있는 서까래나 들보도 투박했다. 게다가 먹을 것이라야 잡곡이나 채소가 전부였고, 겨울철에는 짐승의 가죽을 걸치고 여름철에는 갈포(葛布)를 걸치고 다녔다. 따라서 오늘날의 성문(城門) 문지기라 하더라도 요

을 일으키고, 조광윤을 황제로 옹립한다. 이로 인해 후주(後周)는 멸망하고, 조광윤의 송왕조(宋王朝)가 새롭게 출범한다. 이것을 일컬어, '진교(陳橋)의 변(變)'이라고 한다.

65) 허유(許由, ?~?): 고대 중국의 전설상의 인물. 자는 무중(武仲). 요임금이 왕위를 물려주려 하였으나 받지 않고 도리어 자신의 귀가 더러워졌다고 하여 영수(潁水) 물에 귀를 씻고, 기산(箕山)에 들어가서 숨었다고 한다.

66) 자주지보(子州支父): 요(堯)임금 때의 은자(隱者)로서, 성(姓)은 자(子), 이름은 주(州), 지보(支父)는 자(字)이다.

(堯)임금의 수입보다는 훨씬 더 많았을 것이다. 그러니 뉘라서 일평생 자신을 수고롭게 하고 싶었을 것이며, 자신의 자손후대들에게 그 고생을 물려주어 그 죄를 뒤집어쓰게 하고 싶었겠는가?'

이상에서 보았다시피, '선양(禪讓)'을 둘러싼 해괴한 설들이 이리저리 난무한다. 그러나 만약에 요순(堯舜)의 선양(禪讓)이 사실로 판명되거나, 최소한 그들의 고상한 거동이 증명되는 날에는, 진땀을 흘리며 부끄러워할 후대의 제왕(帝王)들이 참으로 많을 것이다.

주목왕과 서왕모

4. 주목왕과 서왕모 미스터리

전설에 따르면, 서주(西周)[67] 시기에 목왕(穆王)[68]이라고 하는 이가 있었다. 그의 성(姓)은 희(姬)고 이름은 만(滿)이었다. 그는 고대의 다른 제왕(帝王)들과 마찬가지로 재위(在位) 시절에 전국을 정기적으로 한 번씩 순행(巡幸)을 한다. 그의 주유천하(周遊天下, 전국 순행)는 매우 낭만적이었으며, 진실인 듯 환각인 듯, 전기적(傳奇的)인 색

---

67) 서주(西周, BC 1046년~BC 771년) : 주(周)나라 무왕(武王)인 희발(姬發)이 세운 나라. 도읍은 호경(鎬京, 지금의 山西省 西安의 서남쪽)이다. 제1대 무왕(武王)부터 제12대 유왕(幽王)까지 지속되었다.

68) 주목왕(周穆王, ?~BC 921년) : 주나라(周)의 제5대 왕이다. 성은 희(姬), 이름은 만(滿)이다. 중국 고대 역사상 가장 전기(傳奇)적인 색체가 강한 제왕 중의 하나다. 세칭 '목천자(穆天子)'라고도 부른다. 그에 관한 전설은 중국에서 가장 오래된 여행기의 하나인, ≪목천자전(穆天子傳)≫에 자세히 기록되어 있다.

채가 매우 강하였다.

전(傳)하는 바에 따르면, 그에게는 여덟 필의 준마(駿馬)가 있었는데 그 이름들이 매우 특이했다. 그들은 각각【적기(赤驥), 도려(盜驪), 백의(白義), 유륜(逾輪), 산자(山子), 거황(渠黃), 화류(驊騮), 녹이(綠耳)】라고 불리웠다. 그 밖에도 그에게는 사나운 개 여섯 마리가 있었는데, 그 개들의 이름 또한【중공(重工), 철산(徹山)】등과 같이 특이하기 짝이 없었다. 순행(巡幸)할 때가 되면, 그는 이름난 마부 넷을 데리고 다니면서, 하루종일 마차에 앉아 개들과 함께 새들을 쏘기도 하고, 짐승을 사냥하기도 하고, 때로는 낚시를 즐기면서 자유분방한 생활을 하곤 한다.

≪목천자전(穆天子傳)≫[69]에 보면, 주목왕(周穆王)의 흥미로운 서쪽 순행(巡幸)에 얽힌 이야기가 하나 기록되어 있다. 목왕(穆王) 13년 때의 일이다. 8필의 준마가 끄는 수레에 올라타 친히 칠췌(七

---

69) ≪목천자전(穆天子傳)≫: 중국에서 가장 오래 된 여행기이자 역사소설. 위(魏)나라 무렵의 작품으로 작가 미상. 진(晉)나라의 대강(大康) 2년(281)에 발견되었으며, 하남성(河南省) 급현(汲縣)에 있는 위나라 국왕의 무덤에서 발굴된 유명한 고문서≪급총주서(汲冢周書)≫의 하나이다. 죽간(竹簡)에 기록되어 있으며, 문자는 전서(篆書)보다 오래 된 것이었는데, 순욱(荀勗) 등이 금체문자(今體文字)로 바꾸고 제명도 붙였다. 완본이 아니며 앞머리와 뒤끝이 없다. 주인공은 주(周)나라의 목왕(穆王)이며, 황하강(黃河)의 수원(水源, 天山의 동쪽 끝 바루크라고 함)으로 가는 여행길에 올랐다가, 황하강 하신(河神)의 안내로 천제(天帝)의 딸 서왕모(西王母)와 만나 시가(詩歌)를 증답(贈答)한다. 다시 남쪽으로 가서 성희(盛姬)라는 미인과 결혼하는데, 성희가 죽자 호화로운 장사를 지낸다는 이야기 등이 연대순으로 기술되었다.

莘)의 병사[70]를 거느린 목왕(穆王)은, 백천(柏天)[71]으로 하여금 길을 인도케 하고 조보(造父)[72]를 마부로 삼아서 머나먼 길을 신속히 진군(進軍)하여, 북방(北方)과 서방(西方)을 개척할 목적으로 서쪽으로의 순행(巡幸)를 개시한다.

가는 길에 그는 기기묘묘하고 운치가 넘치는 수많은 일들을 경험한다. 사냥을 좋아했던 그는, 삼택(渗澤)[73]이라는 곳에서는 수많은 노루와 사슴을 사냥하고 순백색의 은여우와 검은 담비를 포획하였고, 양우산(陽紆山)[74] 밑에서는 물의 신(神) 하백(河伯)에게 제사를 지내기 위해 진귀한 푸른 옥과 돼지, 말, 소, 양 등을 황하(黃河)의 물 속에 빠뜨려서 치성(致誠)을 드린다.

곤륜산(崑崙山)[75]에 오른 그는, 황제(黃帝)가 살았던 궁전을 구경

---

70) 칠췌(七莘)의 병사: 천자(天子)의 금위군(禁衛軍)이나 정예 부대를 말한다.

71) 미상.

72) 조보(造父): 백익(伯益)의 9세손(世孫)으로, 말을 잘 부리던 서주(西周)의 마부. 전설에 따르면, 그는 도림(桃林) 일대에서 8필의 준마를 얻어 잘 훈련시킨 다음 그것들을 주목왕에게 바쳤다고 한다. 그러자 주목왕은 훌륭한 마차를 준비한 뒤 조보(造父)를 마부로 삼아 늘 그것을 타고 수렵을 하거나 놀러 다녔다고 한다. 주목왕이 문제의 마차를 타고 곤륜산에서 서왕모를 만나 돌아올 줄 몰랐다는 이야기가 전해져 내려오고 있다.

73) 삼택(渗澤): 어느 곳인지 자세치 않으나, 이곳에 우(禹)임금의 막내아들인 하종(河宗)의 무덤이 있다고 한다.

74) 양우산(陽紆山): ≪괄지도(括地圖)≫에 "황하의 물은 또 양우와 능문의 산에서 흘러나와 능문(陵門)의 산으로 들어간다"고 되어 있으나, 그것이 구체적으로 어디를 가리키는지는 자세치 않다.

75) 곤륜산(崑崙山): 중국의 전설에서 멀리 서쪽에 있어 황하강의 발원점으로 믿어지는 성산(聖山). 오늘날의 파미르 고원이라고도 한다. 하늘에 닿을 만큼 높고 보옥(寶玉)이 나는 명산으로 전해졌으나, 전국시대(戰國時代) 이후 신선설(神仙說)이 유행함에 따라 신선경(境)으로

하고 뇌신(雷神) 풍륭(豊隆)[76]의 묘에다는 흙을 북돋아 준다. 또 용산(春山)[77]에서는, 붉은 표범, 백호(白虎), 큰곰, 그리고 거대한 발톱을 이용하여 개나 양을 번쩍 들어 올리는 사나운 새 등, 여러 가지 진귀한 새와 기괴한 짐승들을 구경한다.

계속해서 서쪽으로 가다가 그는 적오국(赤烏國)[78]에 도달한다. 거기서 들으니 그곳에서는 선녀처럼 아리따운 미녀들이 많이 나온다고들 하는데, 적오국(赤烏國)의 왕이 마침 그에게 두 미녀를 바친다. 그러자 기쁨에 겨운 목왕(穆王)은, 즉석에서 두 여자들을 애첩(愛妾)으로 봉한다.

군옥산(群玉山)[79]에 이르자, 놀랍게도 사방에 깔린 게 모두 보옥(寶玉)이었다. 그는 명령을 내려서 이곳에서 나흘 동안 머물게 한 뒤, 사람들에게 모두 옥을 캐게 한다. 그리고 마지막으로 서왕모(西

서의 성격이 두드러지게 되어, 산중에 불사(不死)의 물이 흐르고 선녀인 서왕모(西王母)가 살고 있다는 신화들이 생겨났다.

76) 뇌신(雷神) 풍륭(豊隆): 고대 신화 속에 나오는 구름의 신.

77) 용산(春山): 춘산(春山)? 총령(葱嶺)? 파미르 고원 부근이라고 생각되나, 구체적으로 어디를 가리키는지 알 수 없다.

78) 적오국(赤烏國): 전설에 따르면, 기원전 13세기에 주(周)나라의 선조인 고공단보(古公亶父)가 가까운 신하인 계작(季綽)을 춘산(春山, 葱嶺/파미르 고원)에 봉한 뒤 적오국(赤烏國)을 세웠다고 하는데, 꽃처럼 예쁜 미녀들이 많았다고 한다.

79) 군옥산(群玉山): 서왕모가 산다는 전설 속의 산으로, 이 산에서 옥돌이 많이 나기 때문에 그와 같은 이름이 붙었다고 한다.

王母)[80]의 나라인 파미르 고원(高原)[81]에 간 그는, 거기서 서왕모(西王母)를 만난다.

서왕모(西王母)는 천하에 보기 드문 대단한 미인이었다. 주목왕(周穆王)은 그녀를 만나기 위해서 특별히 길일(吉日)을 택한 뒤, 예물로 하얀 옥으로 만든 홀(笏)[82]과 검은 옥(玉), 무늬 비단 100필, 흰 비단 300필 등 진기한 보물들을 준비한다. 서왕모(西王母)는 유쾌하게 그의 예물을 받아들이고, 그를 최고의 손님으로 예우한다.

이튿날, 주목왕(周穆王)은 크게 연석(宴席)을 베풀어 놓고 서왕모(西王母)를 초대해서 술을 마시며 즐긴다. 목왕(穆王)이 연석(宴席)을 베푼 요지(瑤池)[83]는 흡사 선계(仙界)와도 같았다. 높은 정자와 누각(樓閣), 가산(假山)[84]과 분수(噴水), 기이한 꽃과 풀들이 화려하게 장식되어 있어서, 발길이 닿는 곳마다 사람의 넋을 잃게 만든다. 주목

---

80) **서왕모(西王母)** : 중국 도교 신화에 나오는 신녀(神女)의 이름. 사람의 얼굴에 호랑이의 이(齒), 표범의 꼬리를 가진 산신령이 아름다운 여인으로 변했다고 하며, 불사약을 가졌다고도 한다.

81) **파미르 고원** : 중앙아시아 동남쪽에 있는 고원. 타지크(Tadzhik)를 비롯하여 중국, 인도, 아프가니스탄 등에 걸쳐 있다. 티베트 고원과 히말라야, 카라코람, 쿤룬(崑崙), 톈산(天山) 따위의 산맥이 모여 이룬 것으로, '세계의 지붕'이라고 한다. 평균 높이는 6,100미터 이상이나 고원 밑바닥에서 잰 상대적인 높이는 대개 1,000~1,800미터를 넘지 않는다.

82) **홀(笏)** : 처음에는 문관이 모양을 꾸미는 장식품의 일종으로, 임금에게 보고할 사항이나 건의할 사항을 간단히 적어서 잊어버리지 않도록 비망하는 것이었다. 신분에 따라 규격과 색채와 질이 정해져서 옥·상아·서각(犀角) 등이 사용되었다.

83) **요지(瑤池)** : 곤륜산에 있다는 못.

84) **가산(假山)** : 정원 따위에 돌을 모아 쌓아서 조그마하게 만든 산.

왕(周穆王)과 서왕모(西王母)는 그 속에서 더할 나위 없이 유쾌하고 즐거운 하루를 보낸다. 그들은 때로는 바위에다 공적을 기록하기도 하고, 때로는 기념으로 나무를 심기도 하면서, 서로에게 흠뻑 젖어 다정하게 정담을 나누는 모습이 마치 첫사랑을 나누는 연인들 같았다.

그런데 뜻밖에 도성(都城)에서 찾아온 사람이, 서언왕(徐偃王)[85] 이 반란을 일으켰다고 보고를 한다. 주목왕(周穆王)은 하는 수 없이 서왕모(西王母)에게 작별의 인사를 고하고 어가(御駕)에 올라 돌아가지 않을 수 없었다. 작별의 연회석상에서 둘은, 좀 더 일찍 만나지 못한 것을 한스러워하면서 서로서로 시를 주고받으며 작별의 아쉬움을 토로한다.

서왕모(西王母)가 먼저 시를 한 수 지어 올린다.

白雲在天　하늘엔 흰 구름 떠돌고
山陵自出　산과 구릉은 무심히 솟아 있다
道里悠遠　길은 아득히 멀기만 한데
山川間之　산과 물은, 가는 길 가로막고…
將子無死　그대 행여 죽지 않거들랑
尚能復來　언제, 다시 한 번 날 찾아오오

---

85) 서언왕(徐偃王, ?~?): 기원전 1,000년 전후의 사람으로, 서주(西周) 서국(徐國)의 왕이다. 사수(泗水)에 도읍을 두었다.

그 뜻인즉 이러하다.

'흰 구름 하늘에 정처 없이 떠돌며, 그 어느 산에도 머물질 못하네! 길은 멀기만 한데, 첩첩이 겹쳐진 산과, 길고 험한 강물은, 우리 두 사람 사이를 점점 멀리 떨어지게 하네. 아아, 그대 이 난관 잘 넘기시면 다시 내 곁으로 돌아와 주실런지요?'

주목왕(周穆王)에 대한 그녀의 석별의 아쉬움과 기대를 나타낸 것이다. 그러자 이번에는 주목왕(周穆王)이 말 위에서 답시(答詩)를 지어 읊는다.

予歸東土　동쪽에 있는 나라로 돌아가
和治諸夏　여러 제후국들 평정하고
萬民平均　만민을 편안하게 한 뒤,
吾顧見汝　내 그대를 만나러 다시 오리니…
比及三年　3년만 참고 기다리오
將復而野　그러면, 내 그대의 나라로 꼭 돌아오리라

그 내용인즉 이러하다.

'지금 불가피하게 동쪽에 있는 나의 나라로 돌아가야 하지만, 각지의 제후들을 단결시켜(반란을 평정하여) 백성들의 고통을 조속히 구제한 뒤, 내 반드시 그대를 보러 바람처럼 달려오리라! 맹세코 3년만 기다려

주오. 3년이 지나면 그대의 나라로 다시 돌아오겠소!'

사랑이 넘쳐흐르고 믿음직스러운, 주목왕(周穆王)의 회답을 들은 서왕모(西王母)는, 낭랑한 목소리로 다시 시 한 수를 읊는다.

徂彼西土	머나먼 서쪽 땅 이곳에 온 뒤
愛居其野	여기서 사는 게 좋아
虎豹爲群	사나운 짐승 무리들과 더불어 살고
烏鵲與處	재잘대는 새들과 더불어 살았다오
嘉命不遷	당신이 내게 한 말씀 지켜 주신다면
我惟帝女	난 영원히 당신의 여인이라오
彼何世民	저들은 대체 어떤 백성들이기에
又將去子	그대를 이렇듯 가시게 하는지…
吹笙鼓簧	악기 끌어안고 연주하노라니
中心翶翔	내 마음 문득 그리움의 나래 폅니다
世民之子	세상 만백성(萬百姓)들의 그대여!
惟天之望	나는 하염없이 그대를 기다립니다

장문(長文)의 이 시를 현대적으로 번역하면 아래와 같다.

'천리를 멀다 않고 당신이 찾아주신 이곳, 서쪽 나라. 황량하고 보잘것없는 나의 보금자리! 재잘대는 새들과 함께 살고, 주위에 사나운 산짐승이 우글거리는 이곳! 당신이 주신 달콤한 맹세의 말, 변치 않으

신다면, 나 또한 당신의 영원한 마음속의 여인이 되렵니다. 아아, 저들
은 대체 어떠한 백성들이기에 그대로 하여금 차마 내 곁을 떠나 발길
재촉게 하는고? 지금 연주하는 관현악은 나의 수심이요 고통일지니,
내 마음은 벌써부터 허공에 걸려서 정처 없이 떠도네. 아아, 백성들을
자식처럼 사랑하는 나의 그대여, 나는 아득히 먼 하늘 바라보며 그대
를 그린다오.'

그들은 이렇게 시를 주고받으면서 아쉬운 이별을 한다.

그 후 주목왕(周穆王)은 반란을 평정한다. 그러나 그녀를 다시
찾겠다는 약속은 지켜지지 않는다. 그리고 4년이 지난 어느 날, 서
왕모(西王母)는 주목왕(周穆王)을 알현하기 위해 동쪽으로 찾아온
다. 주목왕(周穆王)은 그녀를 국빈(國賓)의 예우를 갖춰 깍듯이 맞이
한다. 그리고 그녀로 하여금 소궁(昭宮)[86]에 머물게 한 뒤, 그녀를 한
차례 초대해 그녀를 극진히 대접한다.

이러한 두 나라 군주의 낭만적인 사랑은, 후세에 널리 퍼져 아름
다운 이야깃거리가 된다.

그런데 근래에 이 기이한 고사(故事)가 결코 거짓이 아니라는 주
장을 내놓는 사람이 나타났다. 그리하여 그가 내놓은 뜻밖의 고증
(考證)과 추측은, 사람들을 새로운 미스터리에 빠져들게 하고 있다.

첫째로, 교통상으로 봤을 때, 주목왕(周穆王)이 이끄는 방대한

---

86) 소궁(昭宮): 주목왕(周穆王)이 지었다는 궁전의 이름.

군대가 몽골의 고비사막[87]과, 청해(靑海)[88]의 거친 고원(高原), 천산
(天山)[89]의 빙하(氷河)를 거쳐서 곧바로 인적이 매우 드문 신장(新疆)
에 도달한다는 것은 완전히 불가능한 일에 가깝다는 것이 그동안
의 정설이었다. 그런데 근래의 학자 가운데 한 사람이 홍이선(洪頤
宣)[90] 교주본(校註本) ≪목천자전(穆天子傳)≫에 대해서 언급하는 가
운데, "책 속에 기록되어 있는 산천(山川)과 촌락(村落)들이 낱낱이
고증될 수 있음을 발견했다. 그리고 또 역도원(酈道元)[91]이 쓴 ≪수

---

87) **고비사막**: 몽골고원 내부에 펼쳐진 거대한 사막이며 동서 길이가 1600km에 이른다.

88) **청해(靑海)**: 청해성(靑海省)을 말하며, 중국 서쪽, 티베트 고원 동북쪽에 있는 성(省)이다. 청
해성(靑海省)은 티베트 고원(靑藏高原)의 동북부에 위치하며, 성의 중부는 황하(黃河)의 발원
지이고 남서부는 양쯔강과 메콩강의 수원지이다. 청해(靑海)의 평균 해발고도는 3000m가
넘는다. 산맥들로는 탕구라 산맥, 쿤룬 산맥 등이 포함된다. 연평균 기온은 -5~8 ℃이다.
2월부터 4월까지는 모래폭풍과 강한 바람이 빈번하다. 면적으로 청해성(靑海省)은 신장, 티
베트, 내몽골과 같은 자치구를 제외하고 중국에서 가장 큰 성이다. 그리고 청해호(靑海湖)
는 중국에서 가장 큰 호수이다.

89) **천산(天山)**: 신장(新疆) 부근에 있는 산 이름. 해발고도 3,600~4,000m, 길이 2,000km, 너비
400km, 최고봉은 승리봉(勝利峰: 7,439m, 포베다산이라고도 한다)이다. 타림 분지와 중가리아 분
지를 갈라놓는 산맥이다. 그 밖에 한텡그리산(6,995m) 등의 높은 봉우리가 있으며 정상 부
근에는 빙하가 쌓여 있다.

90) **홍이선(洪頤愃, 1765년~1837년)**: 청나라 때의 저명한 학자. 자(字)는 정현(旌賢), 호(號)는
균헌(筠軒), 절강(浙江) 임해(臨海) 사람. 경학(經學)과 고전에 해박하였다. 수많은 책을 수장(收
藏)하고 있었으며, ≪경전집림(經典集林)≫32권, ≪교정목천자전(校正穆天子傳)≫7권 등 수백
권의 저술을 남겼다.

91) **역도원(酈道元, 470년?~527년)**: 북조(北朝) 북위(北魏)의 지리학자 및 산문가. 자(字)는 선장
(善長), 범양 탁주(範陽 涿州, 지금의 하북 탁주) 사람. 어사중위(御史中尉)·관우대사(關右大使)를 지
냈다. 학문을 좋아하고 견문이 넓어서 각지의 많은 문헌을 모아 ≪수경주(水經注)≫를 지었
다. 이 책에서 ≪수경(水經)≫에 나오는 1,000개의 물길의 원류 및 연안의 풍토와 경치에 관
해 논술했으며, 아울러 ≪수경(水經)≫의 오류를 바로잡았다. 문장은 간결하고 생동감이 있
으며 의미심장한 뜻을 담고 있다. 경치를 묘사하는 수법은 후에 유종원(柳宗元) 등의 산수
유기문(山水遊記文)에 영향을 주었다.

경주(水經注)≫[92]에 일찍이 그것에 근거하여 산천(山川)에 주석(註釋)을 단 것을 발견했다. 그런데 그의 주석 내용에서 단 한 점의 오차(誤差)도 발견할 수가 없었다"고 하여, 사람들을 깜짝 놀라게 하고 있다.

둘째로, 민족관계의 관점에서 볼 때, 서주(西周)의 시대는 서북쪽의 강적(强敵)들이 끊임없이 중원(中原) 일대에 와서 소요를 일으켰던 시기므로 주목왕(周穆王)의 국력이나 기세(氣勢)로 보았을 때, 아직 서쪽 순행(巡幸)의 안전(安全)은 보증키 어려운 것이 사실이었다. 그런데 한 학자는, 주(周)나라 민족의 시조(始祖)는 본시 신장(新疆) 서쪽 변경(邊境)에 거주하던 사람들이었으므로, 주목왕(周穆王)의 서정(西征)은 본시 주(周)나라 민족의 발상지 및 그의 선조의 고향에 참배하기 위한 것이라고 주장한다. 그리고 또 다른 학자는, 서왕모(西王母)는 본시 목왕(穆王)의 딸로, 파미르 고원에 가서 주왕(周王)을 위해 식민사업을 하고 있었으므로, 주목왕(周穆王)이 서쪽으로 간 것은 딸을 만날 목적 및 서쪽 변경을 순행(巡幸)하기 위한 목

---

92) ≪수경주(水經注)≫: 중국 북위(北魏) 때의 학자 역도원이 저술한 중국의 하천지(河川誌)로, 전 40권으로 되어 있다. 황하강·회하강(淮河)·양쯔강(揚子江) 등 1,252개의 중국 각지의 하천을 두루 편력하여, 하천의 계통·유역의 연혁·도읍·경승·전설 등을 기술하였다. 책의 이름은 원래 ≪수경(水經)≫이란 저작(著作)이 있어서, 거기에다 주(注)를 붙인 것이다. ≪수경(水經)≫은 3세기경에 이루어진 작자불명의 책으로, 하천의 발원지·경류지(經流地)·합류지 또는 입해지(入海地) 등을 간단히 기록해 놓은 것으로서, 역도원은 그것을 골격으로 하여 자신의 광범위한 여행 경험과 많은 문헌을 통해 얻어낸 풍부한 지리적 지식을 훌륭하게 정리해 놓았다.

적이라고 주장한다. 고증에 따르면, 사막화되기 이전의 그곳에는 동서(東西)를 잇는 큰길이 있어서 길을 다니기가 아주 용이했다고 한다.

셋째로, 사마천(司馬遷)[93]의 ≪사기(史記)·주본기(周本紀)≫ 등의 고대 서적에서는, 주목왕(周穆王)의 서쪽 순행(巡幸)에 대한 단 한 마디의 언급도 찾아볼 수가 없다. 그러므로, 그것은 단순한 전문(傳聞)에 불과할 뿐이요, 사실(史實)이 아니라고 볼 수 있다. 그런데 그것이 사실(事實)이라고 믿는 자들은, 자신들의 주장을 뒷받침할 수 있는 확실한 증거들을, 한 무더기씩 제시한다.

우선은, ≪진서(晉書)·무제기(武帝紀)≫[94]에 기재된 내용이다. 거기에는, '함녕(咸寧) 5년(AD 270년)에 급현(汲縣) 사람 부준(不準, 인명)이 위(魏)나라 양왕(襄王)[95]의 무덤을 도굴하다가 죽간(竹簡)[96]

---

93) 사마천(司馬遷, BC 145년?~BC 86년? 93년?) : 중국 전한(前漢) 시대의 역사가로서, 좌풍익(左馮翊) 하양(夏陽) 사람이다. 자(字)는 자장(子長)이며, 아버지인 사마담(司馬談)의 관직이었던 태사령(太史令) 벼슬을 물려받아 복무하였다. 태사공(太史公)이라고 불리기도 했다. 후에 이릉 장군이 흉노와의 전쟁에서 중과부적으로 진 사건에서 이릉(李陵)을 변호하다 무제(武帝)의 노여움을 사서 궁형(宮刑)을 받게 되었다. 사마천은 ≪사기(史記)≫의 저자로서 동양 최고의 역사가의 한 명으로 꼽히어 중국 '역사의 아버지'라고도 일컬어진다.

94) ≪진서(晉書)≫ : 당나라 태종(太宗)의 지시로 방현령(房玄齡) 등이 찬한 진(晉)왕조의 정사(正史).

95) 위(魏)나라 양왕(襄王, ?~BC 296년) : 전국 시대 위나라의 왕. 이름은 사(嗣)고, 혜왕(惠王)의 아들이다. 진(秦)나라가 여러 차례 위나라를 공격해 위나라가 자주 패했다. 처음에 하서(河西)의 땅을 진나라에 주었는데, 결국 상군(上郡)의 영토가 모두 진나라 수중에 들어갔다. 16년 동안 재위했다.

96) 죽간(竹簡) : 중국에서 종이가 발명되기 전에 글자를 기록하던 대나무 조각. 또는 대나무 조각을 엮어서 만든 책.

에 소전(小篆)[97]으로 씌어진 고서(古書) 10여만 글자를 발견하여, 비부(秘府)[98]에다 보관했다'고 되어 있다. 그러자 진(晉)나라 무제(武帝) 사마염(司馬炎)[99]은, 즉각 학식이 풍부한 학자 몇 명을 보내 그것들을 정리를 하게 하는데, 정리를 다 해놓고 보니 모두 16종, 25권에 이르는 책이 되었다. 그런데 그것들 속에는 ≪목천자전(穆天子傳)≫도 들어 있었다. 하물며는 당시의 법률 판례들을 살펴보면, 그 누구도 고서(古書)를 위조하는 따위의 바보짓은 할 엄두도 낼 수 없는 형편이었다.

두 번째로는, 그 대략적인 내용을 훑어보면, ≪목천자전(穆天子傳)≫에 기록된 시간, 지점, 사건 등은, 마치 일기장을 보는 것처럼 아주 분명하기 짝이 없다. ≪수서·경적지(隋書·經籍志)≫[100], ≪신당서·예문지(新唐書·藝文志)≫[101]에서는 그것을 사부(史部)의 '기거

---

97) **소전(小篆)**: 한자의 팔체서(八體書)의 한 가지. 중국 진시황(秦始皇) 때, 이사(李斯)가 대전(大篆)을 간략하게 변형해 만든 글씨체이다.

98) **비부(秘府)**: 비각(秘閣). 왕실 도서관.

99) **사마염(司馬炎, 236년~290년)**: 사마의(司馬懿)의 손자이자 사마소(司馬昭)의 아들. 위(魏)나라 원제(元帝)에게 강요하여 왕위를 물려받아 낙양에 도읍하여, 나라 이름을 진(晉)이라 하고 무제(武帝)라 일컬었다. 280년 오(吳)나라를 멸망시키고 천하를 통일했다. 군국제도를 채택하고, 점전법(占田法)을 시행했다.

100) **≪수서(隋書)≫**: 중국 이십오사(二十五史)의 하나. 중국 당(唐)나라의 위징(魏徵) 등이 편찬한, 수(隋)나라의 역사를 기록한 책이다. 636년에 간행되었으며, 모두 85권이다.

101) **≪신당서(新唐書)≫**: 중국 송나라 인종의 가우 연간에 구양수, 송기 등이 편찬한 역사책이다.

주문(起居注門)'에다 집어넣었고, ≪송사·예문지(宋史·藝文志)≫[102]
에서는 '별사(別史)'에 집어넣었으며, 명(明)나라 ≪숭문총목(崇文總
目)≫[103]에서는 전기(傳記)로 분류했다. 여기에서도 볼 수 있듯이 그
것의 진실성은 의심의 여지가 없다.

　세 번째로는, 방증(傍證) 자료다. 선진(先秦) 시대의 전적(典籍)
중 엄밀한 서사 내용을 담고 있는 ≪좌전(左傳)≫[104] 소공(昭公) 13년
조에 보면, '옛날에 목왕(穆王)이 자신의 마음을 넓힐 심산으로, 천
하를 돌아다니며 온 세상에 바퀴자국을 남기려고' 하자, 그의 대신
인 '제공모보(祭公謀父)[105]가 〈기초(祈招)〉라는 시를 지어서 왕의 마
음을 돌리게 함'으로써, 그의 원유(遠遊)는 취소되고 만다. 이로써
볼 것 같으면, 그의 '주행천하(周行天下, 천하를 두루 순행함)'는, 과연
그와 같은 일이 있긴 했으나, 반대에 부딪혔다는 사실을 잘 알 수
있다.

---

102) ≪송사(宋史)≫: 중국 남북조 시대 송나라의 정사(正史). 1343년 탈탈(脫脫) 등이 칙명을 받
　　아 지은 것으로 오대(五代)의 말인 주나라에서부터 317년간의 사실(事實)을 기전체(紀傳體)
　　형식으로 기록하였다. 496권으로 되어 있다.
103) ≪숭문총목(崇文總目)≫: 송인종(宋仁宗) 경우원년(景祐元年, 1034년)에 관(官)에서 편찬한 도
　　서 목록으로, 총 30,669권으로 되어 있다. 북송(北宋) 최대의 도서목록서이다.
104) ≪좌전(左傳)≫: ≪춘추좌씨전(春秋左氏傳)≫을 말하며, 중국 전국 시대 노(魯)나라의 좌구
　　명(左丘明)이 ≪춘추(春秋)≫를 해설한 책이라고 하나 명확하지 않다. ≪곡량전(穀梁傳)≫, ≪
　　공양전(公羊傳)≫과 함께 춘추삼전(春秋三傳)의 하나이다. 지금 전해지는 것은 한나라 때에
　　유흠(劉歆)이 편찬한 것으로, 모두 30권으로 되어 있다.
105) 제공모보(祭公謀父): 고대(古代) 주(周)나라 시대의 사람으로, 주목왕(周穆王) 때의 대신(大
　　臣)이다.

　주목왕(周穆王)과 서왕모(西王母)가 서로 사랑에 빠진 사실이 과연 실제로 있었는지 없었는지에 대해서는, 후대인들의 더 깊은 연구와 고찰이 필요할 것이다.

은 주왕 주지육림

---◦◡◦---

5. 은 주왕은 정말 폭군인가?

소설 ≪봉신연의(封神演義)≫[106]는 우리에게 잘 알려진 작품이다. 이 소설은 무왕(武王)이 주(紂)를 정벌(征伐)한 사적(史蹟)을 배경으로, 선과 악이 대결하고, 선신(善神)과 요괴가 어지럽게 싸우는 이야기로서, 민간에 광범위한 영향을 끼치고 있다. 책 속에 나오는 주요 인물인 은(殷)나라 주왕(紂王)[107]은, 사람들이 뼈에 사무치도록 미

---

106) ≪봉신연의(封神演義)≫: 명나라 때의 장편소설. 육서성(陸西星, 1520년~1605년?) 또는 허중림(許仲琳)의 작품이라고 전하지만 분명하지 않다. ≪전상평화(全相平話)≫ 중 '무왕벌주평화(武王伐紂平話)'를 바탕으로 하고 은(殷)나라와 주(周)나라 교대에 관한 전승설화(傳承說話)에 명(明)나라 후반에 일어난 삼교합일사상(三敎合一思想), 민간의 설화·신앙 등을 혼합하여 저작한 것으로, ≪서유기(西遊記)≫, ≪평요전(平妖傳)≫ 등과 함께 명나라 신선요괴(神仙妖怪)의 영이요술(靈異妖術)을 서술하였다.

107) 주왕(紂王, ?~BC 1046년): 중국 고대 은나라 왕조의 마지막 왕. 성은 자(子)이고 이름은 제신(帝辛) 또는 제신수(帝辛受)이다. 아버지 제을(帝乙)로부터 왕위를 물려받아 은나라의 왕

위하는 폭군이다. 그렇다면 역사상의 은(殷) 주왕(紂王)은 정말로 그
랬던 것일까?

은(殷) 주왕(紂王)은 이름을 제신(帝辛)이라고 하는데, 은(殷) 왕
조의 마지막 군주다. '주(紂)'라 함은 '의(義)를 해치고 선(善)을 훼손
한다'는 뜻을 가진 것으로서, '주왕(紂王)'은 후인(後人)들이 그를 깎
아내리기 위해 붙인 이름이다. 역사서에 기록된 주왕(紂王)의 죄상
(罪狀)들은 아래와 같다.

> '술과 여인에 빠져 타락하고 사치스러웠다(沈溺酒色 奢靡腐化).'

전(傳)하는 바에 따르면, 주왕(紂王)은 술을 좋아한 나머지, 땅을
파서 못을 만들고 못 안에 술을 가득 채운 뒤, 술 위에 배를 띄워 놓
고, 희첩(姬妾) 및 측근들과 함께 노를 저으면서, 질탕하게 마시며
즐겼다고 한다.

그리고 또 다른 전언(傳言)에 따르면, 그는 궁 안에다가 숲처럼
말뚝을 박아 놓고, 그 위에 익힌 고기·삶은 고기·구운 고기 등을 잔
뜩 걸어 놓은 다음, 동석한 미남, 미녀들을 발가벗겨서 '육림(肉林,
고기 숲)' 사이에서 미친듯이 날뛰게 한 뒤, 배고프면 먹고, 먹고 나

이 되었다. 애첩 달기(妲己)와 함께 음란하고 잔인무도한 짓을 일삼아 하나라의 걸왕과 함
께 폭군의 상징이 되었다. 주지육림(酒池肉林)과 포락지형(炮烙之刑)의 고사성어를 만든 인
물이다. 주나라를 세운 무왕과 벌인 기원전 1046년 목야(牧野) 전투에서 패배하고 죽임을
당했다.

면 또 놀면서, 날 새는 줄 몰랐다고 한다.

또 다른 전언(傳言)에서는, 그는 또 7년에 걸친 대규모 토목공사를 시행하여 녹대(鹿臺)[108]를 만들었다고 하는데, 그 건축부지는 대략 3평방리(三平方里)[109]에 다다랐고, 그 높이는 백 장(百丈)[110]을 넘었다고 한다. 그는 각지의 금은보석과 미녀들을 누대(樓臺) 위에 끌어모아 놓고, 주연상을 한번 벌이면 7일 밤 7일 낮을 흥청망청 먹고 마시면서, 군신(群臣)·희첩들과 한데 어우러져 세월 가는 줄 몰랐다고 한다.

'잔인하고 포학하여 그 독소가 온천하에 미쳤다(殘忍暴虐 荼毒四海).'

전(傳)하는 바에 따르면, 그는 포락지형(炮烙之刑)을 행했다고 한다. 포락지형(炮烙之刑)이란, 기름칠한 구리 기둥을 숯불 위에 걸쳐 놓고 빨갛게 달군 뒤, 죄인으로 하여금 그 위에 기어가게 함으로써,

---

108) **녹대(鹿臺)**: 은(殷)나라 주왕이 지은 궁정(宮庭) 건축물로서, 하남(河南) 기현성(淇縣城) 서쪽 45리, 태행산(太行山) 동쪽 기슭에 있다. 그 규모가 매우 웅장하여 건축하는 데 7년의 기간이 소요되었고 막대한 비용이 소요되었다. ≪사기(史記)≫에는 '세금을 엄청나게 걷어서 그것을 모두 녹대의 비용에 충당했다'고 기록하고 있다. 주(紂)의 군대가 주(周) 무왕(武王)의 군대에 패하자, 주(紂)는 이곳에서 자신의 보물들을 뒤집어 쓴 채 스스로 몸을 불살라 죽었다고 한다.

109) **3평방리(三平方里)**: 중국에서 1리(里)는 500미터이므로, 3평방리는 대략 1,500평방미터에 해당한다고 볼 수 있다.

110) **백 장(百丈)**: 은(殷)나라 척(尺)으로는 1尺=31.1센티미터, 주(周)나라 척(尺)으로는 1尺=19.9센티미터다. 1장(丈)은 10척(尺)이므로, 따라서 100장(丈)은, 은(殷)나라 척(尺)으로는 311미터, 주(周)나라 척(尺)으로는 199미터에 해당한다고 볼 수 있다.

살갗을 태우고 살점이 눌어붙게 만들어 죽이는 형벌이다.

또 다른 전언(傳言)에 따르면, 그는, 뱃속에서 태아가 어떻게 성장하는지 관찰하기 위해, 사람을 시켜 임신부의 배를 가르게 하는 잔인한 짓을 저지른다. 그러자 임신부는 선혈이 낭자한 가운데 고통스럽게 죽어간다. 또 한 번은, 겨울철에 맨발로 강을 건너는 농부가 왜 추위를 두려워하지 않는지 알고 싶었다. 그래서 그는, 사람을 시켜 농부의 두 다리를 자르게 한 뒤, 뼈를 으스러뜨려 골수를 조사한다. 이 밖에도, 간신(奸臣)을 총애하고 소인(小人)을 중용하며, 조상을 숭배하지 않고, 충성스럽고 선량한 사람들을 믿지 않는 등등, 그가 저지른 수많은 죄행(罪行)이 전해지고 있다.

그 뒤, 주왕(紂王)은 사기(士氣)가 꺾이고 민심을 잃게 되어 끝내는 무왕(武王)에게 패하고 만다. 그러자 그는 분신(焚身)하여 자살하고, 그의 아내 달기(妲己)[111] 또한 무왕(武王)의 손에 의해 처형(處刑)되고 만다.

그렇다면 은(殷)나라 주왕(紂王)은 진짜로 그렇게 포학했던 것일까?

---

111) **달기(妲己, ?~?)**: 주왕(紂王)의 애첩으로, 주(周)나라 유왕(幽王)의 애비(愛妃)인 포사(褒姒)와 함께 중국 역사상 가장 음란하고 잔인한 독부(毒婦)의 하나. 전해지는 이야기에 따르면, 주왕(紂王)은 학정(虐政)을 간(諫)하는 현신(賢臣)의 말은 듣지 않고, 달기의 말만 잘 들었다고 한다. 주왕과 달기는 사람들에게 잔인한 형벌을 가하는 것을 즐겼다고 하는데, 구리 기둥에 기름을 발라 숯불 위에 걸쳐 놓고 죄인으로 하여금 그 위를 걷게 하여 미끄러져서 타 죽게 하는 포락(炮烙)의 형을 구경하면서 웃고 즐겼거나, 돈분(蠆盆)이란 형을 만들어 죄수들을 구덩이에 독사와 전갈을 집어넣고 그들이 괴로워하는 것을 즐겼다고 한다.

전(傳)하는 바에 따르면, 일찍이 공자(孔子)의 제자 자공(子貢)은, 이에 대해 강한 의문을 제기하면서, '다른 사람들이 천하의 죄악들을 모두 그에게 덮어씌웠다'고 주장했다고 한다. 그리고 근대의 유명한 한 역사학자는, 은(殷) 주왕(紂王)의 70여 개에 이르는 죄악상을, 발생한 순서대로 고찰한 뒤, 그의 죄행(罪行)이 시간이 지나면 지날수록 더 많아지고 있는 사실을 발견했다고 말한다. 그러면서 그는, 이는 후세 사람들의 조작(造作)이 분명하므로, 그 진실성과 신뢰도가 반감(半減)될 수밖에 없다고 말한다. 그러면 후세 사람들은, 어째서 일부러 은(殷)나라 주왕(紂王)을 깎아내리려고 했을까?

그 첫 번째 원인은, 그의 정적(政敵)들의 음흉한 선전술(宣傳術)에서 찾아볼 수 있다. 예컨대, 사치와 타락, 포학(暴虐)함과 황음무도(荒淫無道)함, 그리고 반란의 진압과 반대파의 숙청 등은, 모든 제왕(帝王)들의 공통된 속성일 뿐, 유독 은(殷) 주왕(紂王)에게만 해당되는 것은 아니다. 그렇다면 은(殷) 주왕(紂王)은, 어쩌다가 이와 같은 나쁜 행적들을 일신상에 모조리 뒤집어쓴 채, 사람들을 경악게 하고 분노케 한 것일까? 이는 당연히 그의 정적(政敵)들에 의해 자행된 악선전(惡宣傳)의 결과라고 보아야 한다. '전쟁에서 이긴 자는 천자와 제후가 되고, 전쟁에서 패한 자는 적(敵)이 되는 것'이 이 세상의 이치다. 그리하여 은(殷) 주왕(紂王)을 없앤 제왕은, 어용(御用) 문인(文人)들이 뭐라고 지껄이든 개의치 않은 채, 그들이 정치적 수요

(需要)에 따라 멋대로 지껄이도록 내버려 둔다.

그 두 번째 원인은, 죄악의 근원을 여성들에게 몽땅 뒤집어씌우려는 의도에서다. 달기(妲己)는 본래, 주왕(紂王)이 소부락(蘇部落)[112]을 무력으로 토벌하여 얻은 전리품(戰利品)이자, 주왕(紂王)의 노리개에 불과했다. 그런데 무왕(武王)이 주왕(紂王)을 정벌(征伐)한 지천 년 뒤에 나온 ≪열녀전(列女傳)≫[113]에는, 나쁜 행적이란 행적은 모조리 달기(妲己) 한 사람에게 뒤집어씌우고 있다. 이것이 바로 '여화망국론(女禍亡國論)[114]'이다. 남존여비(男尊女卑)의 봉건사회 속에서, 천성이 포악한 제왕(帝王)의 독선(獨善)과 전횡(專橫)은, 기실 여성들이 좌우할 수 있는 성질의 것이 전혀 아니었다. 그럼에도 불구하고, 일단 나라가 망하고 그들의 육신이 사라지기만 하면, 여성들이 속죄양이 되어 그들의 죄를 모조리 뒤집어쓰지 않으면 안 되었

---

112) **소부락(蘇部落)**: 지금의 하남성(河南省) 온현(溫縣)을 말한다고 한다. 전설에 따르면, 달기의 성(姓)은 소(蘇)씨라고 하는데, 그 유래에 대해서는 두 가지 설이 있다. 그 하나는, 달기의 부친이 제후(諸侯) 소호(蘇護)이기 때문이라는 설이며, 다른 하나는, 달기가 소(蘇)라고 하는 부락 출신이기 때문이라고 하는 설이다. 어느 것이 맞는지는 알 수 없다.

113) ≪**열녀전(列女傳)**≫: 한(漢)나라의 유향(劉向)이 지은 책. 고대부터 한나라 때까지, 유명한 현모(賢母), 양처(良妻), 열녀(烈女) 및 투부(妬婦)들의 약전(略傳), 송(頌), 도설(圖說) 등을 엮었다. 모두 8편 15권으로, 나중에 송(宋)나라 방회(方回)가 7권으로 간추렸다.

114) **여화망국론(女禍亡國論)**: 여성이 나라를 망친다는 이론

던 것이다. 하(夏)나라의 걸(桀)[115]의 경우에는 말희(妺喜)[116]가 그러했고, 은(殷)나라의 주(紂)의 경우에는 달기(妲己)가 그러했다. 또 주(周)나라의 유(幽)[117]의 경우에는 포사(褒姒)[118]가, 당(唐)나라의 명황(明皇)의 경우에는 양귀비(楊貴妃)가 그러했다. 그리고 그 논조는, 마치 그녀들만 없었다면, 그들이 모두 영명(英明)한 군주가 될 수 있었을 거라는 식이었다. 결국, 은(殷) 주왕(紂王)의 고사(故事)에 달기(妲己)를 끼워 넣은 것은, 인민(人民)들을 우롱하는 소설가들의 향신료(香辛料)였음과 동시에, 어리석고 무능한 군주의 책임을 남에게 전가(轉嫁)하려는, 봉건 문인(文人)들의 음흉한 심리표출 이외에 다른

---

115) 걸(桀, ?~?) : 하(夏)나라의 마지막 왕(재위: BC 1818년~BC 1766년)으로서, 역사적으로 유명한 폭군(暴君)이다. 이름을 계(癸), 또는 이계(履癸)라고도 한다. 엄청난 장사로 알려졌던 그는 52년 동안 왕위에 있으면서 갖가지 포악한 짓을 저지르고 주지육림(酒池肉林)의 향락을 일삼다가 탕(湯)이 이끄는 상(商) 부족에 의해 나라가 멸망하고, 그 자신은 쫓겨나 굶어 죽어서 남소(南巢) 와우산(臥牛山, 지금의 安徽 巢縣에 위치)에 묻혔다고 한다.

116) 말희(妺喜, ?~?) : 하걸(夏桀)의 애첩으로 천하 절색이었는데, 걸왕은 그녀의 말이라면 무조건 따랐다고 한다. 말희가 걸왕에게 "매번 술을 따르고 음식을 나르는 일은 재미없고 지루하니 술로 연못을 만들고 고기로 숲을 만들어 춤추고 놀면서 바로바로 마시고 먹게 하는 것이 어떻겠습니까?"라고 하니, 걸왕은 신하들의 간언을 뿌리치고 주지육림 공사를 하게 했다고 한다. 또 말희가 비단을 찢는 소리를 좋아하자, 궁녀에게 명하여 옆에서 항상 비단을 찢으라고 했다고 한다.

117) 유왕(幽王, ?~BC 771년?) : 주(周)나라 제12대 왕. 향락과 주색에 빠져 정사를 돌보지 않았고 견융(犬戎)의 침공으로 여산(驪山) 기슭에서 살해되었다.

118) 포사(褒姒, ?~?) : 기원전 8세기(기원전 770년)경 서주의 마지막 왕 유왕(幽王)의 황후로 활약한 인물로, 절세의 미녀로 언급되며 후에 주나라의 멸망의 원흉이 되었다. 유왕 3년 포국(褒國)을 토벌했을 때 포인(褒人)이 바쳐 포사라 했다. 왕의 총애를 받아 아들 백복(伯服)을 낳았는데, 백복을 태자로 삼았다. 한 번도 웃는 일이 없었다고 한다. 유왕이 그녀를 웃기려고 위급하지도 않은데 봉화(烽燧)를 올려 제후들을 오게 했고, 허둥대는 제후들의 꼴을 본 포사는 비로소 웃었다고 한다.

것이 아니었던 것이다.

그 세 번째의 원인은, 은(殷) 주왕(紂王)의 공적을 말살하려는 데에 있다. ≪사기(史記)≫의 기록에 따르면, 은(殷) 주왕(紂王)은 매우 유식하고 판단이 빨랐으며, 키가 아주 크고 힘이 셌다. 그리하여 복잡한 사정들을 신속하고 정확하게 판단할 수 있을 정도로 재주와 지혜가 뛰어났으며, 또 대들보로 기둥을 바꾸고 맨손으로 호랑이를 때려잡을 정도로 힘이 셌다고 한다. 그가 한 손으로 아홉 마리 소의 꼬리를 잡고 뒤로 잡아당기면, 아홉 마리의 소들이 뒤로 끌려올 정도였다. 그는 일찍이 동이(東夷)를 공략하여 중국의 영토를 동남쪽 일대(一帶)로까지 넓히고 양쯔강 유역을 개척한다.

당시에 동이(東夷)는 틈만 나면 은(殷)을 침략하여 수많은 백성들과 노예들을 포획해갔다. 그리하여 그들은 은(殷)나라에게 매우 위협적인 존재였다. 주왕(紂王)의 부친인 제을(帝乙)도 동이(東夷)와 대접전을 벌이지만, 승리를 거두지 못한다. 주왕(紂王)은 왕위에 오르자, 병기(兵器)를 대량으로 주조한 뒤, 친히 대군(大軍)을 이끌고 동이(東夷)를 정벌(征伐)하기 위해 출병한다. 그러자 동이(東夷)는 부족들을 연합하여 강력하게 맞선다. 그러나 주왕(紂王)의 공세를 막지는 못한다.

주왕(紂王) 쪽의 화살촉은 청동으로 만들었기 때문에 정교하고 날카로워서 사정거리가 멀어도 살상력이 아주 좋았다. 양군(兩軍)

이 교전을 벌일 때, 동이(東夷)의 군대는 무더기로 쓰러져 나간다. 그리하여 주왕(紂王)이 지휘하는 군대가 한 번 돌격하자, 겹겹이 포위되어 그 대부분이 포로로 사로잡히고 만다. 전하는 바에 따르면, 은(殷)나라 군대는, 가을바람이 낙엽을 쓸듯이 곧바로 양쯔강 하류까지 밀고 나간다. 그리고 대다수의 동이(東夷) 부락을 항복시킨다. 이때 포로로 붙잡힌 동이인(東夷人)의 수는 수천, 수만을 상회했다. 그야말로 대승(大勝)이었다. 이로부터 중원(中原)과 동남쪽 일대의 교통은 크게 뚫리게 되고, 중부(中部)와 동남부(東南部)의 관계 또한 한층 가까워진다. 중원 지구(中原地區)의 문화는 점차 동남 지구(東南地區)로 전파되어, 당지인(當地人)들로 하여금 보다 우월한 자연·지리 조건을 이용하여 생산력을 발전시킬 수 있게 한다. 엄밀히 말하면, 이러한 역사적인 공헌은 주왕(紂王)의 것으로 기록되어 마땅하다고 할 수 있다.

그렇다면 역사상에서 진실한 은(殷) 주왕(紂王)의 모습은 과연 어떤 것이었을까?

주공

6. 주공은 성인인가, 야심가인가?

주공(周公)[119]은 서주(西周)의 걸출한 정치가이자 나라를 잘 다스
린 어진 신하(臣下)다. 그는 성(姓)이 희(姬)고, 이름은 단(旦)이라 하
였는데, 식읍(食邑)[120]이 주(周)에 있었던 관계로 주공(周公)이라고도
불렸다. 주공(周公)은 주(周)나라 무왕(武王)의 친동생으로서 무왕
(武王)을 보좌하여 은(殷)나라를 멸(滅)한 뒤, 무왕(武王) 임종 시의 유

---

119) **주공(周公, ?~?)** : 이름은 단(旦). 주왕조를 세운 문왕(文王)의 아들이며 무왕(武王)의 동생. 무
왕과 무왕의 아들 성왕(成王)을 도와 주왕조의 기초를 확립하였다. 무왕이 죽은 뒤 나이 어
린 성왕이 제위에 오르자 섭정(攝政)하여 나라를 잘 다스렸다.

120) **식읍(食邑)** : 고대 중국에서, 왕족, 공신, 대신들에게 공로에 대한 특별 보상으로 주는 영지
(領地). 그 지역 조세를 받아 먹게 하였고, 봉작과 함께 대대로 상속되었다.

언에 따라 무왕(武王)의 어린 아들 희송(姬誦)[121]을 도와 천자(天子)의 위(位)에 등극시키고 그를 대신해 나라를 다스린다.

'첫해에는 사회 동요를 막고, 둘째 해에는 은(殷)을 정벌하고, 셋째 해에는 엄국(奄國)[122]을 멸망시키고, 넷째 해에는 후위(侯衛)[123]를 세우고, 다섯째 해에는 주(周)나라를 세우고, 여섯째 해에는 예악(禮樂)을 정비하였으며, 일곱째 해에는 성왕(成王)에게 정권을 이양[124]하였다.'

주(周)왕조의 통치를 공고히 하기 위해, 주공(周公)은 침식(寢食)도 잊은 채 심혈을 기울인다.

'머리를 감다가 세 번씩이나 씻던 머리를 틀어쥐었고, 밥을 먹다가 세 번씩이나 먹던 음식을 뱉어냈다(一沐三握髮 一食三吐哺: 일목삼악발 일식삼토포)'[125]

---

121) 주성왕(周成王, BC 1055년~BC 1021년): 성(姓)은 희(姬), 이름은 송(誦). 주무왕(周武王)의 아들로, 서주(西周)의 제2대 천자(天子)다. 시호(諡號)는 성왕(成王)이다. 천자(天子)의 자리에 오를 때 나이가 어려 주공(周公)의 보좌를 받았다.

122) 엄국(奄國): 엄(奄)은 은(殷)나라의 옛 도읍지를 말하는 것으로, 주공(周公)이 엄국(奄國)을 멸망시켰다는 것은 은(殷)나라 세력에게 중대한 타격을 주었음을 의미한다.

123) '후위(侯衛)를 세우고': 제후 등에게 토지와 작위를 하사하여 중앙 정부를 지키게 했다는 것으로, 즉 분봉제(分封制)를 실시했음을 의미한다.

124) ≪상서(尙書)·대전(大傳)≫에 나온다.

125) '一沐三握髮 一食三吐哺: 주공이 나라를 위해 어진 자들을 극진히 예우하고 아꼈음을 의미하는 말로, ≪사기(史記)·노주공세가(魯周公世家)≫에 나온다.

그리하여 역대 통치계급들에게 이구동성으로 칭송을 받게 된다.

그러나 또 다른 설(說)에 의하면, 무왕(武王) 사후(死後)에, 천하가 어지러워지자, 주공(周公)은 그러한 위기 국면에 대처하기 위해 한편으로는 무왕(武王)의 어린 아들을 성왕(成王)으로 옹립하고, 다른 한편으로는 스스로 정권을 쥐고 왕의 행세를 함으로써, 내부의 정권 투쟁을 불러일으키게 됐다고 말하기도 한다. 그리하여 주공(周公)의 친형제들인 관숙(管叔)[126]과 채숙(蔡叔)[127]과 곽숙(霍叔)[128]은, 주공(周公)이 대권(大權)을 움켜쥐고 근거없는 말을 퍼트린다고 불만을 품게 된다. 그리고 그런 틈을 타서 주왕(紂王)의 아들 무경(武

---

126) 관숙선(管叔鮮, ?~?): 문왕(文王)의 셋째아들이자, 무왕(武王)의 동생으로, 본명은 희선(姬鮮)이다. 혹은 관숙(關叔)이라고도 하고, 은(殷)이 망한 뒤, 주(周) 무왕(武王)에게 지금의 하남성(河南省) 정주(鄭州)를 중심으로 했던 관(管, 河南 鄭州)의 제후로 봉해져 관숙(管叔)이라고도 불린다. 성왕(成王) 때 동생 채숙(蔡叔)과 함께 주(紂)의 아들 무경(武庚)을 끼고 반란을 일으켰다가 동생인 주공(周公) 단(旦)에게 평정을 되어 처형되었다.

127) 채숙도(蔡叔度, ?~?): 채숙(蔡叔)의 본명은 희도(姬度)다. 세칭 채숙도(蔡叔度)라고도 하고, 채(蔡) 땅의 제후로 봉해져 채숙(蔡叔)이라고도 불린다. 주(周) 문왕(文王)의 다섯째아들이자 주(周) 무왕(武王)의 동생이다. 무왕(武王)이 은(殷)나라를 멸(滅)한 뒤 채(蔡, 오늘날의 하남성 上蔡)의 땅에 봉하였다. 성왕(成王) 때 그의 형 관숙(管叔)과 함께 주(紂)의 아들 무경(武庚)을 끼고 반란을 일으켰다가 주공(周公) 단(旦)에게 평정을 되어 유배를 당했으며 유배지에서 죽었다.

128) 곽숙(霍叔, ?~?): 주(周) 문왕(文王)의 여섯째아들로, 성은 희(姬), 이름은 처(處)이다. 곽(霍) 땅의 제후로 봉해져 곽숙(霍叔) 혹은 곽숙처(霍叔處)라고도 불린다. 무경(武庚)의 반란에 연루되어 서인(庶人)으로 강등되었다.

庚)¹²⁹⁾은 난(亂)¹³⁰⁾을 일으켜서 국권을 회복하고자 기도(企圖)한다. 주공(周公)은 3년에 걸친 동정(東征)을 통해 반란을 평정한 뒤, 주(周) 왕조의 견고한 통치 기반을 다진다.

그렇다면 이상의 사실들은 역사상에서 어떤 식으로 나타나고 있을까?

주공(周公, 문왕의 넷째아들)은 본디 무왕(武王)의 동생으로서, 총 명하고 영명하여 범상치 않은 재덕(才德)의 소유자였다. 그가 여러 형제들 중에서 가장 재주가 뛰어남을 익히 알고 있었던 무왕(武王) 은, 임종 시에 어린 아들 희송(姬誦)과 주(周) 왕실을 그에게 부탁한 다. 주공(周公)은 희송(姬誦)을 천자(天子), 즉 주(周)나라 성왕(成王) 으로 즉위시키고, 자신은 국방과 국정의 대사(大事)의 책임을 떠맡 아 천자(天子)의 직(職)을 대행한다. 주(周) 왕실의 안정된 장기(長 期) 통치를 위해, 주공(周公)은 '왕위계승법(王位繼承法)'을 제정한다. 그 주요 내용인즉슨, 적장자(嫡長子)로 하여금 왕위를 계승케 하고,

---

129) 무경(武庚, ?~BC 1039년) : 주왕(紂王)의 아들. 녹보(祿父)라고도 불린다.

130) 난(亂) : 이른바 '삼감(三監)의 난(亂)'을 말한다. 기원전 1043년 무렵, 무왕(武王)은 주(周)를 건 국한 지 3년 만에 병사하였고, 태자 희송(姬誦)이 뒤를 이어 즉위하니 그가 성왕(成王)이다. 그러나 성왕(成王)은 아직 나이가 어렸으므로 무왕(武王)의 동생인 주공(周公) 희단(姬旦)이 섭정(攝政)이 되어 나라를 다스린다. 관숙(管叔)과 채숙(蔡叔), 곽숙(霍叔)은 이에 불만을 품고 주공(周公)이 왕위를 빼앗을 것이라는 말을 사방이 퍼뜨리고, 무경(武庚)과 연합하여 반란 을 일으키는데, 이를 '삼감(三監)의 난(亂)'이라고 한다. 참고로, 삼감(三監)이란, 곧 무경(武庚) 이 다스리는 땅 주위에서 무경(武庚)의 감시를 맡은 세 사람, 즉 관숙(管叔)과 채숙(蔡叔)과 곽숙(霍叔)을 말한다.

다른 아들들에게는 분봉(分封)[131]을 한다는 것이었다. 그리하여 노예제 사회의 통치 계급인 귀족들 내부에, 천자(天子), 제후(諸侯), 경(卿), 대부(大夫), 사(士) 등과 같은 수직적인 등급 관계를 형성시킨다. 또 각 계급의 복식과 제사, 그리고 점복(占卜), 회맹(會盟), 연회, 조공(朝貢), 혼인, 장례 의식 등에 대해서도 상세하고 구체적인 규정을 제정한다. 이러한 존비(尊卑)의 차별을 둔 '주례(周禮)'가 마련되어 통치 계급이 따라야 할 준칙(準則)이 생김으로써, 통치 질서가 확고하게 자리 잡기 시작한다.

그러나 이와 같은 방식의 통치 질서는, 도리어 문왕(文王)의 셋째아들 관숙선(管叔鮮, 武王의 동생)과 문왕(文王)의 다섯째아들 채숙도(蔡叔度, 武王의 동생)의 강한 불만을 야기시킨다. 만약에 '형종제급(兄終弟及)'의 관습[132]을 따르게 되면, 문왕(文王)의 둘째 아들인 무왕(武王)이 세상을 떠나면, 셋째인 관숙(管叔)에게 즉위권(卽位權)이 돌아가야 한다. 그러나 주공(周公)이 '적장자계승법(嫡長子繼承法)'을 만들어서 왕위를 공공연하게 무왕(武王)의 적자(嫡子) 희송(姬誦)에게 물려주자, 왕위를 물려받을 권리를 박탈당한 관숙(管叔)

---

131) **분봉(分封)**: 천자가 땅을 나누어서 제후를 봉하던 일.

132) **'형종제급(兄終弟及)'의 관습**: '형사제급(兄死弟及)'이라고도 한다. 왕위(王位) 계승 제도의 하나로, 형에게서 아우에게로 왕위가 계승되는 제도다. 중국의 고대 하(夏)왕조와 은(殷) 왕조, 그리고 노(魯)나라, 송(宋)나라 등에서 실행되었던 왕위 계승 제도다. 아우에게 왕위를 계승해줄 때는, 일반적으로 연령이 높은 순서대로 계승이 진행되었으며, 자식에게 물려줄 때는, 형의 아들에게 물려주는 방법, 아우의 아들에게 물려주는 방법, 적자(嫡子)에게 물려주는 방법 등 몇 가지 방법이 있었다.

은 격노(激怒)한다. 무왕(武王)이 주(紂)를 멸(滅)한 뒤, 관숙(管叔)은 관국(管國) 땅에, 채숙(蔡叔)은 채국(蔡國) 땅에 각각 봉(封)함을 받고, 주왕(紂王)의 아들인 무경(武庚)을 감독하러 간다. 두 사람은 호경(鎬京)[133]에서 멀리 떨어져 있게 된 것에 대해서 불만이 많았고, 내심 넷째 주공(周公)이 음모를 꾸며서 왕위 찬탈을 노리고 있다고 의심한다. 그들은 도처에다 유언비어를 퍼뜨려 성왕(成王)과 소공(召公)[134], 태공(太公)[135]까지도 의심을 하지 않을 수 없게 만든다.

그렇다면, 주공(周公)은 과연 섭정(攝政) 기간에 칭왕(稱王, 왕을 자처함)을 한 사실이 있는가, 없는가? 일설(一說)에 의하면, 주공(周公)이 칭왕(稱王)한 사실이 있었다고 한다. ≪순자(荀子)·유효(儒

---

133) 호경(鎬京): 주(周)왕조 무왕(B.C. 11세기)의 도읍지. 섬서성 서안(陝西省 西安)의 서쪽 약 10km, 풍하 동안의 호경관에서 보도촌(普渡村)에 걸친 지역에 있었던 것으로 추정되고 있다. 일명 종주(宗周), 서도(西都)라고도 한다.

134) 소공(召公, ?~?): 성(姓)은 희(姬), 이름은 석(奭)이다. 기원전 11세기 때의 사람으로 주(周) 왕실(王室)의 일족(一族)이다. 소(召, 지금의 陝西 岐山) 지역을 식읍(食邑)으로 하여 소공(召公)이라고 부르며, 소공석(召公奭), 소백(召伯), 소강공(召康公), 주소공(周召公)이라고도 한다. 주(周) 성왕(成王) 때에 삼공(三公)의 위(位)에 올랐으며, 태보(太保)의 직책(職責)을 맡았다. 소공(召公)은 주(周) 문왕(文王)부터 강왕(康王)까지 4대에 걸쳐 정사(政事)를 돌보았는데, 특히 무왕(武王)이 죽고 성왕(成王)이 어린 나이로 즉위하자 주공(周公) 희단(姬旦)과 함께 훌륭히 보필하여 주(周) 왕조(王朝)의 기반을 확립하였다.

135) 태공(太公, ?~?): 강태공(姜太公)을 말한다. 본명 강상(姜尙)이다. 그의 선조가 여(呂)나라에 봉하여졌으므로 여상(呂尙)이라 불렸고, 태공망이라고 불렸지만 강태공이라는 이름으로 알려져 있다. 주나라 문왕(文王)의 초빙을 받아 그의 스승이 되었고, 무왕(武王)을 도와 상(商)나라 주왕(紂王)을 멸망시켜 천하를 평정하였으며, 그 공으로 제(齊)나라 제후에 봉해져 그 시조가 되었다.

效)≫[136)와 ≪회남자(淮南子)·사륜훈(氾淪訓)≫[137)에 보면 모두 '천자의 이름을 행사했다(履天子之籍)'고 하고 있고, 청(淸)나라 왕염손(王念孫)[138)의 ≪독서잡지(讀書雜志)≫에 보면 '옛사람의 뜻은, 곧 주공(周公)이 천자(天子)의 직을 행사했음을 가리킨 것이다'고 보고 있다. ≪예기(禮記)·명당위(明堂位)≫에서도 또한 '주공(周公)이 천자(天子)의 직을 행사했다'고 하고 있다. ≪상서(尙書)·대전(大傳)≫[139)에서는 '주공이 천자의 지위에 앉아, 백성들의 뜻을 살펴 정치를 폈다(周公身居位 聽天下爲政)'고 지적하였다. 또 ≪상서(尙書)·대고(大誥)≫를 분석해보면, 글 속의 '왕(王)'이 문왕(文王)을 칭할 때 '영왕(寧王), 영고(寧考)'라고 하고 있는데, 이는 '아들이 돌아가신 아버지를 일컫는 말'이다. 성왕(成王)은 문왕(文王)의 손자이므로 문왕(文王)을 결코 이와 같이 불렀을 리 만무하다. 그렇다면 글 속의 '왕(王)'

---

136) ≪순자(荀子)≫: 중국 전국 시대, 순자(荀子)가 지은 사상서. 예(禮)와 의(義)를 외재적인 규정이라 보고, 그것에 의한 인간 규제를 중시하여 예치주의가 강조되며 성악설(性惡說)이 제안되었다. 후에 ≪한비자(韓非子)≫ 등에서 계승되어 법가(法家) 사상을 낳았다. 제작 연대는 미상이며, 20권으로 구성되어 있다.

137) ≪회남자(淮南子)≫: 전한(前漢)의 회남왕(淮南王) 유안(劉安)이 저술한 철학서. 원명은 ≪회남홍렬(淮南鴻烈)≫이며, 21권만 전한다.

138) 왕염손(王念孫, 1744년~1832년): 청나라의 훈고학자. 훈고음운(訓詁音韻)의 기초 학을 배웠는데 방법론은 고음(古音)에 의해 고의(古義)를 구하기 때문에 확고한 기초학 위에 널리 군서(群書)를 치밀하게 비교, 검토해 결론을 간소하게 표현했다. 주요 저서에는 ≪광아소증≫, ≪독서잡지≫ 등이 있다.

139) ≪상서(尙書)≫: 공자가 중국 요순(堯舜) 때부터 주(周)나라 때까지의 정사(政事)에 관한 문서를 모아 지은 책. 총 20권 58편으로, 유가(儒家)의 이상정치(理想政治)에 대해 서술하였다. 오경(五經)의 하나이다.

은 문왕(文王)의 넷째아들 주공(周公)이라고 하지 않으면 안 된다. 뿐만 아니라, ≪상서(尚書)·강고(康誥)≫ 속에 나오는 '왕(王)'은 강숙(康叔)을 아우라고 부르고 있다. 강숙(康叔)은 성왕(成王)의 숙부다. 그러므로 주공(周公)이 아니라면 그 누가 그를 아우라고 했을 것인가? 이로써 추단(推斷)해보면, 확실히 주공(周公)은 왕위에 있으면서 스스로를 왕이라고 칭했음이 분명하다.

주공(周公)은 왜 이렇게 해야만 했던 것일까? 은(殷)이 멸망(滅亡)하고 2년째 되던 해에, 무왕(武王)은 신경을 너무 쓴 나머지, 몸과 마음이 지칠 대로 지쳐 그만 죽고 만다. 당시는 천하가 막 평정되었던 때였는지라 주(周)나라 왕조는 아직 안정이 되지 않은 상태였고, 어린 성왕(成王)이 천하의 민심을 잡기에는 다소 무리가 있었다. 그리하여 덕망 높은 군주가 두려워 떨게 만들지 않으면, 자칫하면 이미 정복된 은나라의 백성들과 새롭게 귀화한 부족들이 반란을 일으킬 가능성을 강하게 내포하고 있었으며, 그에 따라 주(周) 왕조가 전복될 위험성이 다분했다. 바로 이와 같이 위급한 상황하에서, 주공(周公)은 국가와 종묘사직의 안위의 관점에서 대외적으로 스스로를 왕이라고 칭한 것이다. 그는 태공(太公)과 소공(召公)에게 이렇게 해명한다. '내가 정치적 책임과 사람들의 혐의를 피하지 않는 것은, 우리 선왕께 드릴 말씀이 없게 되기 때문이다(我之弗辟 我無以告

我先王)'[140] 이에 '주공(周公)은 천자(天子)의 면류관(冕旒冠)을 쓰고 남면(南面)하여[141] 뭇 신하들의 알현을 받으면서 왕명(王命)의 이름으로 명령을 하달한다.' 위기에 직면한 주공(周公)은 왕권을 행사하여, '안으로는 동성(同姓)의 형제들을 잠재우고, 밖으로는 제후들을 다독이며', 법령과 제도를 제정하고, 주례(周禮)의 질서를 수립함으로써, 새로 세운 주(周) 왕조를 반석 위에 올려놓는다. 다만, 주공(周公)의 고심(苦心)은 오히려 오해를 불러일으켜서, 관숙(管叔)과 채숙(蔡叔)이 이 틈을 타서 유언비어를 퍼뜨리게 되자, 성왕(成王)마저 숙부(叔父)에 대해 의심을 품게 된다. 뒤에 성왕(成王)은 복사(卜辭)를 보관해둔 금으로 된 상자를 들춰보다가, 무왕(武王)의 병이 위중할 적에, "무왕(武王)의 건강이 회복되기만 하면, 죽음도 달게 받겠다"는 주공(周公)의 진정어린 기도 문구를 발견한 뒤, 큰 감동을 받는다. 그 후로 성왕(成王)은 주공(周公)을 한층 더 신임하게 된다. 성왕(成王)이 자라서 어른이 되자, 주공(周公)은 즉각 정권을 성왕(成王)에게 돌려준다.

---

140) '我之弗辟'에 대해서는 후대 학자들 사이에 의견이 분분하다. 이 부분에 대하여, 사마천은 '辟'자의 뜻을 '避'로 보면서 '내가 정치적 책임과 사람들의 혐의를 피하지 않는 것은…'이라고 해석하였고, 위공전(僞孔傳)은 '辟'자의 뜻을 '法'으로 보면서, '내가 관숙과 채숙을 법으로 다스리지 않으면…'이라고 해석하였다. 그밖에 마음과 정현 또한 '辟'자의 뜻을 '避'로 보고, '내가 東都로 피해 가지 않는 것은…'이라고 해석하거나 '내가 지금 어린애를 두고 떠나가지 않는 것은…' 등으로 해석했다. 이 중에서 역자는 사마천의 해석을 택하여 번역을 했다.

141) **남면(南面) 하여**: 왕과 천자의 자리는 북쪽이므로 한 말이다.

일설(一說)에 따르면, 주공(周公)은 결코 왕을 칭(稱)한 적이 없다고 한다. ≪좌전(左傳)·희공(僖公) 26년≫에 보면, 주공(周公)이 '고굉지신(股肱之臣)[142]이 되어 성왕(成王)을 옆에 끼고 보좌했다'고 나온다. 그리고 ≪좌전(左傳)·정공(定公) 4년≫조에는 '주공(周公)이 왕실을 도와 천하를 다스렸다'고 기록되어 있다. ≪사기(史記)·주본기(周本紀)≫에도 '주공(周公)이 섭정(攝政)하여 나라를 맡았다'고 서술되어 있다. 이를 보면, 주공(周公)은 성왕(成王)을 보좌하여 섭정(攝政)을 행하였을 뿐으로 결코 왕을 자처하거나 왕위에 오른 적이 없다고 볼 수 있다. 맹자(孟子)는 한 마디로 잘라 말한다. '주공은 천하를 소유하지 않았다(周公不有天下).' 주공(周公)은 왕(王)을 칭(稱)하고 천자의 지위에 오를 수 있는 실력과 조건들을 두루 갖추고 있었지만, 그는 털끝만큼도 사심을 품지 않고 지극히 충성스럽게 어린 왕을 도와 한결같이 국가와 사직(社稷)을 생각했던 것이다. 주공(周公)이 죽자, 성왕(成王)은, 그의 숙부가 평생토록 공명정대(公明正大)하고 억울함과 굴욕을 참아가며 나라를 위해 수고를 아끼지 않았음은 하늘의 해와 달이 보증할 것이라고 추억한다. 그리고 그는 주공(周公)을 문왕(文王)과 무왕(武王)의 묘소에 안장함으로써, 주공(周公)의 불후의 공적을 영원히 기념한다. 만약 주공(周公)에게 스스로

---

142) **고굉지신(股肱之臣)**: 다리와 팔같이 중요한 신하라는 뜻으로, 임금이 가장 신임하는 신하를 이르는 말.

왕을 자처하고 천자의 지위를 찬탈할 마음이 있었다고 한다면, 그가 죽은 뒤 성왕(成王)이 어찌 그를 그토록 융숭하고 정중하게 천자의 예를 갖추어 안장할 수 있었으랴?

일설(一說)에는, 주공(周公)이 정말로 왕위를 찬탈하고 정권을 탈취했다고 주장한다. ≪순자(荀子)·유효(儒效)≫에는, '주공(周公)이 성왕(成王)을 물리치고 무왕(武王)의 뒤를 이어 천하를 자신의 것으로 삼았다'고 하고 있다. 주공(周公)이 성왕(成王)을 물리치고 무왕의 뒤를 이어 왕위를 계승했다고 하였으니, 이게 바로 왕권을 찬탈한 게 아니면 또 무엇이겠는가? ≪사기(史記)≫에 보면, '태공(太公)과 소공(召公)이 의문을 품자 주공(周公)이 해명을 했다'는 말이 나온다. 만약 왕(王)을 칭(稱)한 사실이 없다고 한다면, 어찌 두 현인(賢人)들이 망령되게 의심을 품을 수 있었을까? ≪사기(史記)·관채세가(管蔡世家)≫에 서술되고 있는 바에 따르면, '관숙(管叔)과 채숙(蔡叔)은 주공(周公)의 행위가 결코 성왕(成王)에게 이롭지 않을 듯하다'는 염려를 왕실 대신들에게 전달하고, 후에 무경(武庚)과 연합군을 형성하여, 주(周)나라에 반대하는 군사 반란을 일으킨다. 관숙(管叔)과 채숙(蔡叔) 두 사람은 본래 무왕(武王)에게 충성을 했던 사람들이다. 그리고 셋째인 관숙(管叔)은 문무(文武)를 겸비한 사람이었다. 애초 무왕(武王)이 제후들을 봉(封)할 적에, 주공(周公)은 꾀를 써서 관숙(管叔)을 호경(鎬京)에서 멀리 떨어져 있게 함으로써, '형제가 서로 뒤를 잇는 제도'의 첫 번째 계승권자를 권력의 중심에서 멀리 떨어뜨려 놓는다. 그런 뒤, 나중에 또다시 반란을 평정한다는 미명 아래 관숙(管叔)을 죽여버린다. 이렇게 해서 넷째인 주공(周公)은 합법적인 방식으로 왕위 계승자가 되어 가벼운 마음으로 왕을 자처하고 왕위를 빼앗는다. 그러나 뒤에 주(周) 왕조 중신(衆臣)들의 강렬한 반대로 서기(西歧)[143]에서 또 변란(變亂)이 일어나자, 주공(周公)은 어쩔 수 없이 왕권을 성왕(成王)에게 돌려준다. 그리고 그는 소공(召公)을 부추겨서 대권(大權)을 양분한다. '섬(陝)[144]의 서쪽은 소공(召公)이 관할하고, 섬(陝)의 동쪽은 주공이 관할한다.' 그런 뒤 주공(周公)은 큰아들은 봉지(封地)로 돌아가게 하고, 둘째 아들은 주(周)나라 수도인 호경(鎬京)에 배정한 뒤, 국정에 참여케 한다. 주공(周公)의 정치적 수완이 능수능란하고 아주 교활하여, 진퇴를 자유롭게 할 뿐만 아니라, 더 많은 이득을 얻기 위해 사소한 것을 양보할 줄 아는 모습을 볼 수가 있다.

그렇다면, 주공(周公)은 과연 왕위를 찬탈하고 왕을 자처했는가, 하지 않았는가? 그는 과연 심혈을 기울여서 어린 왕을 보필한 성현(聖賢)인가, 아니면 세상을 속이고 이름을 도둑질한 야심가인가? 주공(周公)의 진면목과 사건의 진상이 백일하에 드러날 그 날을 기대해 본다.

---

143) 서기(西歧) : 주(周)나라의 근원이 되는 지방으로서, 지금의 섬서성(陝西省) 보계시(寶鷄市) 기산현(岐山縣)을 말한다.
144) 섬(陝) : 중국의 옛 지명. 지금의 하남성(河南省) 섬현(陝縣)을 말한다.

강태공

7. 강태공의 고향은 과연 어디?

강태공(姜太公)은 곧 강상(姜尙)이란 사람을 말하는데, 강자아(姜子牙)라고도 한다. 그의 조상은 일찍이 대우(大禹)와 함께 홍수를 다스린 공(功)이 있어, 여(呂)[145] 땅에 봉해진다. 옛날에는 종종 봉(封)한 읍의 이름을 따서 성(姓)을 삼기도 했다. 이런 까닭으로, 그를 여상(呂尙)이라고 부르기도 한다. 그는 주(周) 문왕(文王)과 주(周) 무왕(武王), 두 훌륭한 임금을 보좌하여 은(殷)나라를 멸망시키고, 서주(西周)라는 크고 강한 노예제 국가를 세운다.

전(傳)하는 바에 따르면, 강상(姜尙)은 스승을 모시고 기예(技藝)

---

145) **여**(呂): 여기서의 '여(呂)'는, 곧 '거(莒)'를 의미한다. '거(莒)'는 중국 주나라 때의 제후국의 이름으로, 지금의 산동성(山東省) 거현(莒縣) 일대를 말한다.

를 익혀, 70살의 나이에 학문을 성취하고 하산한다. 하산 후, 은(殷) 나라의 주(紂)를 찾아갔으나 관리로 발탁되지 못한다. 그는 하는 수 없이 도성(都城)인 조가(朝歌)¹⁴⁶⁾에서 소를 도살해서 그 고기를 팔면서 생계를 잇는다. 포학무도(暴虐無道)한 은(殷)나라 주(紂)가 백성들을 도탄에 빠뜨리자, 백성들의 원성은 하늘을 찌르고 천하의 제후들은 어지럽게 이반(離叛)한다. 그때 서백후(西伯侯) 희창(姬昌, 뒷날의 주 문왕)이 인정(仁政)을 베풀고 어진 이(賢士)들을 불러들여 주(周)나라 땅을 태평하고 부강한 나라로 만든다. 희창(姬昌)은 간절하게 어진 이를 찾아 왕업(王業)¹⁴⁷⁾이 하루속히 완성되기를 기대한다.

서백후(西伯侯, 주 문왕)는 괘상(卦象)¹⁴⁸⁾에 밝아 사람의 명운(命運)을 자유자재로 알아맞히는 능력이 있었다. 한번은 사냥을 나가기 전에, 점괘를 보니 괘사(卦辭)¹⁴⁹⁾에 장차 그를 보좌하여 패업을 성취할 성인(聖人)이 출현할 거라는 예시(豫示)가 있었다. 이 예시(豫示)는 서백후(西伯侯)가 전날 꾼 날개 달린 곰의 꿈¹⁵⁰⁾과 완전히 부합

---

146) **조가(朝歌)**: 중국의 옛 지명. 하남성(河南省) 북부 학벽(鶴壁)에 있는 기현(淇縣)을 말한다. 은(殷)나라 말, 주왕(紂王)이 이곳에다 행도(行都, 위급 시를 대비하여 首都 이외에 따로 만든 都城)를 세운 뒤 조가(朝歌)라고 개칭하였다.

147) **왕업(王業)**: 나라를 다스리는 대업.

148) **괘상(卦象)**: 《주역(周易)》에서 세상의 모든 현상을 음양을 겹치어 여덟 가지의 상으로 나타낸 [건(乾)], [태(兌)], [이(離)], [진(震)], [손(巽)], [감(坎)], [간(艮)], [곤(坤)]을 이른다.

149) **괘사(卦辭)**: 점괘를 쉽게 풀어서 써 놓은 글.

150) **날개 달린 곰의 꿈**: 주(周) 문왕(文王)이 날개 달린 곰이 자신의 품으로 뛰쳐드는 꿈을 꾸고 강태공을 만났다는 고사를 의미한다.

하는 것이었다. 그런 뒤 서백후(西伯侯)는, 과연 위수(渭水)¹⁵¹⁾ 북쪽 연안의 지류(支流)인 반계(磻溪)의 물가에서 수염과 머리털이 새하얀 노인을 만나게 된다. 얼핏 보니 노인은 한가하게 어부가(漁父歌)를 부르고 있었다.

  "고기를 낚자, 고기를 낚자. 대얼(大魚)랑 저리 가고, 왕홀(王侯)랑 오너라!!"

서백후(西伯侯)가 다가가 자세히 보니, 노인은 곧은 낚싯바늘을 사용하고 있었고, 낚싯바늘은 수면 위로 족히 3척¹⁵²⁾은 떨어져 있다. '이 사람은 필시 속세를 떠난 고인(高人)¹⁵³⁾임에 틀림없다'는 생각이 든 서백후(西伯侯)는, 급히 허리를 굽혀 예(禮)를 갖춘 뒤 그에게 말을 건넨다.

그 노인은 다름 아닌 숨은 현자(賢者) 강상(姜尙)이었다. 그는 산골짝 물이 흐르는 시냇가에서 밝은 군주인 문왕(文王)이 오기를 기다리는 중이었다. 천문(天文)과 지리(地理)에 밝고, 고금(古今)을 통관(通貫)하는 해박한 지식을 가진 데다가, 천하의 득실을 이야기할 때면, 그 본질을 예리하게 꿰뚫는 강상(姜尙)을 보고, 서백후(西伯侯)

---

151) **위수(渭水)**: 중국 황하강(黃河江)의 큰 지류(支流). 감숙성(甘肅省) 동남부에서 시작하여 섬서성(陝西省)으로 흘러 황하강으로 들어간다.
152) **3척**: 약 1m.
153) **고인(高人)**: 벼슬자리에 오르지 아니하고 고결하게 사는 사람.

는 뛸 듯이 기뻐한다.

'이 사람이 괘사(卦辭)에서 암시한 바로 그 현인이 아닐까? 이 사람이야말로 우리 선조 태공(太公)[154]께서 그토록 바라시던 치국(治國)의 동량(棟梁)이라고 할 것이니, 이 사람의 보좌만 받을 수 있다면 왕업(王業)을 반드시 이룰 수가 있겠다!'

이에 서백후(西伯侯)는 강상(姜尙)을 국사(國師)[155]로 임명하고, 그때부터 사람들은 강상(姜尙)을 높여 부르기를, '태공망(太公望)'[156] 혹은 '강태공(姜太公)'이라고 하게 된다.

강태공(姜太公)이 서주(西周)를 보좌하게 되자, 서기(西歧)[157]는 '호랑이에 날개가 달린 격'이 된다. 그는 무왕(武王)의 주(紂) 정벌(征伐)을 도와서 목야(牧野)[158]에서의 일전(一戰)으로 은(殷)나라 주(紂)

---

154) 태공(太公): 여기서 태공(太公)이란 자신의 조부(祖父)를 일컫는 말이다.

155) 국사(國師): 임금의 스승.

156) 태공망(太公望): 무제(武帝)의 선조인 태공(太公)이 그토록 바라던 치국(治國)의 동량(棟梁)이라는 의미를 지니고 있다.

157) 서기(西歧): 주(周)나라의 근원이 되는 지방으로서, 지금의 섬서성(陝西省) 보계시(寶鷄市) 기산현岐山縣)을 말한다. 원래 문왕(文王)이 서기(西歧) 땅에서 기병(起兵)을 했으므로 한 말이다.

158) 목야(牧野)의 전투: 목야(牧野)는 지금의 하남성(河南省) 기현(淇縣) 남쪽, 위하(衛河) 이북(以北)을 말한다. 목야(牧野)의 전투는 중국 역사상 적은 숫자의 군대로 많은 숫자의 군대를 이긴 전투로서 매우 유명하다. 바로 이 전투로 말미암아 주(紂)는 자살하게 되며, 555년의 역사를 자랑하는 은(殷)왕조는 마침내 그 종지부를 찍고 800여 년의 장구한 역사를 지닌 주(周)왕조가 새롭게 탄생하게 된다.

의 엄청난 군사를 패퇴시킨 뒤, 조가(朝歌)로 쳐들어간다. 그러자 주
왕(紂王)은 스스로 몸을 불살라 죽고 만다. 주왕(紂王)이 죽은 뒤, 무
왕(武王)은 녹대(鹿臺)에 있는 금은보화들을 은(殷)나라 백성들에게
나눠주고 구정(九鼎)[159]을 서기(西歧)로 옮겨옴으로써 서주(西周) 800
년의 제업(帝業)[160]을 활짝 열게 된다. 천하의 사람들이 서주(西周)의
번창과 강대함을 공공연하게 인정하게 된 것은, 모두 강태공(姜太
公)이 심혈을 기울여 보좌한 결과라고 할 것이다.

그러나, 이 천하를 경륜(經綸)할 만한 재주를 가진 사람의 출생
지만큼은, 아직까지 오리무중인 채로 남아 있다. 이에는 하남(河南)
이라는 설(說)과 산동(山東)이라는 설(說) 등, 두 가지의 설이 있다.

《사기(史記)·제태공세가(齊太公世家)》에서는, '그는 동해(東海)
사람'이라고 했고, 《여씨춘추(呂氏春秋)》에서는 '동이(東夷)의 선
비'라고 했으며, 《전국책(戰國策)》[161]에서는 다시금 '제(齊)나라에
서 쫓겨난 사내'라고 함으로써 사람들의 의혹을 사고 있다.

그런가 하면, 한(漢)나라 시대의 어느 학자는, '태공은 급현(汲
縣, 지금의 하남성 급현)사람'이라고 주장한다. 그리고 《수경주(水經

---

159) **구정(九鼎)**: 중국 하(夏)나라의 우왕(禹王) 때에, 전국의 아홉 주(州)에서 쇠붙이를 거두어서
만들었다는 아홉 개의 솥. 주(周)나라 때까지 대대로 천자에게 전해진 보물이었다고 한다.

160) **제업(帝業)**: 천자가 천하를 다스리는 대업(大業).

161) **《전국책(戰國策)》**: 전한(前漢) 때에 유향(劉向)이 편찬한 책. 전국 시대에 활약한 모사(謀
士)들의 말과 문장을 모은 것으로 진(秦), 제(齊), 초(楚), 조(趙) 등 12개국으로 나누어져 있으
며 모두 33권이다.

注)≫에는 다음과 같이 기록되어 있다.

　"급성(汲城) 동문(東門) 북쪽에 태공(太公) 사당(祠堂)이 있는데, 사당 앞 비각에, '이미 고인(故人)이 된 회계 태수(會稽太守) 두선(杜宣)과 급현(汲縣) 현령 최원(崔瑗)에 의하면, 태공의 고향은 급현(汲縣)에 있으며, 옛 집이 지금까지 보존되어 있다고 한다'고 씌어 있다."

　≪급총서(汲冢書)≫[162]에도 '태공은 위(魏)나라 급읍(汲邑) 사람'이라고 돼 있다. ≪진서(晉書)·속석전(束晳傳)≫[163]에 기록된 바에 따르면, 서진(西晉)[164] 태강(太康) 2년[165], 부준(不準)이라는 급군(汲郡) 사람이 위왕묘(魏王墓)를 도굴하여 몇 수레나 되는 죽서(竹書)를 얻었다고 한다. 그런데 그 죽서(竹書)에는 옻칠을 이용하여, 과두문자(蝌蚪文字)[166]로, 위로는 황제(黃帝)로부터 아래로는 위(魏)나라 양왕

---

162) ≪급총서(汲冢書)≫: 진(晉)나라 때 하남성(河南省) 위휘부(衛輝府, 당시 汲郡)의 부준(不準)이라는 사람이 몰래 위(魏)나라 양왕(襄王)의 무덤을 발굴하여 훔쳐 낸 죽간(竹簡)으로 된 책.

163) ≪진서(晉書)≫: 당(唐)나라 태종(太宗)의 명에 따라 방현령(房玄齡), 이연수(李延壽) 등이 편찬한 진(晉)나라의 정사(正史). 제기(帝紀) 10권, 지(志) 20권, 열전(列傳) 70권 외에 오호 십육국(五胡十六國)의 역사인 재기(載記) 30권을 포함하여 총 130권이다. 646년에 완성되었으며, 지금까지 남아 있는 유일한 진나라 역사책이다.

164) 서진(西晉): 중국 위나라의 사마염이 제위를 선양 받아 세운 나라. 낙양(洛陽)을 도읍지로 정하여 265년에 세웠다가 316년에 영가(永嘉)의 난으로 멸망하였다.

165) 서진(西晉) 태강(太康) 2년: 서기 281년에 해당한다.

166) 과두문자(蝌蚪文字): 중국의 옛 글자의 하나. 황제(黃帝) 때 창힐(蒼頡)이 새의 발자국에서 암시를 얻어 만들었다고 한다. 글자의 획이 올챙이처럼 머리는 굵고 끝은 가는 데서 지어진 이름이다.

(襄王) 20년까지의 역사가 기록되어 있었다. 그리하여 '위(魏)나라의
≪사기(史記)≫'라는 이름을 얻게 된다. 이러한 종류의 죽간서(竹簡
書)를 ≪급총서(汲冢書)≫라고 부른다. ≪급총서(汲冢書)≫는 ≪사
기(史記)≫에 비해 대략 200여 년을 앞서 이루어진 책으로, 주(周)나
라에 훨씬 가까운 시기의 책이다. 이러한 책에 태공(太公)은 위(魏)
급현(汲縣)의 사람이라고 했으니, 그 말이 훨씬 신빙성이 있는 말이
라고 하지 않으면 안 된다. 이 책이 출토되고 9년째 되던 해(289년)에
급현(汲縣)의 현령(縣令) 노무기(盧无忌)는 돌로 비석을 세워 거기에
다 '태공(太公)은 급현(汲縣) 사람'이라는 글자를 새겨 넣었다. 그리
하여 후세의 학자들은 대부분 이 설에 동의하며, 태공(太公)은 하남
(河南) 급현(汲縣) 사람이라고 하게 되었다.

그런데 원(元)나라 때의 문학가 왕운(王惲)[167]은 이러한 견해를
부정한다. 그의 견해에 따르면, 이러한 현상은 줏대 없이 남의 의견
에 따라 움직이는 것에 불과한 것이다. 사마천(司馬遷)이 ≪사기(史
記)≫에다 이미 '강태공(姜太公)은 동해(東海)의 사람으로 그의 조상
은 여(呂) 땅에서 살았다'고 분명히 밝힌 이상, 그의 고향은 산동(山
東)이라고 하지 않으면 안 된다. 청(淸)나라 때의 학자 염약거(閻若
璩)[168]도 말하기를, "태공망(太公望)의 출생지는 산동(山東)의 동려향

---

167) 왕운(王惲, 1227년~1304년): 원(元)나라 때의 관원이자 문학가. 자(字)를 중모(仲謀)라고 했
고, 위주(衛州) 급현(汲縣) 사람이다. 왕명으로 '世祖實錄'을 찬수했다.
168) 염약거(閻若璩, 1636년~1704년): 자(字)는 백시(百詩), 호(號)는 잠구(潛丘). 명말청초(明末淸初)

(東呂鄕)[169]"이라고 말하고 있다. ≪박물지(博物志)≫[170]주(注)에서도 태공망(太公望)의 고향은 '해곡현(海曲縣) 동려향(東呂鄕) 동려리(東呂里)'라고 보고 있다. 그러나 '기주(沂州)'[171]의 지방지(地方志)에는 이곳에 태공망(太公望)의 고향이 있다는 말이 한 번도 언급되고 있지 않다.

그럼, 이처럼 두 가지의 설로 갈라지게 된 원인은 과연 무엇일까? 뒷사람들은, 태공(太公)의 고향과, 태공(太公)이 한때 기거했던 적이 있는 곳을 서로 헛갈린 결과라고 분석한다. ≪전국책(戰國策)·진제오(秦第五)≫에는 이렇게 씌어 있다.

"태공(太公)은 출세하기 전에 은(殷) 왕조에게 점령당한 부락의 수령(首領)으로서, 극진(棘津, 즉 河南 급현) 사람이었다. 임용되지 못하자 쓸모없는 백정 노릇을 하다가, 서기(西岐)에서 인정(仁政)을 베풀고 있는 서백(西伯)이, 명군(明君)이라는 소문을 듣고, 위수(渭水)에서 낚싯대를 드리운 채 문왕(文王)에게 기용되기를 기다렸다. 급현(汲縣)에는 아직도

산서(山西) 태원(太原) 사람이다. ≪尙書古文疏證≫, ≪四書釋地≫, ≪潛邱札記≫, ≪困學記聞注≫ 등 많은 저서가 있다.

169) 동려향(東呂鄕): 고지명(古地名)으로 그 옛터가 지금의 산동성(山東省) 일조현(日照縣) 서쪽에 남아 있다. 강태공의 고향으로 일컬어지고 있다.

170) ≪박물지(博物志)≫: 서진(西晉)의 학자 장화(張華, 232년~300년)가 저술하였다. 신선(神仙)과 이상한 인간, 동식물에 관한 기록을 주로 하고 거기에 민간전설 등이 곁들여 있다. 당초에는 400권으로 만들어졌으나 문장이 길고 기괴한 부분이 너무 많다는 당시의 황제 의견에 따라 10권으로 줄였다고 한다.

171) 기주(沂州): 지금의 산동성(山東省) 기주(沂州)를 말한다.

중국 옛 명사들의 삶과 수수께끼

태공의 사당(祠堂), 태공각(太公閣), 태공의 고향인 여촌(呂村) 등이 있다."

　'태공묘비(太公廟碑)', '제태공여망표(齊太公呂望表)'비(碑), '중수
태공묘비(重修太公廟碑)' 등 역사 비각(碑刻)들에도 이러한 사실이 기
술(記述)되어 있다.

　《맹자(孟子)·이루(離婁)》와 《상서(尚書)·대전(大傳)》에도, 태
공(太公)이 은(殷) 주(紂)를 피하기 위해, 동해(東海)[172]로 이사를 가서
살았다고 씌어 있다. 맨처음 강태공(姜太公)이 주왕(紂王)에게 몸을
의탁하였을 때 일이다. 주왕(紂王)의 어리석음과 무도(無道)함을 본
태공(太公)은, 간언(諫言)을 한다. 그러다가 주왕(紂王)의 분노를 사
게 되자, 그는 화(禍)를 피해 도망을 간다. 이때 강태공(姜太公)은, 은
주(殷紂)의 박해를 피하기 위해 아마도 산동(山東)의 해변으로 집을
옮겼던 듯하다. 본래 하남(河南)과 산동(山東)은, 서로 인접해 있어
서 그다지 멀지 않은 곳이다. 강태공(姜太公)은 한동안 산동(山東)에
서 살았던 듯하다. 다만, 원(元)나라 때의 학자가 제기한 '해곡현(海
曲縣)'에 대해서는 고증할 길이 없다.

　강태공(姜太公)의 고향은 과연 하남(河南)에 있는 것일까? 그리
고 그가 잠시 머물렀던 곳은 과연 어디일까? 추후 이에 대한 더 자
세한 고증이 필요할 듯하다.

172) **동해(東海)**: 중국의 동해(東海)는 우리나라의 서해(西海)에 해당한다.

-스프링아이지며 백이와 숙제 르유라다오다-

8. 백이와 숙제가 굶어 죽었다?

　백이(伯夷)와 숙제(叔齊)는, 고대 선현(先賢)들의 아낌없는 칭찬을 받은, 고상한 품격을 지닌 은사(隱士)[173]들이자 고사(高士)[174]들이다. 그들의 높은 풍격(風格)과 곧은 절개는 ≪논어(論語)≫, ≪맹자(孟子)≫, ≪장자(莊子)≫, ≪여씨춘추(呂氏春秋)≫ 등의 전적(典籍)들에서 크게 찬양되고 있다. 태사공(太史公) 사마천(司馬遷)은 그들을 열전(列傳)의 맨앞에다 두고 크게 찬양하고 있다. 그렇다면 그들은 대체 어떤 사람들일까? 그들은 주(周)나라의 곡식을 먹는 걸 부끄러

---

173) **은사(隱士)** : 예전에, 벼슬하지 아니하고 숨어 살던 선비를 말한다.
174) **고사(高士)** : 인격이 높고 성품이 깨끗한 선비. 특히 산속에 숨어 살며 세속에 물들지 않은 덕망 있는 선비를 이른다.

위하면서 나물을 캐먹다 죽은 것일까?

≪사기(史記)≫에는 이렇게 기술되어 있다. 백이(伯夷)와 숙제(叔齊)는, 은(殷)나라 말 주(周)나라 초의 고죽국(孤竹國)[175] 군주(君主)의 아들이다. 고죽국(孤竹國)의 왕은 살아생전에, 작은아들인 숙제(叔齊)에게 왕위를 계승시키려고 한다. 그러나 숙제(叔齊)는 아버지가 죽은 뒤 큰형인 백이(伯夷)에게 양위하려고 한다. 백이(伯夷)는, '왕명은 어길 수 없으므로 부친의 결정을 존중하겠노라'고 하면서, 왕위에 오르기를 거부하고 국외(國外)로 도망가 버린다. 그러자 평소 '어질고 덕이 있는 백이(伯夷)가 나라를 다스리는 것이 사리에도 맞고, 장유(長幼)와 존비(尊卑)의 질서에도 부합한다'는 생각을 하고 있던 숙제(叔齊)는, 형을 따라 자신도 또한 국외(國外)로 도망가 버리고 만다.

왕위를 서로 양보하던 고죽국(孤竹國) 왕의 두 아들-백이(伯夷)와 숙제(叔齊)는, 서로 잇따라 출국한 뒤, 나중에 상봉한다. 두 형제는, '서백후(西伯侯, 주 문왕)가 서기(西歧)를 잘 다스려 백성들이 잘살고', 또 '서백후(西伯侯)는 어진 이를 예의와 겸손으로 대할 뿐 아니라 웃어른을 공경하고 어린 사람들을 사랑해서 그 백성들이 예의와 염치를 안다'는 말을 듣자, 서로 상의한 뒤, 서기(西歧)로 가서 몸

---

175) 고죽국(孤竹國): 중국 은나라 탕왕 때에 제후국으로 봉해진 나라. 발해만 북안에 있었던 나라로 추정된다.

을 의탁하게 된다. 그런데 희창(姬昌, 주 문왕)이 숨을 거두자, 그의 아들 무왕(武王)은 장례도 치르지 않은 채 주(紂)를 치려고 한다. 군사들은 희창(姬昌, 주 문왕)의 신위(神位)를 높이 받쳐들고, '문왕(文王)이 이번 전쟁의 사령관'이라고 칭(稱)하면서 맹진(孟津)[176]을 향해 출발한다. 그러자 백이(伯夷)와 숙제(叔齊)가 무왕의 말고삐를 붙들고 간(諫)한다.

"부친이 돌아가셨는데, 장례도 치르기 전에 전쟁을 하려고 하는 것이 이 어찌 효순(孝順)이라고 하겠으며, 신하의 몸으로 자신의 군주를 토벌하고 시살(弑殺)하려고 하는 것이 이 어찌 인의(仁義)라고 할 수 있겠습니까? 은주(殷紂)가 진실로 잔인하고 포학하기는 하지만, 폭력으로 폭력을 다스리는 것 또한 옳지 않습니다!"

그러나 무왕(武王)의 대군(大軍)은, 진부하기 짝이 없는 두 사람의 말은 들은 척도 하지 않은 채, 계속해서 진군(進軍)한다.

주(周) 무왕(武王)은 군사를 거느리고 은(殷)의 도성(都城)인 조가(朝歌)로 쳐들어가서 은(殷) 왕조를 뒤엎고 주(周) 왕조를 세운다. 이제 세상은 주(周)의 천하가 되고 말았다. 그리하여 백이(伯夷)와 숙제(叔齊) 또한 불가피하게 주(周) 왕조의 백성이 되고 만다. 그러나

---

176) **맹진(孟津)**: 중국 하남성(河南省) 낙양(洛陽)에 있는 현(縣). 주(周)나라 이후 3천 년 동안 이름이 바뀌지 않은, 중국에서 가장 오래된 현(縣)의 하나다.

두 형제는 이러한 혁명의 역사적 필연(必然)을 도저히 받아들이기 어려웠다. 그들의 생각으로는, 자신의 군주를 시해하여 왕위를 찬탈한 무왕(武王)의 신민(臣民)이 된다는 것은, 커다란 치욕이었으며, 은(殷) 주왕(紂王)에 대한 불충(不忠)이요 불의(不義)였다. 그리하여 그들은 '멀리 수양산(首陽山)으로 올라가서 나물을 캐먹고 살지언정, 주(周) 왕조의 곡식은 절대로 먹지 않으리라'고 굳게 결심한다. 그리고 백이(伯夷)와 숙제(叔齊)는, 고사리를 캐 먹으며 연명을 하다가 끝내 굶주림으로 사경(死境)을 헤맨다. 죽음을 눈 앞에 둔 그들은, '채미가(採薇歌)'를 지어 자신들의 뜻을 밝힌다.

登山西山去採薇	서산(西山, 수양산)에 올라 고사리를 캐노라
以暴易暴不知悔	폭력을 폭력으로 대응하면서도 후회할 줄을 모르니
神農虞夏時代遠	아아, 신농과 순(舜), 우(禹)의 호시절은 멀리 사라지고 없구나
命運多舛勿怨誰	그러나, 이제 와서 불우한 시운(時運)을 원망한들 무엇하리?!

　백이(伯夷)와 숙제(叔齊)는 끝내 수양산(首陽山)에서 굶어 죽고 만다.

　후세 사람들은 이 고사(故事)에 대해 다음과 같은 몇 가지 의문을 제기한다. 먼저, 그들의 신분은 정말로 고죽국(孤竹國)의 왕자였을까? ≪장자(莊子)·양왕(讓王)≫에 보면, '옛날 주(周)가 일어날 때, 고죽(孤竹)에 거주하는 두 명의 선비가 있었다'고만 되어 있다. 따라서 이를 해석하면, 그들의 신분은 고죽국(孤竹國)의 어진 선비라는 말이 된다. ≪여씨춘추(呂氏春秋)·성렴(誠廉)≫ 중에도 그들은 선비라고만 되어 있지 고죽국(孤竹國)의 왕자라는 말은 그 어느 곳에서도 찾아볼 수 없다.

둘째로, 백이(伯夷)와 숙제(叔齊)는 정말로 굶어 죽었을까? ≪맹자(孟子)≫에 보면, '그들이 북해(北海)의 물가로 피(避)해, 거기에서 살았다'고만 되어 있고, 굶어 죽었다는 말은 언급되고 있지 않다. ≪논어(論語)·계씨(季氏)≫에는 다음과 같이 기록되어 있다.

"제(齊)나라 경공(景公)에게는 4마리 말이 끄는 병거(兵車)가 천량(千輛)씩이나 있었지만,[177] 그가 죽었을 때 그의 덕을 칭찬하는 백성들은 한 명도 없었다. 그러나 백이(伯夷)와 숙제(叔齊)는 수양산(首陽山) 아래서 굶주렸지만, 오늘날까지 백성들이 그들을 칭찬한다."

제(齊)나라 경공(景公)이 비록 부유하긴 했지만 마땅히 있어야 할 미덕이 없었기에, 그가 죽자 사람들은 아무도 그를 찬미하지 않았다는 말이다. 그리고 백이(伯夷)와 숙제(叔齊)의 경우, 비록 굶주

---

177) **병거(兵車)가 천량(千輛)씩이나 있었지만**: 병거가 천량 있었다는 말은, 4,000필의 말이 있었음을 의미한다. 이는 그가 매우 부유했음을 의미한 것이다.

림과 추위에 떨면서 아무 것도 소유한 것이 없었지만, 그들에게는 고상한 기개와 절개가 있었으므로 사람들의 찬양과 송축을 받으면서 그 이름을 후세에 널리 알리게 되었다는 말이다. 이와 같은 언급 속에는 부유함과 빈궁함, 그리고 부덕(不德)과 고상함이라는 선명한 대비(對比)가 들어 있다. 그러나 ≪논어(論語)≫에도 그 두 사람이 굶어 죽었다는 말은, 나오지 않고 있다.

다만, ≪장자(莊子)≫와 ≪한비자(韓非子)·간겁시군(奸劫弑君)≫, ≪사기(史記)≫에서만큼은 모두 단호하게 두 사람이 굶어 죽었다고 썼다. 이것은 왜 그런 것일까?

어떤 학자들은 이 문제에 대해 다음과 같이 주장한다.

"백이(伯夷)와 숙제(叔齊)가 '주(周)나라의 곡식을 먹지 않고 굶어 죽었다'고 함으로써 그들이 충효(忠孝) 도덕(道德)의 전범(典範)이 되게 만들어 놓아야, 신민(臣民)을 교육해서 군신(君臣)과 부자(父子)의 도리를 충실히 지키게 할 수 있고, 사회의 통치 질서를 엄격히 준수하게 할 때 더욱더 유리하게 된다. 또 그렇게 해야만 통치자가 정권의 끈을 더욱더 단단히 붙들 수 있게 된다. 춘추전국시대에는 각 나라의 왕이나 제후들이, 왕위를 다투거나 패권을 쟁취하기 위해, 자식이 아버지를 죽이고 신하가 임금을 죽이는 유혈극들이 끊일 새가 없었다. 만약 모든 사람들이 백이(伯夷)와 숙제(叔齊)처럼 겸허하게 왕위를 양보하고, 세상과의 다툼을 거부한 채 속세를 멀리 떠나게 된다면, 자연히 사회도 평안해질 수 있다. 따라서 백이(伯夷)와 숙제(叔齊)의 비극적 결말은, 제자

백가(諸子百家)의 사상가들이 제후들을 설교하고 분쟁을 줄이고자 할 적에 약간 부연해서 써먹던 소재(素材)였을 수 있다."

다만, ≪사기(史記)≫를 집필한 사마천(司馬遷)은, 책을 쓸 때 늘 신중하고 역사적 사실을 존중했던 만큼, 백이(伯夷)와 숙제(叔齊)의 행위를 분식(粉飾)하지는 않았을 것이다.

그렇다면 백이(伯夷)와 숙제(叔齊)는 대체 굶어 죽은 것인가, 굶어 죽지 않은 것인가? 여전히 수수께끼가 아닐 수 없다.

춘추전국시대

사람으로서 공자 The Great Man

1. 공자 출생의 비밀

공자(孔子)는 중국 고대의 위대한 사상가이자 교육가며, 유가(儒家) 학설의 창시자다. 공자(孔子)의 유가 사상은 역대 통치계급의 추숭(追崇)을 받으면서 중국을 2천여 년 동안 지배해 왔다. 이에 따라 공자(孔子) 또한 성인(聖人)으로 존경과 추앙을 한몸에 받아 왔다. 따라서 그의 출생 배경에다 '사생아(私生兒)'라는 명예롭지 못한 단어를 함께 연결시킨다는 것 자체가, 세상 사람들에게는 참으로 받아들이기 어려운 일이 아닐 수 없다. 그러면 공자(孔子)의 출생의 진상은 과연 어떠했을까?

그에 대해 일반 역사서적에는 일반적으로 아래와 같이 기록되어 있다.

"공자(孔子)의 이름은 구(丘), 자(字)는 중니(仲尼)다. 그는 노(魯)나라 추읍(陬邑)[178] 사람이다. 그의 선대(先代)는 송(宋)나라의 귀족이었으나 증조부(曾祖父) 때 화(禍)를 피하여 노(魯)나라로 왔다. 부친인 숙량흘(叔梁紇)이 만년에 부인 안씨녀(顔氏女)[179]를 만나 공자(孔子)를 낳았다. 공자(孔子)는 기원전 552년에 태어나 기원전 479년에 죽었다. 향년 73세였다."

이처럼 공자의 출생 배경에 대해 매우 간략히 처리하고 있는 것은, 뭔가 회피하고 있는 듯한 인상이 짙다.

후세인들의 종합적인 사료(史料)에 기록되어 있는 내용들을 보면, 아래와 같은 몇 가지 설이 존재한다.

첫 번째는, 야합설(野合說)이다. ≪사기(史記)·공자세가(孔子世家)≫에 보면 이렇게 기록되어 있다.

"공자(孔子)는 노(魯)나라 창평향(昌平鄉) 추읍(陬邑)에서 태어났다. 그의 선대(先代)는 송(宋)나라의 귀족이었으나, 증조부(曾祖父) 공방숙(孔防叔)이 화(禍)를 피하여 노(魯)나라로 왔다. 조부는 백하(伯夏)였고, 부친은 숙량흘(叔梁紇)이었는데, 숙량흘(叔梁紇)이 안씨녀(顔氏女)와 야합(野合)하여 공자(孔子)를 낳았다."

---

178) 추읍(陬邑): 지금의 산동성(山東省) 곡부(曲阜)를 말한다.
179) 안씨녀(顔氏女): 공자의 모친 안징재(顔徵在)를 말한다.

'야합(野合)'이란 말에 대해 당(唐)나라 때 사람은 이렇게 해석하고 있다.

> "나이 많은 숙량흘(叔梁紇)이 나이 어린 안징재(顏徵在)[180]와 결합한 것은 적당치 못하고 예의에 많이 어긋난 것이다. 그래서 '야합(野合)'이라고 한 것이다."

사실인즉, 공자(孔子)가 살던 춘추(春秋)시대 말엽에는, 노예제 사회의 통치계급인 귀족들이 많은 수의 처첩을 거느리고 사는 일은 아주 흔한 일이었다. 그리하여 노예 주인인 귀족의 나이가 몇 살이 되었든, 그가 젊고 예쁜 여자를 골랐다고 해서 떳떳지 못할 것은 하나도 없었다. 그것이 예의에 어긋난다고 시비를 걸 사람도 없었고, 또 역사 서적에 '야합(野合)'이라고 기록하는 일도 없었다. 따라서 위에서 보인 당인(唐人)의 해석은, 성인(聖人)인 공자(孔子)의 이미지까지 고려해가면서 일부러 곡해를 의도한 것이 아닌가 짐작된다.

---

180) 안징재(顏徵在, BC 569년~BC 534년): 공자의 모친이다. 공자의 부친 숙량흘은 애초에 시씨(施氏)와 결혼하여 둘 사이에 딸만 아홉을 낳고 아들은 없었다. 그래서 첩을 얻어 아들을 하나 낳았는데, 또한 아들이 다리에 질병이 있어서 당시의 예법으로는 대(代)를 이을 수 없었다. 그래서 그는 안징재와 야합해서 공자를 낳게 되었다. 숙량흘의 그때 나이는 이미 70세에 다달아 있었고, 안징재의 나이는 15살에 불과했다. 공자를 낳을 무렵, 안징재는 기도를 하러 니구산(尼丘山)에 간 적이 있었다. 그런 뒤에 곧 공자를 회잉하였다. 이런 이유로 공자는 구(丘)라는 이름을 얻게 되었으며, 자(字)를 중니(仲尼)라고 하게 되었다. 숙량흘은 공자의 나이 세 살 때 죽었고, 모친은 공자의 나이 17살 때 사망했다. 안징재의 명분(名分)과 숙량흘의 정처(正妻) 등의 문제로 말미암아서, 안징재와 공자는 심지어 숙량흘의 제사에도 참가할 수가 없었다고 말한다.

두 번째는 몽생설(夢生說)이다. 참위서(讖緯書)[181]에 보면, 이런 구절이 있다.

"공자(孔子)의 모친인 안징재(顏徵在)가 꿈에 흑제(黑帝)[182]를 보았는데, 흑제(黑帝)가 그녀를 임신시켜 비범한 인물인 공자(孔子)를 출생시켰다."

다른 서적에는 이 부분이 훨씬 상세하게 기술되어 있다.

"공자(孔子)의 모친이 큰 무덤들을 유람하고 다닐 적에, 한번은 꿈속에서 흑제신(黑帝神)이 사자(使者)를 보내 그녀를 불렀다. 집에 돌아온 뒤, 그녀가 꿈속에서 흑제(黑帝)가 해준 말을 잠꼬대로 하는데 다음과 같았다. '너는 공상(空桑)[183]에서 아이를 기르게 될 것이다.' 꿈에서 깨어난 그녀는 태기를 느껴, 그 후 진짜로 공상(空桑)에서 공자(孔子)를 낳게 되었다."

비록 황탄하기 그지없는 전설이긴 하지만, 공자(孔子)를 신(神)처럼 떠받드는 사람들에게는 충분히 수긍이 가는 말이기도 하다. 생각해 보라. 뒤에 후세를 밝게 비출 비범함과 영명함으로 가득 차

---

181) 참위서(讖緯書): 미래의 일에 대한 주술적 예언을 기록한 책.
182) 흑제(黑帝): 이른바 5제(五帝) 중 하나로, 일반적으로 북방을 관장하는 신으로 알려져 있다. 당(唐)나라 때의 해석에 의하면 그의 이름은 전욱(顓頊)이라고도 부른다.
183) 공상(空桑): 옛 지역명(地域名)으로서, 노(魯)나라 남쪽에 있었다.

고, 시대를 뛰어넘는 예지(叡智)로 가득 차 있는 학자가, 어찌 평범한 범인(凡人)의 소생(所生)일 수 있으랴? 그리고 신(神)이 이 세상 사람으로 환생한 것이거나, 하늘이 낳으신 신(神)의 자손이 아니라면, 어찌 이와 같은 업적을 이룰 수 있으랴! 몽생설(夢生說)은, 비록 과학적 법칙에는 위반될지 모르지만, 그렇게 해야만, 공자(孔子)라는 인물이 훨씬 신격화(神格化)될 수 있었던 것이며, 다른 한편으로는, 사람들의 뇌리 속에 각인되어 있는 공자(孔子)의 구체적인 출생 배경을 모호하게 처리하고 희석시킬 수 있었던 것이다. 그리고 후세(後世) 사람들의 주의력이 공자(孔子)가 이룩한 교육과 학문적인 성취에 더 많이 집중되도록 해야만, 존공(尊孔)의 사조(思潮)에도 부합되는 것이다. 이렇게 하여 이 전설은 수천 년의 세월을 견디며 후세에까지 널리 유전(流傳)하게 된다.

세 번째는 기생설(祈生說)이다. 공자(孔子)의 부모가 니구산(尼丘山)[184]에 가서 하늘에 아들을 얻게 해달라고 기도를 하고, 그런 뒤, 집에 돌아온 공자(孔子)의 모친이 정말로 신령님의 은사(恩賜)를 받아서 임신하게 되었는데, 그게 바로 공자(孔子)라는 것이다. 공자(孔子)는 태어날 때 정수리 중앙이 요자(凹字) 모양으로 움푹 패어 있었다고 한다. 대개 갓난아이의 정문(頂門)[185]이 잘 닫혀 있지 않으면,

---

184) **니구산**(尼丘山): 중국의 산둥성 곡부(曲阜)에 있는 산으로 공자가 태어난 곳.
185) **정문**(頂門): 갓난아이의 정수리가 굳지 않아서 숨쉴 때마다 발딱발딱 뛰는 곳.

그의 부모들이 정수리가 빨리 자라라고 정수리를 자꾸 높여준다. 이 때문에 공자(孔子)는 구(丘)라는 이름을 얻게 되었다고 하며, 니구산(尼丘山)이 자식을 준 것에 대해 감사하는 마음에서 그 자(字)를 중니(仲尼)라고 지었다고 한다.

이러한 견해는 비록 과학적인 신빙성은 없을지 모르지만, 공자(孔子)의 출생(出生)에 대한 신비로운 색채를 한층 더 강하게 해준다. 그러자, 후세 사람들은 공자(孔子)의 말을 성인(聖人)의 어록(語錄)으로 간주하면서 각별한 예(禮)를 갖추게 된다. 이렇게 되자, 봉건 통치 강령(綱領)의 장기적(長期的)인 통치가 훨씬 용이하게 되었고, 역대 통치 계급들은 더욱더 적극적으로 이러한 신화(神話)를 조장·발전시키려고 하게 된다.

네 번째는 사생아설(私生兒說)이다. 이러한 종류의 견해는, 공자(孔子)의 성인(聖人)으로서의 지위(地位)를 심하게 흔들어 놓는 단점은 있지만, 비교적 객관적이고 신빙성이 많다. 이런 견해를 내놓은 학자들은 공자 사상을 체계적으로 연구하는 과정에서, 다음과 같은 점을 발견하게 된다. 공자(孔子)의 모친 안징재(顏徵在)는, 아주 오랫동안 공자(孔子)에게 생부(生父)에 대한 이야기를 감추고 하지 않는다. 이는 공자(孔子)의 생부(生父)의 집안에서 그들 모자(母子)를 받아들이지 않았음을 의미한다. 이로 인해 두 모자(母子)는 의지할 곳도 없이 외롭고 쓸쓸하게 살아간다. 왜 이렇게 된 것일까?

공자(孔子)의 부친 숙량흘(叔梁紇)은, 귀족 집안에서 태어나 노(魯)나라에서 관리 생활을 한 적도 있었다. 그러므로 그는 당연히 노예제 사회의 통치계급이었다고 볼 수 있다. 그리고 안징재(顔徵在)는 노예나 평민 가정 출신으로 집안이 가난했을 것으로 보인다. 나이 든 숙량흘(叔梁紇)이, 야외(野外)에서 우연히 소녀 안징재(顔徵在)를 만나, 감언이설로 꾀었거나 힘으로 윽박질러 안씨녀(顔氏女)를 임신시키고, 이렇게 해서 불쌍한 공자(孔子)가 태어났을 것이다. 공자(孔子)가 일찍이 자칭 "어려서 나는 천(賤)한 몸이었다"고 한 것은, 자신의 출생 배경을 묘사한 것으로 볼 수 있다. 어린 소녀가 자식을 낳았으니, 이것이 바로 사생아(私生兒)가 아니면 또 무엇이겠는가?

이와 같은 주장은, 사람들을 당혹스럽게 한다. 그리고 성인(聖人)을 감히 사생아(私生兒)와 연결시킨다는 것이, 외관상 성인(聖人)을 존중하지 않는 것처럼 보이게 하는 측면도 없지는 않다. 하지만 그보다 더 중요한 것은 진실이며, 또한 사태의 진상이다. 우리가 과학을 추구하는 목적은, 바로 사물에다 본래의 진면목을 돌려주려는 데에 있다. 만일 공자(孔子)의 가정환경이 정말 그렇게 불우했다고 한다면, 그것은 그를 더욱더 존경하게 만드는 것일 뿐이다. 그토록 혹독한 소년 시절이 있었음에도 불구하고, 오히려 꾸준히 노력하고 열심히 공부해서, 유가(儒家)의 학설을 개창(開創)하고, 그가 개창한 그 유가(儒家)의 학설이 마침내는 중국의 사상이 되어, 교육 영역에 막대한 공헌을 이룩하지 않았는가?!

공자(孔子)라는 인물은 위대한 사상가이자 교육가로서, 중국의 역사상에 불후의 족적(足跡)을 남겼을 뿐만 아니라, 전 세계 곳곳에서 존경과 경앙(敬仰)을 독점하고 있다. 그리고 그러니만큼 그의 가정적 배경에 관한 미스터리 또한 사람들의 강한 관심을 끌고 있는 것이 현실이다. 따라서 언젠가는 반드시 그 진상이 명명백백하게 밝혀질 날이 오고야 말 것이다.

전설 속의 개자추 FOLKTALE

2. 개자추가 불에 타 죽은 곳은 어디?

개자추(介子推)는 춘추오패(春秋五覇)[186] 중의 하나인 진문공(晉文公)[187] 중이(重耳)의 신하다. 그는 중이(重耳)를 따라 19년 동안 국외(國外)로 떠돌아다니며 온갖 고난을 겪으면서도 충성을 다해 중이

---

186) **춘추오패(春秋五覇)**: 중국의 춘추 시대의 제후 가운데, 가장 강대하여 한때의 패업(霸業)을 이룬 다섯 사람을 말한다. 제(齊)나라의 환공(桓公), 진(晉)나라의 문공(文公), 진(秦)나라의 목공(穆公), 송(宋)나라의 양공(襄公), 초(楚)나라의 장왕(莊王) 등을 이르는데, 목공과 양공 대신에 오(吳)나라의 부차(夫差)와 월(越)나라의 구천(句踐)을 이르기도 한다. '오백(五伯)'이라고도 한다.

187) **진문공(晉文公, BC 697년~BC 628년)**: 진(晉)나라의 제24대 공작(公爵)이다. 성은 희(姬), 이름은 중이(重耳), 시호는 문공(文公)이고, 진 헌공(獻公)의 아들이다. 헌공의 뒤를 잇지 못한 채 진나라를 떠나 19년간 전국을 유랑하였다. 유랑하는 동안 그의 인덕과 능력이 눈에 띄어 많은 명성을 얻었으며, 결국 타국의 도움을 받아 진나라에 돌아와 왕위에 올랐다. 기원전 636년 자리에 올라 죽을 때까지 집권하였으며, 각종 개혁정책과 군사활동으로 인해 춘추오패의 한 사람으로 꼽힌다.

(重耳)를 섬긴다. 그러나 중이(重耳)가 진(晉)나라로 돌아와 정권을 장악하자, 그는 돌연 깊은 산 속으로 들어가 은거 생활을 하면서 내려주는 상(賞)을 거부하고 무참하게 타 죽는다. 개자추(介子推)는 무엇 때문에 타 죽었으며, 그가 은거한 곳은 과연 어디였을까?

우선 중이(重耳)가 왜 도망을 갔는지부터 살펴보기로 하자.

진(晉)나라 헌공(獻公)[188]에게는, 【신생(申生), 중이(重耳), 이오(夷吾), 해제(奚齊), 탁자(卓子)】 등 다섯 명의 아들이 있었다. 그런데 그의 애첩(愛妾)인 여희(驪姬)[189]가, 태자(太子)인 신생(申生)을 죽이고 자신의 아들인 해제(奚齊)를 태자로 세우기 위한 계략을 짠다. 이때 중이(重耳)와 이오(夷吾)도 또한 모함에 빠져 국외로 도망을 가게 된다. 그러자 【호언(狐偃), 조쇠(趙衰), 개자추(介子推)】 등 진(晉)나라의 정직한 대신(大臣)들은 중이(重耳)를 따라서 적국(翟國)[190]으로 도망

---

188) 진헌공(晉獻公, BC 676년~BC 651년) : 중국 춘추(春秋) 시대 진(晉) 나라의 19대 군주(君主). 호색하여 부친의 첩 제강(齊姜)과 정을 통해 태자 신생(申生)을 낳았다. 그 뒤 여융(驪戎)을 정벌하고 취한 폐첩(嬖妾) 여희(驪姬)를 총애한 나머지 그녀의 참소로 아들인 태자 신생(申生)을 죽이고, 또 다른 아들인 중이(重耳)와 이오(夷吾)를 외국으로 쫓아냈다.

189) 여희(驪姬, ?~BC 650년) : 진헌공(晉獻公)이 여융(驪戎)을 정벌하면서 얻은 여융 수장의 딸이다. 동생 소희(少姬)와 함께 진(晉)나라로 시집와 헌공의 총애를 독차지했다. 총애를 기화로 아들 해제를 군위에 올리기 위해 양오(梁五) 등 간신들의 도움을 받아 죄 없는 태자 신생(申生)을 자결케 하고, 공자 중이(重耳)·이오(夷吾) 등을 추방한 후 일시적으로는 뜻을 이루었다. 그러나 이극(里克) 등이 일으킨 반정(反正)의 와중에 아들도 죽고 자신은 연못에 몸을 던져 자살했다

190) 적국(翟國) : 고대 중국 북방에 있었던 나라의 이름이다. 애초 적국(翟國)은 상고시대에 황제(黃帝)의 후예가 세운 나라였는데, 뒤에 주(周)나라의 제후국이 되었다가, 춘추(春秋) 시대에 진(晉)나라에 멸망을 당하고 만다.

을 간다. 중이(重耳) 일행은 몸 붙일 곳을 찾아 여러 나라를 떠돌아다닌다. 한번은, 도망가던 중 식량이 떨어져 중이(重耳)는 그만 죽을 위기에 내몰리게 된다. 그때 충성심에 가득 찬 개자추(介子推)는 자신의 넓적다리 살을 잘라낸 뒤, 그것을 중이(重耳)에게 먹여 그의 목숨을 살려낸다. 나중에 그 사실을 알게 된 중이(重耳)는, 눈물을 흘리며 가슴 아파한다. 19년 뒤, 중이(重耳)는 진(秦)나라 목공(穆公)[191]의 도움을 받아 마침내 진(晉)나라로 돌아와 왕위를 탈환하고 진(晉) 문공(文公)으로 등극한다.

진(晉) 문공(文公)은 즉위한 뒤, 공(功)이 있는 신하들에게 큰 관직과 작위를 내리고, 자신을 따라다니며 환난(患難)을 같이한 충성스럽고 강직한 신복(臣僕)들에게 후한 상(賞)을 내린다. 그러나 유독 온몸을 바쳐 자기의 목숨을 구해주었던 개자추(介子推)의 공(功)에 대해서만큼은 까맣게 잊어버리고 만다. 인정(人情)의 야박함과 명리(名利)의 저속함을 꿰뚫어 알게 된 개자추(介子推)는, 중이(重耳)와는, 어려움은 같이할지언정 결코 즐거움은 함께하지 않겠노라고 작정을 한 뒤, 늙은 모친을 이끌고 의연히 깊은 산속에 은거해버린다. 공(功)을 이뤄서 득의만만했던 중이(重耳)는, 이런 사실을 꿈에

---

191) **진목공(秦穆公, ?~BC 621년):** 춘추시대 진(秦)의 제9대 군주(재위 BC 660년~BC 621년). 성 영(嬴). 이름 임호(任好). 덕공(德公)의 셋째 아들이며 춘추 5패(五覇)의 한 사람. 백리해(百里奚) 등을 등용해서 국정을 정비하고, 동으로는 하서(河西)를 빼앗고 서로는 서융(西戎)을 쳐서 패자(覇者)가 되어 국세가 급격히 발전하였으나, 정(鄭)을 치려다가 진(晉)의 공격을 받아 패배하였고, 그후 그 실패를 뉘우치고 보복하였다.

도 알아채지 못한다. 그러다가 아래와 같은 얘기를 듣고 난 뒤에야 비로소 모든 것을 소상히 깨닫게 된다.

'용이 먹을 것이 없어서 굶주림에 허덕였을 때, 뱀 한 마리가 넓적 다리 살을 잘라 그 용을 구했다. 용이 다시 자신의 연못으로 돌아와 자신의 국토를 잘 다스리자, 사방(四方)의 뱀들은 모두 적당한 구멍을 찾아 각자의 처소를 갖게 되었다. 그런데 그중 오직 한 마리의 뱀만큼은, 자신의 구멍을 찾지 못한 채 허허벌판에서 구슬프게 울고 있었다.'

중이(重耳)는 부끄럽기 짝이 없었다. 그래서 그는 친히 심산(深山)으로 개자추(介子推)를 찾아간다. 그리고 그에게 부귀영화를 함께 누리자고 제안한다. 그러나 고결한 심지(心志)의 소유자인 개자추(介子推)는, 그를 피하면서 만나주지 않는다.

진(晋) 문공(文公) 중이(重耳)는, 여러 차례 사람들을 보내서 산(山)을 뒤져보지만, 끝내 개자추(介子推)를 찾지 못한다. 이윽고 그는 신하들의 제안에 따라 산에다 불을 질러, 개자추(介子推)를 억지로 나오게 한다.

그러나 누가 뜻하였으랴? 개자추(介子推)는 끝내 뜻을 굽히지 않고, 산에서 나오기를 거부한다. 급기야 그는, 한 그루 오래된 버드나무 밑에서 모친을 꼭 끌어안고 타 죽은 채로 발견된다. 중이(重耳)의 슬픔은 이루 말할 수 없이 컸다. 개자추(介子推)가 죽기를 맹세코 자신을 보려고 하지 않았던 것은, 은혜를 망각하고 신의를 저버린 자신의 행동에 매우 실망을 느꼈기 때문임이 분명했다. 그는 사람들을 시켜서, 문제의 고목을 잘라내어 나막신을 만들게 한 다음, 그것을 신고 날마다 그 나막신을 바라보며, '그대여, 슬프고 또 슬프구려!' 하고 길게 탄식을 하곤 했다.

전하는 바에 따르면, 개자추(介子推)가 면산(綿山)에서 타 죽자, 중이(重耳)는 즉각 면산(綿山)의 이름을 '개산(介山)'이라고 고치고, 개자추(介子推)의 고향인 정양현(定陽縣)의 이름을, '개휴(介休)'라고 고쳐 부르게 했다고 한다. 그리고 중이(重耳)는 개자추(介子推)가 타 죽은 그 날을 '한식절(寒食節)'로 정한 뒤, 그 날에는 법으로 전국적으로 불을 피우지 못하게 만든다. 개자추(介子推)가 타 죽은 날은 청명(清明)한 때였다. 이러한 까닭으로 청명절(清明節)을 또한 한식절(寒食節)이라고 하기도 한다. 그렇다면 개자추(介子推)가 은거했다는 면산(綿山)은 과연 어디일까?

일설(一說)에는, 서하(西河) 계휴(界休)의 남쪽, 즉 지금의 산서성(山西省) 개휴현(介休縣)이 곧 그곳이라고 한다. ≪사기(史記)·진세가(晉世家)≫의 기록에 따르면, "그가 면상산(綿上山) 산속으로 들어갔다는 말을 듣고, 문공(文公)은 면상산(綿上山) 일대를 그에게 봉(封)하여 개추전(介推田)을 삼게 한 뒤, 그곳을 '개산(介山)'이라고 불렀다"고 한다. 서진(西晉)의 학자인 두예(杜預), 북위(北魏)의 지리학자(地理學者)인 가력도(家酈道), 악사(樂史)와 기조우(頎祖禹) 등도 모두 '면상(綿上)의 산(山)'은 서하(西河) 계휴(界休)의 남쪽에 있는 산[192]이라고 주장한다. 그러나 개휴(介休)는 그 당시 적산(翟山) 이북(以北)에 위치하고 있었고, 그곳은 북적인(北狄人)[193]의 소유로서 결코 진(晉)나라 국토가 아니었다. 그렇다면 개자추(介子推)는 다른 나라의 땅에서 은거를 했단 말인가? 그리고 중이(重耳)는 자신의 나라도 아닌 북적인(北狄人)들의 땅을 개자추(介子推)에게 주었단 말인가? 그렇게 보면 이른바 '면상(綿上)의 산(山)'은 결코 개휴(介休) 경내(境內)에는 있지 않았다는 말이 된다. 그렇다면 그곳은 대체 어디일까?

일설(一說)에는, 산서성(山西省) 익성현(翼城縣)의 남쪽이 곧 그곳이라고 한다. 명(明)나라 말 고염무(顧炎武)[194]는, ≪좌전(左傳)≫에 기술된 "진후(晉侯)[195]가 면상(綿上)에서 군사를 훈련시켰다"는 구절

---

192) 서하(西河) 계휴(界休)의 남쪽에 있는 산: 지금의 산서성(山西省) 계휴현(介休縣) 성(城) 남쪽에 있는 개산(介山)을 의미한다.
193) 북적(北狄): 기원전 7~6세기 춘추 전국 시대의 몽고(蒙古)에 있던 부족 국가.
194) 고염무(顧炎武, 1613년~1682년): 중국 명말·청초의 사상가. 명나라 말기, 당시의 양명학이 공리공론을 일삼는 데 환멸을 느끼고 경세치용(經世致用)의 실학에 뜻을 두었다. 그의 널리 증거를 구하고 진실을 추구하려는 실증적(實證的) 학풍은 청조의 고증학을 연구하는 데 많은 도움을 준다. 대표 저서에 ≪일지록(日知錄)≫, ≪천하군국이병서(天下郡國利病書)≫ 등이 있다.
195) 진후(晉侯): 진(晉) 문공(文公)을 가리킨다. 춘추시대에는 公, 侯, 伯, 子, 南 등 다섯 등급의 작위가 있었다.

과 "조간자(趙簡子)¹⁹⁶⁾가 송(宋)나라 악기(樂祁)¹⁹⁷⁾를 영접할 적에 면
상(綿上)에서 술을 마셨다"는 구절 등 두 개의 사료(史料)에 근거하
여 다음과 같이 추단한다.

> "악기(樂祁)가 송(宋)나라에서 올 적에 일부러 먼 길로 돌아서 하서
> (河西) 개휴(介休)의 전선(戰線)으로 왔을 리 없으므로, 조간자(趙簡子)가
> 그를 영접했다는 면산(綿山)은 절대로 개휴(介休)에 있을 수 없다. 그런
> 데 진(晉)의 도성(都城) 강(絳, 지금의 山西 翼城縣 동남쪽 15리에 있는 곳)
> 부근에도 면산(綿山)이 하나 있다. 속칭 소면산(小綿山)이라 부르는데,
> 곡옥(曲沃)¹⁹⁸⁾ 가까이에 있을뿐더러 악기(樂祁)가 거쳐온 길의 노선(路線)
> 과도 부합한다. 바로 이 소면산(小綿山)이 개자추(介子推)가 은신했던 곳
> 이었던 듯하다."

그러나 뒷사람들은 '소면산(小綿山)'이란 명칭은 진문공(晉文公)
이 개자추(介子推)를 기념하기 위해 명명한 것이므로, 역사서에서
가리키는 옛 지명(地名)일 리 만무하다고 주장한다. 게다가 이 산은

---

196) 조간자(趙簡子, ?~BC 475년): 진(晉)나라의 실권자인 조앙(趙鞅)을 말한다. 춘추 시대 말기
진(晉)나라 사람으로 일명 조간자(趙簡子)다. 조맹(趙孟) 또는 지보(志父)로도 불린다. 진나라
내부에서 6경(卿)이 세력 다툼을 벌일 때 2경인 범씨(范氏)와 중항씨(中行氏)를 몰아내고 조
(趙)나라를 일으키는 바탕을 마련했다.
197) 악기(樂祁, ?~BC 502년): 춘추시대 후기 송(宋)나라의 경대부. 수 차례에 걸쳐 송(宋)나라를
대표하는 사신이 되어 각국의 제후들과 회맹(會盟)을 하였다.
198) 곡옥(曲沃): 옛 진(晉)나라의 수도. 진(秦)나라와 한(漢)나라 때에는 강현(絳縣)이라고 했고,
동한(東漢) 때에는 강읍현(絳邑縣)이라고 했다가 북위(北魏) 태화(太和) 11년(AD 487년)에 곡옥
현(曲沃縣)으로 다시 고쳤다. 그후 그 이름을 그대로 유지했다.

너무 협착(狹窄)해서 군대를 주둔시킬 수가 없으므로 진(晉) 문공(文公)이 군사를 훈련시키던 곳은 아닌 듯하다. 하물며는 소면산(小綿山)은 진(晉)나라 도성(都城)에서 겨우 몇십 리 떨어진 거리에 위치하여, 만약에 진(晉) 문공(文公)이 산 주위 100리를 개자추(介子推)에게 봉전(封田)으로 주었다고 하면, 국도(國都)까지 함께 그에게 주었다는 말이 되지 않겠는가? 진(晉) 문공(文公)이 그런 짓을 했을 리는 만무하다. 이상을 종합해 보면, 익성(翼城)의 면산(綿山) 또한 개자추(介子推)가 몸을 숨겼던 장소는 아니라는 결론에 도달한다.

그리고 또 하나의 설이 있는데, 이는 개자추(介子推)가 산서(山西) 만영현(萬榮縣) 서남쪽에 있는 면산(綿山)에 숨었다는 설이다. 사학계(史學界) 인사의 분석에 의하면, 악기(樂祁)가 송(宋)나라에서 진(晉)나라에 갈 때, 아마도 태행산(太行山)[199] 남단(南端)을 통과하여 지름길을 택해서 갔을 가능성이 다분하다. 그리고 조간자(趙簡子)가 송(宋)나라에서 온 손님을 영접할 때에도 진(晉)나라 도성(都城)에서 너무 멀리 떨어진 곳에서 영접했을 리는 없을 것이다. 그리고 '진후(晉侯)가 면상(綿上)에서 군사를 훈련시켰다'고 한 사실은, 문제의 면산(綿山)의 근처에 평탄한 개활지가 있어, '거마(車馬)를 포함시킨 작전(作戰)'을 훈련하는 데 편했음을 말해준다. 진(晉)나라에는,

---

199) **태행산(太行山)**: 중국 하북(河北)과 산동(山東) 경계에 있는 산.

당시에 말을 마음껏 달릴 수 있는 드넓은 평지라고는, 회하(澮河)[200] 이남의 땅밖에 없었다. 그리고 그곳은 오늘날의 산서성(山西省) 직산(稷山)과 만영(萬榮)과 문희(聞喜) 일대(一帶)다. 건륭(乾隆)[201] 연간에 나온 ≪만천현지(萬泉縣誌)≫의 기록에 따르면, 만천(萬泉) 서남쪽에 면상산(綿上山) 혹은 면산(綿山)이라고 부르는 산이 분명히 있었다고 한다. 이로써 볼 것 같으면, 바로 이 면산(綿山)이 곧 개자추(介子推)가 은거했던 산이었던 듯하다.

그리고 사람들의 말에 따르면, 산서성(山西省) 평정현(平定縣) 동쪽에도 면산(綿山)이 하나 있는데 산 위에 개자추(介子推)의 사당이 있다고 한다. 만약에 개자추(介子推)가 이 산속에서 타 죽지 않았다면 어찌하여 사당을 세워 제사를 지냈을 것인가?

속된 세상이 싫어서, 세속에 물들지 않은 채 자신의 순결을 지킨, 고결한 은둔 선비 개자추(介子推)는, 차라리 죽을지언정 면산(綿山)에서 나오기를 거부함으로써, 후세(後世) 사람들의 존경과 찬탄을 한몸에 받고 있다. 그러나 개자추(介子推)가 어디에 은신하였는가 하는 문제는, 마치 문제의 개자추(介子推)가 그랬던 것처럼, 끝내 그 진면목(眞面目)을 드러내지 않은 채, 우리로 하여금 짐작조차 하기 어렵게 만들고 있다.

---

200) **회하(澮河)**: 하남성(河南省) 상구(商丘) 동쪽 교외에서 발원하는 전장 265km의 강.
201) **건륭(乾隆, 1736년~1795년)**: 중국 청나라 고종 때의 연호.

⚔ 월구천 ⚔

3. 월왕 구천의 '와신상담'은 사실?

기원전 496년 월왕(越王) 윤상(允常)[202]이 세상을 떠나고 그 아들 구천(句踐)[203]이 왕위를 계승한다. 그러자 오왕(吳王) 합려(闔閭)[204]는 월(越)나라가 상(喪)을 당하여 어지러운 틈을 타 군사를 일으켜서 월(越)나라를 공격한다. 남의 불행을 이용하는 오(吳)나라의 야

---

202) **윤상(允常, ?~BC 497년)**: 춘추시대 월(越)나라의 군주(君主)로, 구천(句踐)의 부친이다. 월(越)나라는 윤상(允常)의 통치 기간 동안에 강국으로 부상했다.

203) **구천(句踐, ?~BC 465년)**: 춘추시대 말기의 월(越)나라의 왕(재위 BC 496년~BC 465년). 오왕 합려와 싸워 그를 죽였고 부차에게 패했다. 그 후 부차를 꺾어 자살하게 하고 서주(徐州)에서 제후와 회맹하여 패자(覇者)가 되었다.

204) **합려(闔閭, BC 515년~BC 496년)**: 중국 춘추시대의 오(吳)나라 제24대 왕. 이름은 광(光). 본래 초(楚)나라의 신하였던 오자서(伍子胥)를 재상(宰相)으로 삼고, 중국에서 가장 오래된 병서(兵書) ≪손자(孫子)≫의 저자인 손무(孫武)로 하여금 군대를 조직하게 하였다. 그리하여 초나라를 위협, 결국 그 수도를 공략하였고, 오나라의 세력을 중원(中原)에까지 넓혔다.

비한 행태에 흥분을 금치 못한 월(越)나라의 백성과 군인들은, 있는 힘을 다해 저항을 함으로써 오(吳)나라 군사를 대패(大敗)시킨다. 전쟁의 와중에 오왕(吳王) 합려(闔閭)는 부상을 당하게 되고, 돌아가는 길에 끝내 사망하고 만다.

왕위를 계승한 오왕(吳王) 부차(夫差)²⁰⁵⁾는 3년 동안 몰래 전쟁을 준비한 뒤, 기원전 494년 복수를 하기 위해, 다시금 대군을 이끌고 월(越)나라로 쳐들어간다. 이 싸움으로 월(越)나라의 수군(水軍)은 전멸하고, 월왕(越王) 구천(句踐)은 회계산(會稽山)²⁰⁶⁾으로 도주한다. 그리고 월(越)나라는 끝내 오(吳)나라에 굴욕적인 화해를 청한다.

월왕(越王) 구천(句踐)은, 오(吳)나라가 요구하는 대로 부인과 대신(大臣) 범려(范蠡)²⁰⁷⁾를 데리고 오(吳)나라로 가서, 힘든 노역(奴役)에 종사하게 된다. 거기서 월왕(越王)이 맡은 일은, 합려(闔閭)의 묘를 돌보고, 부차(夫差)의 말을 먹이고, 또 부차(夫差)의 신발을 벗기거나 부차(夫差)가 화장실에 갈 때 그 곁에서 부차(夫差)를 시중드는 일 따위였다. 구천(句踐) 등 세 사람은, 그곳에서 온갖 조소와 수모를 당한다. 구천(句踐)은 나라를 수복(收復)하는 큰일을 도모하기 위

---

205) **부차(夫差, ?~BC 473년)**: 춘추시대 말기의 오(吳)나라 왕(재위 BC 496년~BC 473년). 아버지가 월왕 구천에게 패해 죽자 월나라에 복수했다. 책사 오자서(伍子胥)가 구천을 죽여야 한다고 진언했으나 듣지 않아 결국 월나라의 공격으로 오나라는 망했다.

206) **회계산(會稽山)**: 절강성(浙江省) 소흥현(紹興縣)에 있는 산.

207) **범려(范蠡, ?~?)**: 중국 춘추시대 말기의 정치가. 월(越)나라 왕 구천(句踐)을 섬겼으며 오(吳)나라를 멸망시킨 공신이었다. 이후 오(吳)나라를 떠나 제(齊)나라로 가 재상에 올랐다.

해서, 그에게 가해지는 모든 정신적인 고통과 육체적인 고통을 꿋꿋이 견뎌내며, 오왕(吳王) 부차(夫差)를 더욱더 공손하게 섬기고, 더욱더 순종하는 태도를 보인다.

부차(夫差)가 병이 나자, 구천(句踐)은 그의 대변(大便)을 살펴 병세(病勢)를 알아냄으로써, 부차(夫差)를 완전히 감동시킨다. 3년 동안의 힘든 노역(奴役) 생활이 끝나자, 오왕(吳王)은 구천(句踐)을 그의 나라로 돌려보낸다. 자신의 나라로 돌아간 구천(句踐)은, 신하들과 부둥켜안고 통곡을 하며, 치욕을 씻고 복수를 할 생각을 굳힌다.

구천(句踐)은 고국에 돌아온 뒤로 한시도 오(吳)나라에서의 그 치욕적인 장면들을 잊은 적이 없었다. 그는 잠을 잘 때도 흐트러진 섶나무 위에 몸을 눕히고 밤마다 잠을 자지 않으면서 뜬 눈으로 밤을 새며, 정신을 가다듬어 하루속히 원수를 갚을 방법을 강구한다. 그는 또 자신의 방안에다 쓰디쓴 곰의 쓸개를 걸어놓고, 매끼 밥을 먹을 때마다 그 쓴맛을 맛보며, 스스로 오(吳)나라에서의 그 고통과 그 치욕의 순간들을 한시도 잊지 않으려고 노력한다. 그는, 몸에는 거친 옷을 걸치고 끼니마다 거친 밥을 먹으면서, 백성들과 함께 밭을 갈고 씨를 뿌린다. 그리고 구천(句踐)의 아내는, 부녀자들을 거느리고 누에를 치고 베를 짜면서, 생산력의 발전에 힘쓴다. 구천(句踐) 부부는, 백성들과 동고동락을 하면서 상하(上下) 전 국민이 합심 노력하여 강한 나라를 만드는 데 앞장서자고 격려하고, 하루속히 오

(吳)나라를 무너뜨려 그날의 치욕을 씻을 날만을 고대한다.

구천(句踐)은 또 대신(大臣) 문종(文鍾)[208]의 건의를 받아들여서, 오(吳)나라 왕에게 뇌물을 주어 상대방의 경각심을 늦춘 뒤, 오(吳)나라의 식량을 사들여서 식량 창고가 텅 비도록 만든다. 또 목재를 보내 오(吳)나라의 인력(人力)과 재력(財力)이 새로운 궁전 건축에 탕진되도록 만들고, 다른 한편으로는, 유언비어를 퍼뜨려서 오(吳)나라의 군신(君臣)들을 이간질시킴으로써, 오자서(伍子胥)[209]를 살해하도록 만든다. 그리고 미인계(美人計)를 써서 부차(夫差)의 정력(精力)을 소모시켜, 정사(政事)를 돌보지 않게 만듦으로써, 오(吳)나라의 멸망을 가속화시킨다.

구천(句踐)이 시행한 계략 중에서 미인계(美人計)가 단연 돋보였으니, 부차(夫差)는 미인(美人) 서시(西施)[210]의 미색에 빠져, 월(越)나라가 그토록 바라던 대로, 한 걸음 한 걸음씩 멸망의 길로 들어서

208) 문종(文鍾, ?~BC 472년): 춘추 시대 초(楚)나라 영(郢) 사람. 자는 소금(少禽) 또는 자금(子禽)이다. 월왕(越王) 구천(句踐)을 섬겨 대부(大夫)를 지냈다. 월나라가 오나라와 전쟁을 벌여 패한 뒤 회계(會稽)를 힘겹게 지키고 있었는데, 오나라 태재(太宰) 백비(白語)에게 뇌물을 줄 것을 제안해 나라가 망하는 것을 면했다. 구천과 함께 오나라로 끌려가 오왕 부차(夫差)의 종노릇을 했다. 구천이 본국에서 와신상담(臥薪嘗膽)할 때 대부로서 정사를 이끌었고, 오나라를 무너뜨릴 때도 크게 활약했다. 공을 이룬 뒤 범려(范蠡)가 토사구팽(兎死狗烹) 당하지 않도록 떠나자고 했지만, 듣지 않다가 결국 모함을 받아 자살을 강요받고 죽었다.

209) 오자서(伍子胥, ?~BC 484년): 중국 춘추시대의 정치가로 초나라 사람이었으나 아버지와 형이 살해당한 뒤 오나라를 섬겨 복수하였다. 오나라 왕 합려(闔閭)를 보좌하여 강대국으로 키웠으나, 합려(闔閭)의 아들 부차(夫差)에게 중용되지 못하고 모함을 받아 자결하였다.

210) 서시(西施, ?~?): 춘추시대 월국(越國)의 미녀. 중국의 4대 미녀 중 한명으로 손꼽히며 부차(夫差)에게 접근하여 오(吳)나라가 멸망하게 하였다.

게 된다. 기원전 482년, 월왕(越王)은 부차(夫差)가 황지회맹(黃池會盟)[211]에 간 틈을 타서, 오(吳)나라 습격에 성공한다. 그러자 오(吳)나라는 할 수 없이 화해를 청하게 된다. 그 뒤 월(越)나라가 다시 한 번 군사를 일으켜서 오(吳)나라를 멸망시키자, 부차(夫差)는 그만 자살하고 만다.

구천(句踐)이 섶나무에 누워 쓸개를 빨면서 정신을 가다듬어, 마침내 치욕을 씻고 오(吳)나라를 무너뜨렸다는 이 고사(故事)는, 흐르고 흘러, 오늘날에까지 전해져 내려오고 있다. 그러나 이것에 의문을 제기하는 사람도 없지 않다. 와신상담(臥薪嘗膽)은 역사상 실제로 있었던 일인가, 그렇지 않으면 없었던 일인가?

≪좌전(左傳)≫ '정공(定公)'과 '애공(哀公)' 조에 보면, 월왕(越王)구천(句踐)이 권력을 잡은 사실에 대한 많은 기록들이 보인다. 그러나 그의 와신상담(臥薪嘗膽)에 대한 일은 언급조차 되어 있지 않다. ≪국어(國語)≫[212] 중에 있는 '오어(吳語)'와 '월어(越語)'에도, 오(吳)나라와 월(越)나라의 전쟁 과정이 기록되어 있음을 볼 수 있지만, 여

---

211) **황지회맹(黃池會盟)**: 황지(黃池)는 오늘날의 하남성 봉구현(封丘縣)의 서남쪽에 있는 연못을 말한다. 여기 언급된 이른바 '황지회맹'이란, 기원전 482년에 노(魯)나라 애공(哀公)과 진(晉)나라 정공(定公)이 이곳 황지(黃池)에서 부차(夫差)와 만날 약속을 한 뒤, 회맹(會盟)의 모임을 가진 사실을 말한다.

212) ≪국어(國語)≫: 주(周)나라 좌구명(左丘明, ?~?, 공자와 같은 무렵의 魯나라 학자)이 ≪좌씨전(左氏傳)≫을 쓰기 위하여 각국의 역사를 모아 찬술(撰述)한 책으로, 주어(周語) 3권, 노어(魯語) 2권, 제어(齊語) 1권, 진어(晋語) 9권, 정어(鄭語) 1권, 초어(楚語) 2권, 오어(吳語) 1권, 월어(越語) 2권으로 되어 있다.

기에도 또한 구천(句踐)의 와신상담(臥薪嘗膽)에 관한 서술은 보이지 않는다. ≪사기(史記)·월왕구천세가(越王句踐世家)≫에는, '구천(句踐)이 밥상 앞 잘 보이는 곳에다 쓰디쓴 쓸개를 걸어 놓고, 밥을 먹을 때 쓴 쓸개의 맛을 보곤 했다'고만 기록되어 있다. 사마천(司馬遷)도 구천(句踐)이 쓸개를 맛본 일이 있음을 인정한 것이다. 그러나 '와신(臥薪)'에 대해서는 아무런 언급도 없다.

그렇다면 와신상담(臥薪嘗膽)이란 말은, 구체적으로 어느 때부터 나타나기 시작하는 것일까? 북송(北宋)의 문학가인 소식(蘇軾)[213]이 쓴 글 중에, '의손권답조조서(拟孫權答曹操書)'란 글이 있다. 이 글은, 마치 삼국시대의 손권(孫權)[214]이 조조(曹操)[215]에게 보내는 편지인 양 가상(假想)해서 쓴, 소식(蘇軾)의 글이다. 소식(蘇軾)은 이 편지 글에서, 상상력을 발휘하여 손권(孫權)의 '와신상담(臥薪嘗膽)'을 해

---

213) **소식(蘇軾, 1036년~1101년8:** 중국 북송의 문인. 자는 자첨(子瞻), 호는 동파(東坡)이다. 당송 팔대가의 한 사람으로, 구법당(舊法黨)의 대표자이며 서화에도 능하였다. 저서에 ≪동파전집(東坡全集)≫이 있다.

214) **손권(孫權, 182년~252년):** 중국 삼국 시대, 오(吳)나라의 초대 황제(재위 222년~252년). 자는 중모(仲謀)이다. 촉(蜀)나라 유비(劉備)와 손을 잡고 남하한 조조의 대군을 적벽(赤壁)에서 격파함으로써 강남에서의 지위를 확립했다. 후에 황제가 되어 연호를 황룡(黃龍), 도읍을 건업(建業: 南京)으로 정하였다.

215) **조조(曹操, 155년~220년):** 중국 후한(後漢) 말의 승상이며, 위(魏)의 시조(始祖)다. 자는 맹덕(孟德). 황건(黃巾)의 난을 평정하여 공을 세우고, 여포(呂布)와 원소(袁紹) 등을 차례로 격파하고 화북(華北) 지역을 통일하여 천하 통일의 기초를 마련하였다. 적벽 대전(赤壁大戰)에서 손권(孫權)과 유비(劉備)의 연합군에게 크게 패하였으나, 216년에 위왕(魏王)이 되어 삼분(三分)된 천하에서 가장 강력한 세력을 형성하였다. 그가 죽은 후 위왕에 오른 아들 조비(曹丕)가 220년 후한의 헌제(獻帝)로부터 제위(帝位)를 찬탈하여 위 제국(魏帝國)을 세우자 무제(武帝)로 추증되었다.

학적으로 풀어간다. 그러나 이는 거짓으로 꾸며낸 글이므로, 구천 (句踐)의 사적과는 아무런 상관도 없다.

남송(南宋) 때의 여조겸(呂祖謙)[216]이 지은 ≪좌씨전설(左氏傳 說)≫ 중에는 오왕(吳王) 부차(夫差)의 '좌신상담(坐薪嘗膽)'에 대 해 언급한 것이 보이고 있고, 명(明)나라 때의 장부(張溥)[217]가 지은 ≪춘추열국론(春秋列國論)≫에도, '왕위를 계승한 부차(夫差)가 부친 의 원수를 갚기 위해 와신상담(臥薪嘗膽)하며 자신을 격려했다'고 하는 대목이 나오고 있다. 그러나 이러한 견해들 속에는, 오직 부차 (夫差)에 대해서만 거론이 되고 있을 뿐, 구천(句踐)에 대해서는 단 한 마디의 언급도 없다.

그런가 하면, 남송(南宋)의 서적들 속에는 월왕(越王) 구천(句踐) 의 와신상담(臥薪嘗膽)에 대한 언급이 자주 엿보이고 있으며, 명(明) 나라 말엽 양진어(梁辰魚)[218]의 ≪완계사(浣溪沙)≫ 극본(劇本)에는,

---

216) **여조겸(呂祖謙, 1137년~1181년)**: 중국 남송(南宋)의 학자로, 자는 백공(伯恭), 호는 동래선 생(東萊先生). 주희(朱熹)·장식(張栻)과 더불어 명성을 떨쳤으며, 당시에 '동남3현'(東南三賢) 으로 불렸다. 저서로는 저서로는 ≪東萊集≫, ≪呂氏家塾讀書記≫, ≪東萊左傳博議≫ 등이 있다.

217) **장부(張溥, 1602년~1641년)**: 명(明)나라 소주부(蘇州府) 태창(太倉) 사람. 자는 건도(乾度) 또 는 천여(天如)고, 호는 서명(西銘). 저서에 ≪春秋三書≫, ≪詩經注疏大全合纂≫, ≪七錄齋近 集≫ 등이 있다.

218) **양진어(梁辰魚, 1521년?~1594년?)**: 명대 중엽의 가장 대표적인 전기(傳奇) 작가로, 호 는 소백(少伯), 또는 구지외사(仇池外史)이며, 곤산(崑山) 사람이다. 성격이 호방하고 희 곡을 좋아하였는데, 곤곡의 창시자인 위량보의 전통을 이어받아 노래를 잘하였다. 그 의 가장 대표적인 극본은 전기 ≪완사기(浣紗記)≫이다. ≪완사기(浣紗記)≫는 모두 45 착으로, 내용은 오(吳)·월(越)의 역사인 서시(西施)의 이야기이다. 그러므로 원래 제목을

몸과 마음을 수고롭게 하며 와신상담(臥薪嘗膽)을 하는 구천(句踐)의 영웅적인 행적이 과장되게 묘사되어 있기도 하다. 그리고 명(明)나라 말의 작가 풍몽룡(馮夢龍)[219]은, 자신의 역사 소설 속에서 구천(句踐)의 와신상담(臥薪嘗膽) 고사(故事)를 여러 차례 언급하고 있기도 하다.

이를 보면, 어느 말이 맞고 어느 말이 틀린지, 그 진위(眞僞)를 분별하기가 사뭇 어려움을 알 수 있다.

≪오월춘추(吳越春秋)≫[220] 중에 나오는 '구천귀국외전(句踐歸國外傳)'에는 또한 다음과 같이 기록되어 있다.

"자신의 나라로 돌아온 월왕(越王)은, 몸과 마음을 연마하며 밤낮으로 열심히 일했다. 피곤이 극에 달할 때면 여뀌(蓼)[221]를 이용하여 졸음을 막았다."

≪오월춘추(吳越春秋)≫라고 하였으나 뒤에 ≪완사기(浣紗記)≫로 바꾸었다. ≪완사기(浣紗記)≫는 중국 희극 발전사상 최초로 곤곡을 사용하여 창작한 것이라는 데에 큰 의의를 찾을 수가 있다.

219) 풍몽룡(馮夢龍, 1575년~1645년): 명나라 말기의 다재다능한 문장가로, 자는 유룡(猶龍)·자유(子猶), 호는 묵감재(墨憨齋). 소주(蘇州) 출생. 말년에 복건성(福建省) 수녕현(壽寧縣)의 지사(知事)를 지냈다. 특히 통속문학 분야의 업적이 많은데 그 중 '삼언(三言)' 곧 ≪유세명언(喩世明言)≫, ≪경세통언(警世通言)≫, ≪성세항언(醒世恒言)≫이 가장 유명하다.

220) ≪오월춘추(吳越春秋)≫: 춘추 시대 오(吳)나라와 월(越)나라의 흥망에 대하여 적은 책. 후한(後漢)의 조엽(趙曄, ?~83년 무렵)이 지었으며, 6권본과 10권본이 있다.

221) 여뀌(蓼): 강가나 습지에 자생하고 있는 한해살이풀로서, 잎에 강한 매운맛이 있어서 주로 향신료로 이용한다.

여뀌는 아주 쓴 약초다. 여뀌풀을 많이 모아 놓으면 곧 여뀌 섶나무(蓼薪)가 된다. 구천(句踐)은 피곤이 몰려 올 때면 맛이 쓴 향신료를 이용하여 눈과 코를 자극함으로써 졸음을 쫓은 것이다. 그러므로 '상담(嘗膽)'이란 입으로 그 쓴맛을 보는 것이며, '와신(臥薪)'이란, 눈꺼풀이 덮이면 여뀌 '섶나무(蓼薪)'로 눈을 부벼서 졸음을 물리친 것을 말함이다. 뒷사람들이 '와신(臥薪)'을 '섶나무 위에 드러눕다'라고 해석한 것은 ≪오월춘추(吳越春秋)≫의 말을 잘못 이해한 소치이며[222], 잘못 전한 소치이다.

와신상담(臥薪嘗膽)의 고사(故事)는 우리로 하여금 수천, 수백 년의 세월을 거슬러 올라가게 만든다. 만약 우리가 이 고사를 거짓이라고 말한다면 이는 후세(後世) 사람들을 자못 난처하게 만들게 될 것이며, 만약 이를 사실이라고 말한다면 또한 그 나름대로 수도 없는 증거 자료들이 그것을 반박하게 될 것이 뻔하다. 결론적으로, 이 고사는, 사실이면 사실인 대로, 또 거짓이면 거짓인 대로, 정말 곤혹스럽기 짝이 없는 문제가 아닐 수 없다고 하겠다.

---

222) **잘못 이해한 소치이며**: 즉 '蓼薪'이란 말을 '臥薪'으로 잘못 이해함으로써, '여뀌 섶나무로 잠을 물리쳤다'고 해야 할 것을, '섶나무 위에 누워 잠을 물리쳤다'고 했다는 말이다.

서시

4. 서시의 향혼은 대체 어디에?

서시(西施)는 중국 고대(古代) 4대 미인(美人) 중의 하나다. 그녀는 춘추시대(春秋時代)[223] 월(越)나라 저몽(苧夢, 오늘날의 浙江省 諸暨) 사람으로서, 태어날 때부터 폐월수화(閉月羞花)의 자태[224]와 침

---

[223] **춘추시대(春秋時代)**: 중국 주(周)나라가 낙양(洛陽)으로 천도한 후부터 진(晉)나라가 삼분하여 한(韓), 위(魏), 조(趙)가 독립할 때까지의 약 360년 동안의 시대(BC 770~BC 403).

[224] **폐월수화(閉月羞花)의 자태**: '환한 달은 구름 뒤로 모습을 감추고 꽃은 부끄러워 시들었다'는 말로서 주로 여인의 미모를 극찬하는 말로 쓰인다. 특히 침어낙안(沈魚落雁)이라는 말과 함께 중국의 4대 미녀를 지칭하는 말로서 사용된다. 원래 '폐월수화(閉月羞花)'라는 말은 삼국시대 조식(曹植, 조조의 아들)의 '낙신부(洛神賦)'에 나오는 구절 '彷佛兮若輕雲之蔽月'에서 '폐월(閉月)'을, 그리고 이태백의 '서시(西施)'라는 시 '荷花羞玉口'에서 '수화(羞花)'라는 말을 따다가 후인들이 미인을 가리키는 말로 썼다 한다. 흔히 중국의 4대 미녀 중 폐월(閉月)은 초선(貂蟬)에 비유되고, 수화(羞花)는 양귀비(楊貴妃), 침어(浸魚)는 서시(西施)에 비유되며 낙안(落雁)은 왕소군(王昭君)에 비유된다.

어낙안(沈魚落雁)의 용모[225]를 지닌 절색(絶色)이었다.

　어느 날, 집에서 가까운 약야계(若耶溪)[226] 강변(江邊)에서 빨래를 하고 있던 서시(西施)는, 월(越)나라 대부(大夫)[227] 범려(范蠡)의 눈에 띄게 된다. 서시(西施)의 자태는 그를 매료시키고, 범려(范蠡)의 범상치 않은 말씨는 서시(西施)의 마음을 움직여서 둘은 첫눈에 반하게 된다. 그러나 오래지 않아, 오(吳)나라 왕 부차(夫差)가 부친을 죽인 원수를 갚기 위해 월(越)나라를 침략, 정복함으로써, 월왕(越王) 구천(句踐)은 철저하게 유린당한 채 하인의 신분으로 추락된다. 범려(范蠡)는 구천(句踐)의 부부를 따라가서, 부차(夫差)를 위한 노역(勞役)에 시달리다가, 3년만에야 비로소 고국으로 돌아온다. 고국으로 돌아온 구천(句踐)은, 섶나무에 몸을 누이고 쓸개를 빨면서, 혼신의 힘을 다 기울여 나라를 잘 다스린다. 그리고 원수를 갚고 치욕을 씻어내기 위해, 적극적으로 전쟁을 준비한다. 그리고 부차(夫差)의 정력을 소모시키고 오(吳)나라의 멸망을 가속화시키기 위해서, 월(越)나라는 미녀(美女) 서시(西施) 등을 부차(夫差)에게 헌납한다.

---

225) 침어낙안(沈魚落雁)의 용모: '물고기는 물 속으로 깊이 숨어버리고 기러기는 넋을 잃고 바라보다가 대열에서 떨어졌다'는 말. 여인의 미모를 극찬한 말.

226) 약야계(若耶溪): 절강성 소흥시(紹興市) 경내(境內)에 있는 유명한 강. 지금은 평수강(平水江)이라고 부르고 있다.

227) 대부(大夫): 고대의 관직 또는 작위 이름. 지위는 '士'보다 높고, '卿'보다 낮음. 서주(西周) 이후 선진(先秦) 제후국들은, 왕 아래 경(卿), 대부(大夫), 사(士) 등의 세 등급의 관직을 두었다. 대부(大夫)의 관직은 세습되었고 봉지(封地)가 있었다. 그러나 그 후 대부(大夫)는 차츰 일반적인 임명 관직의 명칭으로 굳어지게 된다.

오(吳)나라에 온 서시(西施)는, 부차(夫差)를 매혹시킨다. 그리하여 그로 하여금 여색에 빠져 헤어나오지 못하게 하고, 소인배를 가까이하고 어진 신하를 멀리하게 만들며, 충신 오자서(伍子胥)를 죽이게 하고, 토목 공사를 대대적으로 시행하여 국력을 소진하게 만든다. 그리고 중원(中原) 땅에 병력을 동원해서 패자(覇者)를 자처케 함으로써, 인력(人力)과 물력(物力)을 탕진하도록 만든다……. 서시(西施)가 감당했던 일은, 오(吳)나라가 그 내부로부터 멸망하도록 기초를 다지는 일이었다. 월(越)나라는 10년 동안의 노력과 준비를 거쳐, 마침내 오(吳)나라를 멸망시킨다. 그리고 이에 따라 부차(夫差)는 스스로 목숨을 끊고 만다. 그렇다면 오(吳)나라의 화근(禍根)이자, 월(越)나라의 공신(功臣)이기도 했던 서시(西施)는, 대체 어떻게 되었을까?

일설(一說)에는, 범려(范蠡)와 은거 생활을 하면서 백년해로를 했다고 한다. 범려(范蠡)는 탁월한 식견과 통찰력을 가진 정치가였다. 그는 구천(句踐) 부부를 따라 오(吳)나라에 가서 묘(墓)도 돌보고, 말에게 먹이도 먹이며, 부차(夫差)의 시중도 든다. 그는 치욕을 참아가면서 힘들게 3년을 보낸 뒤, 월(越)나라로 돌아온다. 월(越)나라로 돌아온 그는, 오(吳)나라에 미인계(美人計)를 펼치기 위해, 자신이 사랑하는 여인인 서시(西施)를 오(吳)나라에 바치는 등, 월(越)나라를 위해 그가 가진 모든 것을 다 버린다. 그러나 범려(范蠡)는, 구천

(句踐)이란 사람은 고통은 함께할 수 있을지언정, 즐거움은 같이할 수 있는 사람이 결코 아님을 간파하고, 은퇴해서 화(禍)를 모면하는 것이 가장 현명한 일이라고 생각한다. 그리하여 그는, 오(吳)나라가 멸망하자, 서시(西施)를 이끌고 호수(湖水)에 배를 띄운다. 그는 먼저 제(齊)나라로 간다. 그랬다가 뒤에 다시 도지(陶地)[228]로 이사를 간 뒤, 자신의 이름을 도주공(陶朱公)으로 개명(改名)한다. 그는 자신의 총명한 머리를 이용하여, 장사로 큰돈을 벌어들여 짧은 시간에 큰 부자가 된다. 이에 따라, 서시(西施) 또한 홍안박명(紅顔薄命)의 팔자를 고치고, 넉넉하고 아주 편안한 일생을 보내게 된다.

일설(一說)에는 서시(西施)가 강에 빠져 죽었다고 말하기도 한다. 가장 이른 시기에 이 문제를 언급한 《묵자(墨子)·친사(親士)》편에는, 서시(西施)가 미색 때문에 물속에 빠뜨려졌다고 평론하고 있다. 그리고 《태평어람(太平御覽)》에 발췌된 관련 기록을 살펴보면, 오(吳)나라가 망한 뒤에, 월왕(越王)은 서시(西施)를 가죽으로 만든 자루 속에 넣어서 강 밑에 빠뜨린다. 만일 진실로 이와 같았다면 구천(句踐)은 그야말로 짐승만도 못한 사람이라고 해야 마땅하다. 왜냐하면, 오(吳)나라에 미인계를 펼쳐 서시(西施)를 보낸 것도 구천

---

228) 도지(陶地): 범려가 은거하며 장사를 했던 도지(陶地)는 지금의 산동성 정도(定陶) 서북쪽이다. 도지(陶地)는 동쪽으로는 제나라, 노나라와 이웃해 있고, 서쪽으로는 秦나라, 鄭나라와 인접해 있었으며, 북쪽으로는 晉나라와 燕나라와 통하고 남쪽으로는 楚나라, 越나라와 접해 있는 등 天下의 한 중앙에 위치하여 장사하기에 아주 이상적인 곳이었다고 한다.

(句踐) 자신이었고 서시(西施)가 오(吳)나라를 멸망시키는 활동을 펼치도록 한 것 또한 철저하게 월(越)나라의 사전(事前) 계획에 의한 것이었기 때문이다. 따라서 오(吳)나라 사람들이 서시(西施)를 원망했다면야 이해가 가지만, 구천(句踐)이 이런 짓을 저질렀다는 것은 도무지 이해가 가질 않는다.

그렇다면 구천(句踐)은 대체 무엇 때문에 그런 짓을 저질렀을까? 당시에 서시(西施)는, 나라를 망치고 백성들에게 재앙을 가져다주는 여인이라는 악명을 뒤집어쓰고 있었다. 따라서 자신도 또한, 그녀에게 빠져서 나라를 망치게 될까 봐 그랬던 것은 아닐까? 그게 아니라면, 서시(西施)가 다시 돌아와, 미인계의 속사정을 낱낱이 밝히기라도 하면, 월(越)나라를 향한 오(吳)나라 백성들의 원한의 감정이 한껏 높아질 수 있다. 이를 미연에 방지하기 위해서, 그녀를 죽임으로써 입막음을 하려고 했던 것은 아닐까? 그것도 아니면, 서시(西施)와 범려(范蠡)의 공이 너무 큰지라, 상(賞)을 주지 않자니, 은혜도 모르고 의리도 모른다는 비난 여론이 일어날 것 같고, 중상(重賞)을 내리자니, 자신의 와신상담(臥薪嘗膽)의 빛나는 사적(事迹)이 빛을 잃을 것 같아서, 공신(功臣)을 살해했던 걸까? 이 중 그 어느 것이 됐든, 월왕(越王) 구천(句踐)은, 이익을 좇아 행동하는 소인배(小人輩)란 오명을 면키 어려울 것이며, 패자(覇者)로서의 인품(人品)을 결(缺)한 것이라 하지 않을 수 없을 것이다.

일설(一說)에는, 서시(西施)가 자살을 했다고도 한다. 서시(西施)는 원래 월(越)나라의 대부(大夫) 범려(范蠡)가 사랑한 여인으로, 월(越)나라가 펼친 미인계(美人計)에 따라 부차(夫差)에게 보내진다. 오왕(吳王) 부차(夫差)가 그녀를 사랑하면 할수록 그녀의 마음은 더욱더 부끄럽기만 했다. 서시(西施)는 본성이 착한 여성이었지만, 두 나라가 사활을 걸고 싸우는 와중에, 부득불 해결사의 역을 맡아, 나라를 망하게 하고 백성들에게는 재앙을 가져다준다. 오(吳)나라가 멸망하자, 그녀가 제일 미안해 한 사람은, 바로 부차(夫差)였다. 따지고 보면, 부차(夫差)는 그의 남편이었다. 하지만 그녀는 늘 오(吳)나라를 곤경에 빠뜨리고, 남편을 배반하는 일만 일삼아왔으니, 비록 간접적이긴 하지만, 그녀가 부차(夫差)를 살해한 것이나 다름이 없었다. 그녀의 명성은 추락할 대로 추락해 있었고, 그녀 또한 오(吳)나라 백성들을 볼 면목이 없었던 까닭에, 월(越)나라로 돌아가는 것 이외에는 다른 선택의 여지가 없었다. 그러나 옛 애인인 범려(范蠡)는 또 어떻게 대할 것인가? 범려(范蠡)는 월(越)나라의 대부(大夫)로서 고결한 인품의 소유자였다. 그리고 사람들의 존경을 한몸에 받고 있는 인물이었다. 그런 범려(范蠡)를, 부차(夫差)를 섬긴 적이 있는 몸으로, 서시(西施)가 어찌 다시 섬길 수 있었으랴? 그렇게 되면 무엇보다도 범려(范蠡)의 명성에 오점을 남기게 된다. 그리고 또 그럴만한 자신도 없었다. 범려(范蠡)를 만나게 되면, 입장이 난처해질

게 분명했다. 그렇다고 해서 월왕(越王) 구천(句踐)이 그녀를, 오(吳) 나라를 멸망시킨 공신(功臣)으로 대접해 줄 리도 만무했다. 만약 서시(西施)의 공로를 인정해주게 되면, 구천(句踐)을 비롯한 월(越)나라의 군신(君臣)은 각국(各國)의 웃음거리가 되어, 월(越)나라의 이미지에도 심대한 영향을 미칠 것이 뻔했다. 이리저리 생각을 굴려보다가, 서시(西施)는 끝내 자살을 결행(決行)함으로써, 충성과 의리를 끝까지 지킨다. 그러자 월(越)나라에는 다시금 평정(平靜)이 찾아온다. 세기를 뛰어넘는 절대가인은, 이렇게 해서 공(功)을 다 이룬뒤, 그만 절명하고 만다.

사람들은 서시(西施)를 동정하여, 그녀가 행복한 결말을 맞이했기를 희망한다. 그러나 사실인즉, 그녀가 과연 범려(范蠡)를 따라 오호(五湖)[229]에 은둔을 한 것인지, 아니면, 월왕(越王)의 손에 수중귀신(水中鬼神)이 된 것인지, 그것도 아니면, 자살한 것인지에 대해서는 아직 알려진 것이 전혀 없는 그대로, 지금껏 풀리지 않는 수수께끼로 남아 있다.

---

229) 5호(五湖): 오늘날에는 동정호(洞庭湖), 파양호(鄱陽湖) 태호(太湖), 소호(巢湖), 홍택호(洪澤湖)를 가리키는 말로 통용되고 있으나, 예전에는 태호(太湖), 혹은 태호(太湖)와 그 주변 호수를 지칭하는 말이었다.

시대를넘어 손자 Rapid라라

5. 손무의 고향을 둘러싼 여러 설들

손자(孫子), 즉 손무(孫武)[230]는 춘추시대 제(齊)나라 사람으로서, 고대 중국의 걸출한 대병법가(大兵法家)이자 군사가(軍事家)다. 그가 쓴 병법서(兵法書) ≪손자병법(孫子兵法)≫은, 전쟁의 법칙을 전면적이고 심도 있게 드러내 밝히고 작자(作者)의 전략적, 전술적 사상을 체계적으로 제시함으로써, 중국, 더 나아가서는 세계 군사과학(軍

---

230) 손무(孫武, ?~?): 오나라 출신의 유명한 천재 병법가(兵法家). 춘추 시대뿐 아니라 중국사 전체를 통틀어 손꼽히는 명전략가이자 군사가. 오자서(伍子胥)의 천거로 오왕(吳王) 합려(闔閭)의 군사(軍師)로 기용된 후 군기(軍紀)를 엄정하게 다스려 오군(吳軍)을 최정예 부대로 정련했다. 마침내 B.C.506년 초(楚)나라를 침공하여 신출귀몰한 전술과 작전으로 대승을 거두었다. 대승 직후 합려가 내리는 벼슬과 많은 선물을 마다하고 산속으로 은둔해 생애를 마쳐 병법(兵法)뿐 아니라 흥망(興亡)의 대도(大道)마저 통달했다고 칭송된다. 필생의 역작인 ≪손자병법(孫子兵法)≫ 13편은 중국을 대표하는 병법서(兵法書)의 백미이자 역대 병가(兵家)의 최고 경전(經典)이 되었다.

事科學)의 기초를 닦아 놓은 책이다. ≪손자병법(孫子兵法)≫은 세계
적으로 '병법학(兵法學)의 성전(聖典)'으로 공인받고 있으며, 저자인
손자(孫子) 본인도 '병성(兵聖)'[231] 혹은 '무성(武聖)'[232] 등으로 떠받들
어지고 있다.

　손무(孫武)는 제(齊)나라 사람으로, 그 조상(祖上) 대(代)의 성씨
는 원래 전(田) 씨였다. 그러던 것이 손무(孫武)의 조부가 군공(軍功)
을 세워 제(齊)나라 경공(景公)으로부터 손(孫) 씨 성을 사성(賜姓) 받
게 되자, 그 후손들이 손(孫) 씨로 성(姓)을 바꾸게 되었다. 도처에서
전쟁이 터지고 제후들이 패권(覇權)을 다투었던 춘추시대 말엽, 손
무(孫武)는 병법(兵法) 연구에 몰두하여 전쟁의 법칙을 총정리한 다
음, 13편으로 된 ≪손자병법(孫子兵法)≫의 저술을 마무리 짓는다.
손무(孫武)는, 제(齊)나라 권문귀족들의 추악한 권력 다툼을 목도하
게 되자, 고국땅을 떠나 멀리 남쪽 땅으로 가 은거생활에 들어간다.
그때 오왕(吳王) 합려(闔閭)가 마침 부국강병(富國强兵)을 꾀할 목적
으로 인재를 구한다. 그러자 오(吳)나라의 대부(大夫)인 오자서(伍子
胥)는 손무(孫武)를 찾아가서 세상으로 나오라고 간절히 부탁한다.

---

231) **병성(兵聖)**: 병법계의 성인(聖人)이라고 직역할 수 있고, 병법에 아주 능한 사람을 지칭한
　　말이다.
232) **무성(武聖)**: 공자(孔子)와 같은 인물을 문성(文聖)이라고 볼 때, 무성(武聖)은 그와 같은 문
　　성(文聖)의 대척적인 개념으로 쓰인 말이다. 주로 특수 분야에서 성인의 경지에 올랐음을
　　의미한 말로, 이와 비슷한 용례들을 시성(詩聖), 주성(酒聖), 모성(謀聖) 등에서도 찾아볼 수
　　있다.

이에 깊은 감동을 받은 손무(孫武)는 마침내 오(吳)나라로 간다.

　손무(孫武)의 치군(治軍)[233]은 매우 엄격하였다. ≪사기(史記)·손무자열전(孫武子列傳)≫에 보면, 손무(孫武)가 오(吳)나라 궁녀(宮女)들을 훈련시키는 대목이 소개되어 있다. 춘추시대(春秋時代)에는 여자도 전쟁터에 나가서 싸울 수 있다는 사실을 그 누구도 믿지 않았다. 군사(軍事) 문제의 기재(奇才) 손무(孫武)는, 오(吳)나라 왕의 궁녀 300명을 소집하여 훈련을 실시한다. 그는 궁녀들을 둘로 나눈 뒤, 오(吳)나라 왕 합려(闔閭)의 애첩(愛妾) 두 명을 각각 좌우(左右) 대장으로 임명한다. 그리고 세 번씩 되풀이해서 군령(軍令)을 하달한다. 그러나 그의 군령(軍令)을 농담으로만 이해한, 합려(闔閭)의 애첩 이하 모든 궁녀들은, 계속해서 키득키득 웃기만 할 뿐이었다. 그 결과는 아주 참혹했다. 미녀 대장 둘은, 즉각 군법(軍法)에 의해 참수형(斬首刑)을 당하고 만다. 그러자 궁녀들은 비로소, '군령(軍令)은 무겁기가 산과 같다'는 말이 무슨 말인지를 이해하게 된다. 궁녀들은 또다시 군령(軍令)이 떨어지자, 명령이 떨어지기가 무섭게 매우 질서정연하게 움직이기 시작한다. 그 전후좌우(前後左右)로 움직이고, 무릎을 꿇거나 일어서는 동작 따위가, 정규군(正規軍)의 훈련 모습과 비교해도 전혀 손색이 없었다. 손무(孫武)의 치군(治軍) 사상은, '엄격한 군기(軍紀)만이 전투력이 강하고 위풍당당한 군대를 만

---

233) 치군(治軍): 군대나 군사를 다스림.

들어낸다'는 것이다. 그는 이를 멋지게 증명해 보인 셈이다. 이렇게 하여 손무(孫武)는 오왕(吳王)의 인정을 받게 되어 장군으로 등용된다.

오(吳)나라 군대를 거느린 손무(孫武)는, '서쪽으로는 강한 초(楚)나라를 격파하고, 북쪽으로는 제(齊)나라와 진(晉)나라를 위협하며, 남쪽으로는 월(越)나라를 정복함'으로써 혁혁한 전공(戰功)을 세워, 그 이름을 멀리까지 떨치게 된다. 그러나 손무(孫武)는 세상의 명리(名利)에 아주 담박한 사람이었다. 관직을 싫어했던 그는, 공을 세운 뒤, 관직을 은퇴하고 시골로 내려간다. 손무(孫武)는, 떠벌리는 것을 별로 좋아하지 않았다. 이런 까닭으로, 세상 사람들은 손무(孫武)에 대해 많은 궁금증을 갖게 되었다. 특히 그의 고향이 어디였는지에 대해서는, 아직도 끊임없는 논쟁이 펼쳐지고 있다.

≪신당서(新唐書)·재상세계표(宰相世系表)≫[234]에 보면, 이렇게 기록되어 있다.

"제(齊)나라 전완(田完)[235]의 자(字)는 경중(敬仲)으로, 환자(桓子) 무우

---

234) ≪신당서(新唐書)≫: 중국 송나라 인종의 가우 연간(嘉祐年間)에 구양수(歐陽脩), 송기(宋祁) 등이 편찬한 역사책. 전 225권으로 되어 있다.

235) 전완(田完, ?~?): 손무(孫武)의 먼 조상. 진려공(陳厲公, 媯躍)의 아들로 본명은 진완(陳完)이다. 진(陳, 지금의 하남성 회양 일대)의 왕자로, 군주(君主)의 자리를 다투다가 실패로 돌아가자, 제(齊)나라로 피신하여 그곳에 정착했다. 제(齊)나라 환공(桓公)의 신임을 받아 전(田)땅을 식읍지(食邑地)로 하사받았으며, 이때부터 성씨를 전(田) 씨로 바꿨다.

(無宇)는 그의 4대손(四代孫)이다. 무우(無宇)[236]에게는 항(恒)과 서(書)라

고 하는 두 명의 아들이 있었는데, 그중에서 서(書)[237]는 자(字)를 자점

(子占)이라고 했다. 그는 제(齊)나라의 대부(大夫)로서, 거(莒)땅을 공격하

는 싸움에서 공을 세워 경공(景公)으로부터 손(孫) 씨 성을 사성(賜姓) 받

고, 낙안(樂安)[238]을 근거지로 받았다. 서(書)의 아들 빙(憑)[239]은 자(字)를

기종(起宗)이라 하였는데, 제(齊)나라의 경(卿)[240]이다. 빙(憑)의 아들 무

(武)[241]는 자(字)를 장경(長卿)이라고 하였고, 전(田) 씨와 포(鮑) 씨 등 사성

(四姓)의 난(亂)[242] 때, 오(吳)나라로 피신해 장군이 되었다.”

여기에서 말한 ‘낙안(樂安)’이 바로 손무(孫武)의 고향이다. 그렇

다면 옛날의 그 ‘낙안(樂安)’은 오늘날의 어느 곳에 해당될까?

그 첫 번째로 산동(山東)의 혜민(慧民)이라는 설이 있다. 당(唐)나

---

236) **환자(桓子) 무우(無宇)**: 손무(孫武)의 증조부(曾祖父). 본명은 전무우(田無宇), 시호(諡號)를
환(桓)이라 하였다. 이런 이유로 전환자(田桓子)라고 부르며, 진무우(陳無宇), 진환자(陳桓子)
라고도 한다. 전완(田完)의 4대손으로 춘추시대 제(齊)나라 사람이다.

237) **손서(孫書, ?~?)**: 손무(孫武)의 조부(祖父)로 본명은 전서(田書). 군사를 거느리고 거국(莒國)
을 공격하여 공을 세우고 그 공으로 제(齊)나라 경공(景公)에게 손(孫) 씨성을 하사받았다.
또 식읍(食邑)으로 안락(安樂)을 부여받았다. 이때부터 그의 자손들은 모두 손(孫) 씨성을
갖게 되었다.

238) **낙안(樂安)**: 지금의 산동성(山東省) 혜민현(惠民縣)을 말한다.

239) **손빙(孫憑, ?~?)**: 손무(孫武)의 부친(父親)이며 손서(孫書)의 아들이다.

240) **경(卿)**: 옛날의 고급 관리로, 대부(大夫) 위의 서열.

241) **무(武)**: 손무(孫武)를 가리킨다.

242) **사성(四姓)의 난(亂)**: 기원전 532년에 제나라에서 터진, 전(田)·포(鮑)·난(欒)·고(高) 4성(姓)
의 반란을 말한다. 손무의 집안도 이 정치투쟁에 휘말려서, 손무는 가족을 따라 오(吳)나
라로 이주한다.

라 천보(天寶)²⁴³⁾ 연간 이래로, 오직 낙안군(樂安郡)만을 낙안(樂安)이라고 일컬었는데, 산동(山東)의 혜민현(慧民縣)이 바로 낙안군(樂安郡) 관할 구역 중 가장 큰 현(縣)이었던 것이다. 당(唐)나라 두우(杜佑)²⁴⁴⁾가 편찬한 ≪통전(通典)·주군십(州郡十)≫²⁴⁵⁾에는 이렇게 씌어져 있다.

"체주(棣州, 오늘날의 厭次縣)는 춘추전국시대 때 제(齊)나라 땅이었는데, (당나라 시대에) 혹 안락군(樂安郡)이라고 하기도 했다. 5개의 관할 현(縣)이 있는데, 염차현(厭次縣)……"

여기에서 말하는 염차현(厭次縣)은 지금의 혜민현(慧民縣)의 옛 이름이다. 혜민현(慧民縣)의 현사지(縣史誌)²⁴⁶⁾ 관계자의 고찰에 따르면, 혜민현(慧民縣) 현성(縣城) 남쪽에는 원래 손무(孫武)의 사당이 있었고, 성(城) 북쪽에는 또한 손무(孫武) 집안 사유지가 있었다. 그

---

243) 천보(天寶): 당(唐)나라 현종(玄宗)의 후기(後期) 시대. 곧 741년~756년을 말한다. 현종은 재위(在位) 기간이 44년이었는데, 초기에 정사를 바로잡아 성당(盛唐) 시대를 이룬 때가 개원(開元) 연간이었고, 후기에 양귀비(楊貴妃)에 빠져 정사를 돌보지 않다가 안녹산(安綠山)의 난(亂)을 만나 나라가 어지럽게 된 시대가 천보(天寶) 연간이었다.

244) 두우(杜佑, 735년~812년): 당나라의 정치가·역사가로 덕종, 순종, 헌종 등 3대에 걸쳐 재상을 지냈다. 한(漢)나라의 사마천 이후 제1의 역사가로 인정받았으며 저서 ≪통전(通典)≫은 오늘날에도 제도사 연구상 중요한 자료다.

245) ≪통전(通典)≫: 당(唐)나라의 재상(宰相) 두우(杜佑)가 편찬한 제도사(制度史)로 총 200권이다. 766년에 착수하여 30여 년에 걸쳐 초고(初稿)가 완성되고, 그 후에도 많은 보필(補筆)이 있었던 것으로 추정된다.

246) 현사지(縣史誌): 현(縣)의 역사와 지리를 기록한 책.

리고 손(孫) 씨 성을 가진 사람들은 모두 자신이 손무(孫武)의 후손이라고 굳게 믿고 있다. 혜민현(慧民縣)은 이러한 유적들과 전설을 근거로 삼아, 1991년에 손무(孫武)의 석상(石像)을 세워서 이 위대한 군사가(軍事家)를 성대하게 기념한다.

【곽화약(郭化若), 도한장(陶漢章), 오여숭(吳如嵩), 황규(黃葵)】등과 같은 역사문헌학자들 또한, 혜민(慧民)이 곧 손자(孫子)의 고향 낙안(樂安)이라고 주장한다. 그러나 여기에는 한 가지 문제점이 있다. 안락군(樂安郡)에는 5개의 관할 현(縣)이 있었고, 혜민(慧民)은 그 5개의 관할 현(縣) 중 하나일 뿐이라는 사실이다. 따라서 혜민(慧民)이 곧 손자(孫子)의 고향이라는 주장은 너무 성급한 판단이라고 하지 않을 수 없다.

두 번째로는, 산동(山東) 광요(廣饒)라는 설이다. 1991년 2월자 ≪인민일보(人民日報)≫에는 다음과 같은 뉴스가 실린다.

"30여 명에 달하는 전문가들이 산동(山東) 광요(廣饒)를 현지 조사한 결과, 이곳이 바로 손무(孫武)의 고향이라는 결론을 내렸다고 한다. 이들 전문가들의 분석에 따르면, 산동(山東) 광요(廣饒)는 예로부터 낙안(樂安)이라고 불리웠다고 한다. 남조(南朝)[247] 송(宋)나라 때, 안락군(樂安郡)에다 광요현(廣饒縣)을 두어 다스리다가 금(金)나라 희종(熙宗) 원년(元年),

---

247) 남조(南朝): 중국에서 후한(後漢) 멸망시부터 수(隋)의 통일 때까지 한족(漢族)이 세운 4개 왕조(420-589), 4왕조는 송(宋, 420-479)·제(齊, 479-502)·양(梁, 502-557)·진(陳, 557-589) 등이다.

1138년)에 와서 그 이름을 안락현(樂安縣)으로 고쳤고, 민국(民國) 3년(三年, 1914년)에 와서야 비로소 광요(廣饒)라는 이름으로 고쳐 불렀다. 광요현(廣饒縣)이 장장 700여 년 동안 낙안(樂安)이란 명칭으로 불리웠음을 감안할 때, 이곳이 바로 손무(孫武)의 고향인 옛날의 그 낙안(樂安)일 가능성이 아주 농후하다."

그러나 사학자들은 이렇게 이의를 제기한다. 비록 금(金)나라 시대 이래로, 광요(廣饒)를 700여 년 동안 낙안(樂安)이라고 칭했다고 하더라도, ≪신당서(新唐書)≫에서 가리킨 낙안(樂安)과 이것은 서로 무관한 것이므로, 광요(廣饒)가 곧 손무(孫武)의 고향이라고 확정 짓기는 어렵다.

세 번째로는, 산동(山東) 박흥(博興)이라는 설이다. ≪한서(漢書)·지리지(地理志)≫ 중에 보면, '천승군(千乘郡)' 관할 15개 현(縣) 중에 '낙안(樂安)'이란 이름이 보인다. 복단대학(復旦大學) 역사지리연구소에서 편찬한 ≪중국역사지명사전(中國歷史地名辭典)≫에는 다음과 같이 씌어 있다.

"안락현(樂安縣)은 서한(西漢)[248] 때 설치했는데, 관아(官衙)는 지금의 산동(山東) 박흥현(博興縣)에 있었다."

---

248) 서한(西漢): 전한(前漢)을 의미한다.

　'한(漢)나라는 진(秦)나라의 제도를 계승했다'는 설을 따를 것 같으면, 전한(前漢)의 낙안(樂安)은 진(秦)의 낙안(樂安)이었을 것이고, 진(秦)나라의 낙안(樂安)은 곧 제(齊)나라 때의 낙안(樂安)이었을 것이다. 이렇게 보면 오늘날의 박흥(博興)은 제(齊)나라 시절의 그 낙안(樂安)일 가능성이 크다고 할 것이다. ≪속산동고고록(續山東考古錄)≫과 ≪박흥현지(博興縣誌)≫에도 박흥현(博興縣) 경내(境內)에 낙안고성(樂安故城)이 있다고 분명하게 기록되어 있다. 그러니 아마도 이곳이 손무(孫武)의 고향일 것임은 의심의 여지가 없다고 하겠다.

　그러나 문제는, 춘추시대에 제(齊)나라에는 낙안(樂安)이라는 지명이 존재하지 않았다는 사실이다. ≪신당서(新唐書)≫에 기록된 손무(孫武)의 고향 낙안(樂安)은 실제로는 당(唐)나라 때의 낙안(樂安)을 가리킨 것이다. 그리고 지금의 박흥(博興)은 당(唐)나라 때에는 박창(博昌)이라고 했었다. 이렇게 놓고 보면, 박흥(博興)이 손무(孫武)의 고향이라는 말도 설득력을 많이 상실하게 된다.

　군사(軍事) 문제의 천재 손무(孫武)의 고향은, 마치 손무(孫武) 그 자신의 행적이 그랬듯이, 후세 사람들의 마음속에 영원한 수수께끼로 남은 채, 안갯속의 꽃처럼 짐작조차 어렵게 하고 있다.

＿ㅅ저ㅇ옛ㅇ쎼 굴원 ㅐㅇㅎㅜ쓰ㅅ＿

6. ≪이소≫는 과연 굴원의 작품인가?

≪이소(離騷)≫[249]는 중국 고대(古代)의, 첫 손가락에 꼽히는 장편 서정시다. 이 작품은 사뭇 신비롭고 기이하며 낭만적이다. 또 문체가 우아하고 아름다우며, 애국주의 정신으로 가득 차 있는 진지한 감정이 드러나 있다. 이 위대한 작품에는, 굴원(屈原)[250]의 강렬

---

249) ≪**이소(離騷)**≫: 전국시대의 초(楚)나라 굴원(屈原)이 지은 장편서사시. 이소(離騷)란 조우(遭憂), 즉 '근심을 만난다'는 뜻이며 초나라의 회왕(懷王)과 충돌하여 물러나야 했던 실망과 우국(憂國)의 정을 노래한 것이다. 자서전식의 이야기에서 시작하여, 가계(家系)의 고귀함과 재능의 우수함을 말하고, 이어 역사상의 인물·신화·전설·초목·조수 등을 비유로 들어 자신의 결백함을 노래하며, "세속은 틀리고, 내가 옳다"고 주장한다. 후반은 천계편력(天界遍歷)으로 도가적(道家的) 색채가 짙은 미사여구가 이어지며 낭만적이다.

250) **굴원(屈原, BC 343년?~BC 277년?)**: 중국 전국 시대 초나라의 정치가, 시인. 이름은 평(平)이고, 자는 원(原)이다. 초사(楚辭)라고 하는 운문 형식을 처음으로 시작하였다. 모함을 입어 자신의 뜻을 펴지 못하다가 마침내 물에 빠져 죽었다. 작품은 모두 울분이 넘쳐 고대

한 정의감과 진리를 추구하는 굳건한 결심이 토로되고 있으며, 수준 높은 문학적 성취를 보여주고 있다. 다만 혹자는 ≪이소(離騷)≫를 지은 이는 굴원(屈原)이 아니라고 의문을 제기한다. 대체 어떻게 된 영문일까?

굴원(屈原)은, 성(姓)이 '굴(屈)'이고 이름을 '평(平)'이라고 하였다. 그리고 자(字)는 외자인 '원(原)'이다. 그는 전국시대 말엽, 초(楚)나라의 걸출한 정치가자 사상가였다. 굴원(屈原)은 귀족 출신으로 학식이 깊고 넓으며, 작시(作詩)와 문장(文章)에 능하였다. 또 초(楚)나라 왕과는 같은 종씨(宗氏)로 친족 관계에 있었으며, 젊었을 때는 초(楚)나라의 좌도(左徒)[251]를 지내면서, 정무(政務)와 법령(法令)을 연구하고 각국 사신(使臣)을 접대하였는데, 재주와 지혜가 뛰어나 초(楚)나라 왕의 신뢰를 듬뿍 받게 된다.

전국시대 중·후기에 들어서면서, 일곱 나라[252]의 쟁투(爭鬪)는 한층 가열되기 시작하고, 막강한 힘을 과시하고 있던 진(秦)나라는, 나머지 여섯 나라를 병탄(倂呑)하고자 하는 야심을 적나라하게 드

문학에서는 드물게 서정성을 띠고 있다. 작품에 ≪이소(離騷)≫, ≪천문(天問)≫, ≪구장(九章)≫ 따위가 있다.

251) **좌도(左徒)**: 전국시대에 초(楚)나라에서 설치한 관직으로, 대내적으로는 국정(國政) 의논에 참여하고, 명령을 반포(頒布)하는 역할을 하였고, 대외적으로는 빈객(賓客)을 접대하는 역할 등을 맡았다.

252) **일곱 나라**: 전국 칠웅(戰國七雄), 즉 전국시대에 패권을 다투던 일곱 강국(强國)인, 제(齊), 초(楚), 진(秦), 연(燕), 위(魏), 한(韓), 조(趙)를 이른다.

러낸다. 부패한 초(楚)나라의 국정이 차츰 쇠락(衰落)의 길로 들어서고 있음을 본 굴원(屈原)은, 정치를 개혁하고 법제를 개정하여 강성해지기를 도모해야 한다고 적극적인 주장을 편다. 그리고 대외적으로는 제(齊)나라와 위(魏)나라와 조(趙)나라가 연합 전선을 펼쳐서, 공동으로 진(秦)나라에 맞서야 된다고 주장한다. 그러나 불행하게도 수구(守舊) 귀족들의 반대와 모함에 빠진 그는, 어리석기 짝이 없는 초(楚)나라 회왕(懷王)[253]의 내침을 받고 삼려대부(三閭大夫)[254]로 강등된다. 굴원(屈原)은 위기에 빠진 조국의 현실을 뻔히 바라보면서도 어찌해볼 도리가 없었다.

진(秦)나라를 위해 충성을 다하고 있던 종횡가(縱橫家)[255] 장의(張儀)[256]는, 연횡(連衡)의 계책(計策)[257]을 써서, 여섯 나라의 합종(合

---

253) 초회왕(楚懷王, ?~BC 296년): 중국 춘추 전국 시대 초나라의 제37대 왕(재위: BC 329년~BC 299년)이다. 성은 미(芈), 이름은 괴(槐)이다. 기원전 329년 초나라의 왕위에 올랐다. 그는 진(秦)나라와 초(楚)나라와 위(魏)나라에서 활약을 한 모사(謀士)인 장의(張儀)의 감언이설(甘言利說)과 변설(辯說)에 놀아나 초나라의 국력을 소진한 뒤, 끝내 진(秦)나라의 계략과 조(趙)나라의 배신에 휩쓸려 기원전 299년 초나라의 왕의 자리에서 폐위되었다. 그 후 그의 아들이 초나라의 왕위를 이어받았으며 왕위에서 폐위된 지 3년 후 기원전 296년 쓸쓸히 죽었다.
254) 삼려대부(三閭大夫): 중국 초나라의, 소(昭)·굴(屈)·경(景) 세 귀족 집안을 다스리던 벼슬.
255) 종횡가(縱橫家): 중국 전국 시대에, 제자백가 가운데 제후들 사이를 오가며 여러 국가를 종횡으로 합쳐야 한다는 합종책(合縱策)과 연횡책(連衡策)을 논한 분파. 소진(蘇秦)과 장의(張儀) 등이 대표적인 사람이다.
256) 장의(張儀, ?~BC 309년): 중국 전국 시대 위(魏)나라의 정치가. 귀곡 선생(鬼谷先生)에게서 종횡(縱橫)의 술책을 배우고, 뒤에 진(秦)나라의 재상이 되어 연횡책을 6국에 유세(遊說)하여 열국(列國)으로 하여금 진(秦)나라에 복종하도록 힘썼다.
257) 연횡(連衡)의 계책(計策): 중국 전국 시대에, 진(秦)나라의 장의(張儀)가 주장한 외교 정책.

縱) 연맹(聯盟)을 하나씩 하나씩 깨부순다. 초(楚)나라 회왕(懷王)의 어리석고 탐욕스러운 품성을 간파한 장의(張儀)는, 진(秦)나라의 땅 600리를 떼어준다는 거짓말로 초(楚)나라를 함정에 빠뜨려, 제(齊)나라와 초(楚)나라의 연맹을 단절시킨다. 속임수에 넘어간 사실을 발견한 초(楚)나라는, 진(秦)나라를 공격하나 오히려 참패를 당하고 한중(漢中)의 땅[258]까지 빼앗기게 된다. 초(楚)나라를 병탄하려는 진(秦)나라의 속셈을 간파한 굴원(屈原)은, 초(楚)나라 왕에게 여러 차례 힘주어 간언(諫言)하였으나 그때마다 거절을 당하고, 심지어는 파면되어 쫓겨나기까지 한다. 그 뒤, 회왕(懷王)은 장의(張儀)의 거짓말을 믿고 무관회맹(武關會盟)[259]에 갔다가 연금(軟禁)을 당한 뒤, 진(秦)나라에서 객사(客死)하고 만다.

왕위를 계승한 초(楚)나라 경양왕(頃襄王)[260]은, 충직한 신하들을

한(韓) · 위(魏) · 조(趙) · 초(楚) · 연(燕) · 제(齊)의 여섯 나라가 종(從)으로 동맹을 맺어 진나라에 대항하자는 합종설에 맞서서, 진나라가 이들 여섯 나라와 횡(橫)으로 각각 동맹을 맺어 화친할 것을 주장하였다.

258) **한중(漢中)의 땅**: 지금의 섬서성(陝西省) 서남부(西南部)에 있는 한중시(漢中市)를 가리킨다.

259) **무관회맹(武關會盟)**: 초(楚)나라 회왕(懷王) 30년, 진(秦)나라 소왕(昭王)이 거짓으로 초(楚)나라 회왕(懷王)에게 무관(武關)에서 상호 우호협정을 맺자고 한 일을 말한다. 초(楚)나라 회왕(懷王)은 이곳에 회맹을 위해 갔다가 미리 매복해 있던 진(秦)나라 군사에 붙들려서 함양으로 끌려 간다. 초(楚)나라 회왕(懷王)은 함양에서, 땅을 내놓으라는 진(秦)나라 소왕(昭王)의 겁박 등, 여러 가지 우여곡절을 겪다가 결국 탈출에 실패하고 진(秦)나라에서 객사한다.

260) **경양왕(頃襄王. ?~BC 263년)**: 초회왕(楚懷王)의 장자. 재위 기간은 기원전 298년부터 기원전 263년까지다. 성은 미(羋), 이름은 웅횡(熊橫)이다. 태자 시절 진(秦)나라에 인질로 잡혀 있었다가 기원전 302년 초(楚)로 도망온다. 초회왕(楚懷王)이 진(秦)나라에 연금된 뒤, 그의 뒤를 이어 왕위에 올랐다.

핍박하고 공자(公子) 자란(子蘭)[261] 등의 음모가들을 신임하여, 굴원 (屈原)을 한북(漢北)[262]으로 유배 보낸다. 가난에 허덕이는 백성들의 생활상을 목격한 굴원(屈原)은, 장차 그들에게 떨어질 망국(亡國)의 재난(災難)과, 초(楚)나라의 종묘사직이 장차 진(秦)나라 사람들의 손에 의해 폐허가 될 것 등을 생각하면서 초조함을 금치 못한다. 그는 국가의 은혜에 보답하고자 하는 헛된 소망만을 지니고 있었다. 그러나 그 소망을 펴볼 기회조차 얻지 못한다. 그러니 누가 있어, 이 가련한 초(楚)나라를 위기에서 구해낼 것인가?! 그는 자신의 근심 걱정을 장편시 《이소(離騷)》 속에 풀어낸다.

長太息以掩涕兮	크게 탄식하며 눈물을 훔치나니
哀民生之多艱	민생(民生, 인생살이)은 왜 이다지 험난한 것일까?!
余雖好修姱以鞿羈兮	고운 것 좋아하다가 이 지경 되었으니
謇朝誶而夕替	아침에 들어가 간언(諫言)타가 저녁때 내침받는 신세 되었다오

---

261) 자란(子蘭, ?~?): 춘추시대 초(楚)나라 사람. 회왕(懷王)의 막내 아들이다. 진(秦)나라 소왕(昭王)이 거짓으로 회왕(懷王)에게 무관(武關)에서 만나자고 했을 때 가기를 권했다. 회왕(懷王)이 진나라에 가서 객사(客死)하자 초나라 사람들이 그를 원망했다. 경양왕(頃襄王)이 즉위하자 영윤(令尹)이 되었다. 일찍이 상관대부(上官大夫)를 시켜 경양왕에게 굴원(屈原)을 헐뜯었고, 이 때문에 굴원은 삼려대부(三閭大夫)를 사직하고 떠나게 되었다.

262) 한북(漢北): 중국의 옛지명으로, 오늘날의 호북성(湖北省) 안에 있다.

그 뜻을 해석하면 이러하다.

　'백성들의 삶이 이토록 힘겹고 어려움을 슬퍼하노니, 눈에 흐르는 뜨거운 눈물을 금할 길이 없네. 내 비록 아름다운 이상(理想)과 숭고한 절조(節操)를 추구하며 나라를 위해 충성을 다하고자 했으나, 마치 말이 고삐에 발이 묶여 자유롭게 움직이지 못하는 것처럼 그런 신세가 되고 말았구려. 아침에 간언(諫言)을 했다가 저녁때 거절되어 해직되고 말았다오.'

　굴원(屈原)은 슬픔과 고통 속에서 또다시 ≪천문(天問)≫, ≪구가(九歌)≫, ≪구장(九章)≫ 등의 불후의 시편(詩篇)들을 써내려간다.

　기원전 278년, 진(秦)나라가 대장(大將) 백기(白起)[263]를 보내 초(楚)나라의 영도(郢都)를 점령하자, 경양왕(頃襄王)은 진성(陳城)으로 도주한다. 굴원(屈原)은 초(楚)나라가 멸망할 날이 얼마 남지 않았음을 알고 슬픔을 이기지 못하고 죽으려고 마음을 먹는다. 오월 초닷

---

263) **백기(白起, ?~257년)**: 공손기(公孫起). 전국 시대 말기 진(秦)나라 미현(郿縣) 사람. 용병술에 뛰어난 재능을 보였다. 진소왕(秦昭王)에게 등용되어 13년에 좌서장(左庶長)이 되었고, 14년에 한나라와 위(魏)나라의 연합군을 이궐(伊闕)에서 격파하고 24만 여명을 죽인 다음 국위(國尉)로 승진했다. 15년에 대량조(大良造)에 올라 위나라, 조(趙)나라 등 싸우는 대로 대승을 거두었으며, 한나라와 위나라, 조나라, 초(楚)나라 등의 70여 개 성을 탈취했다. 29년에는 무안군(武安君)에 봉해져, 장평(長平) 전투에서 조나라 군대에 대승을 거두고 항복한 조나라 군사 40여만 명을 하룻밤 사이에 구덩이에 묻어 죽여 천하를 경악시켰다. 50년에 진나라가 한단(邯鄲)을 포위했다가 실패했는데, 원래 이 전투에 찬성하지 않아 병을 핑계로 참전하지 않았다. 이로 인해 사오(士伍)로 강등되고, 재상 범수와 틈이 벌어져 자결하고 말았다.

샛날, 그는 큰 돌멩이를 끌어안고 멱라강(汨羅江)[264]에 몸을 던진다. 위대한 애국시인인 굴원(屈原)은, 이렇게 나라를 위해 생(生)을 마감하고 만다.

그러나 후세의 사람들은, ≪이소(離騷)≫는 굴원(屈原)이 지은 것이 결코 아니라고 의심하기도 한다. 청(淸)나라 말의 사천(四川) 사람 요평(廖平)[265]은 ≪초사 신해(楚辭新解)≫란 책에서 굴원(屈原)이라는 사람은 없다고 주장한다. 그는 ≪초사(楚辭)≫에 실린 굴원(屈原)의 작품들을 번역하면서, 그 대다수가 진(秦)나라 박사(博士)의 '선진인시(仙眞人詩)'[266]라고 주장한다. 현대의 학자 가운데는, "≪이소(離騷)≫는 전한(前漢)의 회남왕(淮南王) 유안(劉安)[267]이 지은

---

264) 멱라강(汨羅江): 호남성 동북쪽을 거쳐 상수(湘水)로 흐르는 강.

265) 요평(廖平, 1852년~1932년): 청말(淸末)·민국(民國) 시기의 학자이자 사상가로, 사천(四川) 정연현(井硏縣) 청양향(靑陽鄕) 사람이다. 일평생 경학(經學)을 공부하였다. 고금(古今)과 동서(東西)의 다양한 설들을 융합하여 독특한 경학 이론체계를 수립했다.

266) 선진인시(仙眞人詩): 진시황 36년(기원전 211년)에, 진시황(秦始皇)이 박사(博士)에게 명하여 지었다는 시(詩)로, 지금은 전하고 있지 않다. 이에 대한 자세한 내용은, 사마천 ≪사기(史記)·진시황본기(秦始皇本紀)≫에 나와 있다.

267) 유안(劉安, BC 179년~BC 122년): 강소성(江蘇省) 풍현(豊縣)사람이다. 유명한 ≪회남자(淮南子)≫의 저자이며, 회남왕(淮南王)이다. 한 고조(漢高祖) 유방의 서자인 유장(劉長)의 아들이며, 아버지가 한 문제(漢文帝) 때에 모반죄로 죽은 뒤 그 영토의 일부를 받아서 회남왕이 되었다. 당시 한나라 조정은 제후왕의 권력을 줄여서 중앙으로 집중시키고 있었다. 한 무제의 즉위와 더불어 그러한 정책은 보다 강력하게 추진되었다. 기원전 122년 한나라 조정은 중앙집권정책을 군신 질서를 존중하는 유교의 이데올로기에 의해서 추진하려고 하였다. 문학을 애호하는 회남왕의 궁정에 기거하였던 빈객과 학자 중에는 이와 같은 한나라 조정(漢朝)의 정책에 반발하는 자가 많았으며 그 이유 때문에 유안도 모반의 음모가 있다는 혐의를 받아 자살하고 그의 봉지는 몰수되었다.

것"이라고 주장하는 이도 있다. 독서와 음률(音律)를 좋아하고 문사(文辭)에 능했던 유안(劉安)이, 한(漢) 무제(武帝)의 명령을 받고 ≪이소전(離騷傳)≫을 지었다는 것이다. 순열(荀悅)²⁶⁸⁾의 ≪한기(漢記)≫와 고유(高誘)²⁶⁹⁾의 ≪회남자서(淮南子敍)≫에도 회남왕(淮南王) 유안(劉安)이 ≪이소부(離騷賦)≫를 지었다는 사실을 인정하고 있는데, 그 내용을 살펴보게 되면, 유안(劉安)이 지은 ≪이소부(離騷賦)≫는, 다름 아닌 ≪초사(楚辭)≫ 속의 그 ≪이소(離騷)≫다.

그러나 대다수의 사람들은, ≪이소(離騷)≫가 굴원(屈原)의 작품임을 믿어 의심치 않는다. 우선, 역사 서적에서 그러한 사실을 인정하고 있다. 사마천(司馬遷)은 ≪사기(史記)·굴원가생열전(屈原賈生列傳)≫에서 굴원(屈原)이 ≪이소(離騷)≫를 지었다고 하고, ≪보임소경서(報任少卿書)≫ 속에서도 다시 그 얘기를 꺼내고 있다. 또 ≪한서(漢書)≫의 '가의전(賈誼傳)'에서도 ≪이소(離騷)≫의 작자(作者)는 굴원(屈原)이라고 인정하고 있다. 그리고 ≪이소부(離騷賦)≫를 분석한 후세의 사학자(史學者)들은, ≪이소부(離騷賦)≫는 ≪이소(離騷)≫에 대해 평가를 가(加)한 글이라고 주장한다. 그도 그럴 것이, ≪한서(漢書)·회남왕안전(淮南王安傳)≫에 보면, 유안(劉安)이 '아침

---

268) 순열(荀悅, 148년~209년): 후한 말기의 학자로서 조조(曹操)의 부름을 받고 황문시랑(黃門侍郎)이 되어 헌제(獻帝)에게 강의하였고, 비서감시중(秘書監侍中)에 올랐다.

269) 고유(高誘, ?~?): 후한(後漢) 탁군(涿郡, 하북성) 탁현(涿縣) 사람. 영제(靈帝)와 헌제(獻帝) 때 활동했다.

에 왕명을 받고 점심때 올렸다(旦受詔 日食時上)'고 되어 있는데, 아침에 글을 쓰기 시작해서 점심때 수천 언(言)의 서정(抒情) 장편시를 완성한다는 것은 사실상 믿기 어려운 일이기 때문이다. 그러나 만약에 그것이 ≪이소(離騷)≫를 평가하고 찬미한 것이었다고 한다면, 반나절 만에 완성하는 것이 불가능한 일은 아니다.

세월이 지나 사람들의 지식수준이 높아지게 되면, ≪이소(離騷)≫에 대한 분석의 칼날도 훨씬 날카로워질 수 있을 것이다. 그때를 기다려서 ≪이소(離騷)≫와 ≪이소부(離騷賦)≫의 관계도 보다 철저하게 파헤쳐질 수 있게 될 것이며, ≪이소(離騷)≫의 저자가 누구인지에 대해서도 확실하게 밝혀지게 될 것이다.

7. 수수께끼 같은 편작의 인생 편력

편작(扁鵲)[270]의 성(姓)은 진(秦)이고, 이름은 월인(越人)이다. 그는 의술(醫術)이 탁월하여, 마치 신의(神醫) '편작(扁鵲)'이 되살아난 것 같았다.[271] 이 때문에 사람들은 그를 편작(扁鵲)이라고 부르게 됐

---

270) 편작(扁鵲, ?~?): 기원전 6세기경 전국(戰國) 시대 초기 제(齊)나라 발해(勃海) 막(鄚) 사람. 생몰 연대는 미상하다.

271) 신의(神醫) '편작(扁鵲)'이 되살아난 것 같았다: 진월인(秦越人)의 의술은 매우 탁월하여 당시 사람들에게 거의 신으로 여겨졌다. 그리하여 당시 사람들은, 아주 오래 전 황제(黃帝) 시대에 의술이 신의 경지에 달했던 '편작(扁鵲)'이라는 전설적인 인물의 이름을 따서 그를 편작이라고 부르게 되었고, 이것이 진월인(秦越人)을 지칭하는 고유 호칭으로 굳어지게 된 것이라고 한다.

다고 한다. 편작(扁鵲)은 망진(望診)[272], 문진(聞診)[273], 문진(問診)[274], 절진(切診)[275]의 4진법(四診法)을 채용(採用)하고, 침(針), 돌, 다리미 등의 의료 기구를 배합하여 치료를 했는데, 손이 닿기만 하면 병이 나았다. 그리고 그는 내과, 부인과, 소아과, 이비인후과 등 각 방면의 의술에 정통하여 중국 고대 의학의 발전을 위해 막대한 공헌을 세움으로써, 후세 사람들로부터 '의학의 창시자'로 떠받들어지고 있다.

편작(扁鵲)의 의술에 대해서는, 예로부터 마치 신화(神話) 같은 이야기가 전해져 내려오고 있다.

전하는 바에 따르면, 편작(扁鵲)은 젊었을 적에 객점(客店)[276]을 운영했다. 그는 손님 접대가 아주 친절하고 주도면밀하여, 손님들로 하여금 마치 자기 집에 온 것처럼 편안하게 느끼게 한다. 그의 객점에 늘 찾아오는 단골손님 중에, 장상군(長桑君)이라는 선풍도골(仙風道骨)[277]의 노인이 하나 있었다. 10여 년 가까이 편작(扁鵲)을 겪어본 그는, 편작(扁鵲)이 영리하고 마음씨가 고우며, 세상을 구제하

---

272) 망진(望診): 시각을 이용한 진단법.
273) 문진(聞診): 청각을 이용한 진단법.
274) 문진(問診): 질문을 통한 진단법.
275) 절진(切診): 손의 촉각을 이용한 진단법.
276) 객점(客店): 규모가 작은 여관.
277) 선풍도골(仙風道骨): 신선의 풍채와 도인의 골격이라는 뜻으로, 뛰어나게 고상하고 우아한 풍채를 비유적으로 이르는 말.

고 어려운 사람들을 돕고자 하는 마음이 있음을 보고, 그에게 신비한 의약서(醫藥書) 한 권과 기이한 약을 건네준다. 그 약을 받아먹은 편작(扁鵲)은, 문득 육안을 통해서 인체의 장기(臟器) 기관(器官)을 투시할 수 있는 능력이 생기게 된다. 그는 장상군(長桑君)에게 감사의 마음을 전하고 싶었다. 그러나 문제의 노인은 쥐도 새도 모르게 자취를 감추고 만다. 이로부터 편작(扁鵲)은 의료 사업에 종사하게 된다. 그는 정확한 진찰을 토대로, 증상에 적합한 약을 처방한다. 그러자 그의 고명(高明)한 의술은, 순식간에 조(趙)나라와 제(齊)나라 등의 백성들에게 존경과 사랑을 받게 된다.

편작(扁鵲)은 이곳저곳을 돌아다니며 의료 사업을 펼친다. 그러다가 그가 진(晉)나라를 지나치게 되었을 때였다. 때마침 진(晉)나라의 대신(大臣)인 조간자(趙簡子)가 병이 나서, 닷새 밤 닷새 낮을 혼수상태에 빠져 자리에서 일어나지 못한다. 진맥을 한 편작(扁鵲)은 이렇게 말한다.

"조간자(趙簡子)의 혼백은, 지금 천상(天上) 세계에서 노닐고 있다.

그 옛날의 진목공(秦穆公)과 함께 천상 세계에서 몽유(夢遊)하고 있는데, 7일 동안의 혼수상태 증상과 매우 흡사하니, 앞으로 사흘이 안 되어 곧 깨어나게 될 것이다. 그가 깨어난 뒤에 하는 말을 잘 기억해 두라."

과연 이틀 반 만에 깨어난 조간자(趙簡子)는, 여러 대부(大夫)들에게 이렇게 말한다.

"그분은 천상 세계에 잘 계신다. 천제(天帝)께서 이렇게 말씀하셨다. 진(晉)나라는 점점 약해져서 7세(世) 때가 되면 멸망하고 진(秦)나라는 점점 강성해질 것이다…."

그러자 대부(大夫) 동안우(董安于)[278]는 후일의 증험을 위해 '천기(天機)'[279]를 얼른 기록으로 남긴다. 조간자(趙簡子)는 그 모든 일을 귀신같이 알아맞힌 편작(扁鵲)에게 감사의 뜻을 담아 후한 상을 내린다.

편작(扁鵲)이 괵(虢)나라[280]에 갔을 때의 일이다. 괵(虢)의 태자가 막 사망했다는 말을 들은 편작(扁鵲)은, 태자가 앓았던 병의 증상을 묻는다. 그리고 태자가 혼절(昏絶)한 사실을 알아챈 그는, 제때에 치료하면 살릴 수 있다고 생각한다. 그는 급히 괵(虢)나라의 왕을 찾아간다. 그리고 자신이 태자의 목숨을 살리겠다고 말한다. 백발의 몸으로 젊은 아들을 저세상으로 보내야 하는 참사(慘事)를 만난

---

278) **동안우(董安于, ?~BC 496)**: 동알우(董閼于)라고도 한다. 춘추시대 말기 晉나라 사람으로 조간자(趙簡子)의 심복 가신(家臣)이다.

279) **천기(天機)**: 만물을 주관하는 하늘이나 대자연의 비밀. 또는 신비

280) **괵(虢)나라**: 주대(周代) 제후국의 하나. 서괵(西虢)은 지금의 섬서(陝西)성 보계(寶鷄) 동쪽에 있다가 후에 하남(河南)성 섬(陝)현 동남쪽으로 천도하였고, 동괵(東虢)은 지금의 하남(河南)성 형양(滎陽)에 있었다.

괵(虢)나라의 왕은, 그 당시 말로는 형용키 어려운 비탄에 빠져 있는 중이었다. 그런데 느닷없이 태자를 살릴 수 있다는 말을 듣게 되자, 마치 자기 자신이 죽었다가 다시 살아난 느낌이 들게 된다. 편작(扁鵲)은 태자의 병증(病症)을 면밀히 살핀 뒤, 정황을 살펴 침구(鍼灸)[281]와 약위(藥熨)[282]와 탕제(湯劑)[283]를 배합하여 치료한다. 그러자 20일 뒤, 태자는 원기를 다시 회복하게 된다. 그로부터 편작(扁鵲)의 기사회생(起死回生)의 의술(醫術)은, 괵(虢)나라에 널리 알려지게 된다. 돌아오는 길에도 그는 수많은 사람들의 병을 고쳐준다.

편작(扁鵲)이 제(齊)나라에 도착하자, 제(齊)나라의 환후(桓侯)가 그를 뜨겁게 환영한다. 편작(扁鵲)은 의원(醫員)이었는지라 본능적으로 환후(桓侯)의 얼굴색을 살핀다. 그리고 그의 얼굴에서 어렴풋한 병의 징후를 관찰하고 그것을 환후(桓侯)에게 말해준다. 제환후(齊桓侯)[284]는 그가 일부러 겁을 주는 걸로 생각하면서 아무 대꾸도 하지 않는다. 그 뒤, 편작(扁鵲)은 책임의식이 느껴져 다시 한 번 그를 방문한다. 그리고 그의 병이 피부를 거쳐 혈맥(血脈)과 소화 기관(消化器官)으로 점점 번져가는 것을 발견하고는, 있는 그대로의

---

281) **침구(鍼灸)**: 침과 뜸을 아울러 이르는 말.
282) **약위(藥熨)**: 고약처럼, 가열된 약물을 환자의 특정 부위에 놓고 열로 쐬거나 문질러서 치료하는 방법.
283) **탕제(湯劑)**: 달인 후 짜서 먹는 한약.
284) **제환후(齊桓侯)**: 미상.

실상(實狀)을 얘기해준다. 편작(扁鵲)이 속임수를 써서 남의 재물이나 우려먹어볼 양으로 그렇게 하는 줄로만 생각한 제환후(齊桓侯)는, 한층 더 반감(反感)이 생겨 이제는 아예 그를 거들떠보려고도 하지 않는다. 편작(扁鵲)이 마지막으로 제환후(齊桓侯)를 만났을 때, 제환후(齊桓侯)의 병은 이미 더 이상 치료할 수 없을 지경에까지 다다라 있었다. 이를 본 편작(扁鵲)은 몸을 돌려 그만 도망치고 만다. 환후(桓侯)는 사람을 시켜 그를 뒤쫓아가 그 까닭을 묻게 한다. 그러자 편작(扁鵲)은 이렇게 말한다.

"제환후(齊桓侯)의 병이 골수에까지 다다라서 이젠 더 이상 고칠 수 있는 약이 없습니다. 이런 까닭에 의원(醫員)의 몸으로 그의 병을 고칠 수 없다는 사실이 너무도 견디기 어려워서, 그의 곁에서 멀리 떠나고자 한 것입니다."

그로부터 닷새 후, 제환후(齊桓侯)는 병이 나게 되고 머지않아 죽음을 맞이한다. 질병과 의원(醫員)을 꺼리고 멀리하고자 했던 제환후(齊桓侯)의 사고방식이, 그의 단명(短命)을 재촉하게 된 것이다. 이로 인해 사람들은 편작(扁鵲)의 뛰어난 의술(醫術)에 더욱더 큰 경탄을 보내게 된다.

편작(扁鵲)은 평생에 걸친 의료 활동을 통해, 수많은 사람들을 구하고 수많은 선행을 행한다. 그러나 그는, 의술이 뛰어나다는 사실 바로 그것 때문에, 같은 일에 종사하는 사람들로부터 심한 질투를 받는다. 그리하여 마침내 진(秦)나라의 어의(御醫)인 이혜(李醯)가 보낸 사람에게 암살을 당하고 만다.

편작(扁鵲)의 뛰어난 의술은 천고(千古)에 널리 칭송되었으나, 그의 신상에 대해서만큼은 거의 알려진 것이 없다. 그리하여 역사학자들조차도 그 문제를 쉽게 풀어내지 못하고 있는 실정이다.

역사서에 등장하는 편작(扁鵲) 관련의 기록들은, 상호 모순되고 맹점이 많아서 후세 사람들로 하여금 의문을 금치 못하게 하고 있다. ≪한비자(韓非子)·유로(喩老)≫의 기록에 따르면, 편작(扁鵲)이 채환후(蔡桓侯)를 진맥한 시기는, 주(周)나라 환왕(桓王) 6년(기원전 714년)이다. 그리고 ≪전국책(戰國策)·진책(秦策)≫의 기록에 따르면, 편작(扁鵲)이 진(秦)나라 무왕(武王)을 진맥한 시기는, 주(周)나라 난왕(赧王)[285] 5년(기원전 310년)이다. 이 두 시기 사이의 시간 간격은 전후 400년에 걸쳐 있어, 편작(扁鵲)의 출생 시기에 대한 의문을 자아내고 있다. 그리고 ≪사기(史記)≫의 기록에 따르면, 조간자(趙簡子)가 국정을 맡은 것은 기원전 519년이고, 제(齊)나라 환후(桓侯)의 재위(在位)는 기원전 384년에 시작된다. 이 두 사람 사이에는 130여 년의 시간적 간격이 있다. 그렇다면 편작(扁鵲)은 시간적 간격이

---

285) 난왕(赧王, ?~BC 256): 후주(後周)의 25대 왕이자 마지막 국왕이다. 성은 희(姬)이고 이름은 연(延)이다. 주(周) 신정왕(慎靚王)의 아들로, 기원전 314년부터 기원전 255년까지 59년 동안 재위하였다.

큰 이 두 사람 사이를 오가면서 과연 병을 봐주고 진단을 할 수 있었을까? 이러한 사실은, 우리로 하여금 편작(扁鵲)이 과연 어느 시대의 사람인지를 판단하기 어렵게 만들고 있다. 그리고 ≪사기(史記)≫에 보면, 편작(扁鵲)은 '발해군 정인(渤海郡鄭人, 발해군 정땅 사람)'이라고 되어 있다. 그러나 고대 발해군(渤海郡)에는 '막주(鄚州)'만이 있었을 뿐, '정(鄭)'이라는 땅 이름은 없다. 따라서 편작(扁鵲)의 출생지 또한 오리무중(五里霧中)이라고 할 수 있다.

학자들은 서로 의견이 팽팽히 맞선 채, 일치된 결론을 내리지 못하고 있다. 후한(後漢) 때의 응소(應劭)는, ≪한서(漢書)·예문지(藝文志)≫에 '태시황제편작유부방(泰始黃帝扁鵲兪拊方)'이 실려 있음을 근거로, 편작(扁鵲)은 황제(黃帝) 때의 의원(醫員)이었다고 설명한다. 그런가 하면, 진(晉)나라 때 학자는, 편작(扁鵲)은 춘추시대 중기의 의원(醫員)이라고 주장한다. 그러나 청(淸)나라 때 학자의 고증에 의하면, 편작(扁鵲)은 전국시대 때의 인물임에 틀림없다. 현대인들은 대략적으로 편작(扁鵲)은 춘추전국시대 때 사람이라고만 알고 있지만, 대다수의 학자들은 그가 전국시대 말기의 사람이라고 생각하고 있다.

편작(扁鵲)의 고향에 대해서, 혹자는, 마땅히 발해(渤海) 막주(鄚州)라고 봄이 옳다고 하면서, 사마천(司馬遷)이 '막(鄚)'이란 글자를 '정(鄭)'이란 글자로 잘못 쓴 것이라고 본다. 그러면서 편작(扁鵲)의 고향은 오늘날의 하북성(河北省) 임구현(任丘縣) 막주진(鄭州鎭)이라고 주장한다. 또 어떤 사람들은, '정주(鄭州)'가 맞다고 하면서, 그곳이 오늘날의 하남성(河南省) 정주(鄭州) 일대라고 주장한다. 그런가 하면, 어떤 사람들은 제(齊)나라의 노(盧) 땅, 즉 오늘날의 산동성(山東省) 장청현(長淸縣)이 그곳이라고도 한다.

편작(扁鵲)은 그 신비하고 정묘한 의술만큼이나 그의 생애 또한 신비스럽기 짝이 없는 인물이었으니, 그는 참으로 수수께끼 같은 인물이라고 하겠다.

스차공손의 한비자 쩍우하러스

8. 한비자 죽음의 비밀

한비(韓非)[286]는 중국 전국시대 때의 사상가(思想家)이자 산문가(散文家)다. 그의 스승은 순자(荀子)[287]고, 승상(丞相) 이사(李斯)[288]와

---

286) **한비(韓非, BC 281년~BC 233년)**: 세칭(世稱) '한자(韓子)' 혹은 '한비자(韓非子)'라고도 한다. 한비(韓非)는 중국 전국시대 호남성(湖南省) 서쪽에 위치했던 한(韓)나라의 왕족출신이었다. 전국시대 한나라는 패권을 다투던 전국칠웅(戰國七雄) 중에서 가장 작고 힘이 약한 나라였다. 젊은 시절에는 훗날 진(秦)나라의 책사가 된 이사(李斯)와 함께 성악설(性惡說)을 주창한 순자(荀子)의 문하에서 학문을 배워 뒷날 법가(法家)의 사상을 집대성하였다.

287) **순자(荀子, BC 298년?~BC 238년?)**: 중국 전국 시대, 조(趙)나라의 사상가. 이름은 황(況)이다. 예의를 가치 기준으로 인간의 성질을 교정할 것을 주장하고, 맹자의 성선설(性善說)에 대하여 성악설(性惡說)을 주장하였다. 그의 사상은 차후 법가사상으로 이어졌다. 한비자(韓非子 : BC 280년?~BC 233년)와 이사(李斯 : BC 280년?~208년) 같은 법가 사상가들은, 모두 그의 사상을 이어받은 대표적인 제자들이다.

288) **이사(李斯, ?~BC 208년)**: 초나라 상채(上蔡, 지금의 하남성 상채 서남) 사람으로, 진시황(秦始皇)이 6국을 통일하는 데 모략과 정책을 제시하여 진 제국의 건립과 중국의 대통일에 큰 공을 세웠다. 그러나 그의 인품은 바르지 못했다. 그는 명리를 좇았고, 이익 앞에서 의리를

는 동창(同窓)이었다. 그는 순자(荀子)의 법가 사상(法家思想)을 계승하고 발전시키고, 법가 사상의 선배격인 이회(李悝)[289], 오기(吳起)[290] 등의 학설을 받아들여서 법가 사상을 집대성한 인물이다. 한비(韓非)는 유가(儒家)의 '예치(禮治)'에 반대하면서 '법치(法治)'를 주장한다. 그는 '법(法)'과 '술(術)'과 '세(勢)'를 함께 사용하여 법(法)으로 나라를 다스릴 것을 제안한다. 한비(韓非)가 주장한 봉건 군주(封建君主) 전제 이론(專制理論)은, 중국의 이천여 년의 봉건 통치 사회에다 매우 심대한 영향을 끼친 바 있다. 진(秦)나라 왕은 그의 책에 드러난 그의 사상과 언술(言術)을 보고 급히 그를 얻고자 한다. 그러나 한비(韓非)는 진(秦)나라에 가서 중용(重用)도 되지 못한 채, 그만 그곳에서 죽고 만다. 그의 사인(死因)은 대체 무엇이었을까?

≪사기(史記)·한비자열전(韓非子列傳)≫에 기록된 바에 따르면, 한비(韓非)는 한(韓)나라 귀족 가문의 출신이었다. 그는 순자(荀子)

잊었다. 진시황(秦始皇)이 죽은 뒤 조고(趙高)에게 매수되어 진(秦) 2세황제 호해(胡亥)를 위해 옳지 못한 일을 저질렀으며, 끝내는 조고의 모함에 빠져 자신의 몸을 망치고 말았다.

289) 이회(李悝, BC 455년?~BC 402년) : 전국 시대 위(魏)나라 사람. 법가의 대표적인 인물이다. 위문후(魏文侯) 때 재상이 되어 여러 가지 정책으로 국가를 부흥시켰으며, 법전인 ≪법경(法經)≫을 완성했다.

290) 오기(吳起, BC 440년~BC 381년) : 춘추전국시대 손무와 병칭되는 병법가로 ≪오자(吳子)≫라는 병법서를 남겼다. 위(衛)나라 사람이며, 증자(曾子)에게 배우고 노군(魯君)을 섬겼다. 그는 일찍이 노(魯)·위(魏)·초(楚)에서 벼슬하면서 많은 공을 세우고 남다른 업적을 남겼다. 제나라가 노나라를 침공했을 때, 제나라 여자를 아내로 두고 있었던 오기(吳起)가, 노나라 사람들의 의혹의 눈길을 두려워해, 아내를 죽여서 충성을 나타내보인 사적은 아주 유명하다.

를 스승으로 모셨고 박학다재(博學多才)했다. 그리고 이사(李斯)와
는 동학(同學)이었다. 한(韓)나라가 쇠약해짐을 본 한비(韓非)는, 한
(韓)나라 왕에게 법과 제도를 바꿔 강성해지기를 꾀해야 한다고 여
러 차례 직간(直諫)한다. 그러나 그는 한(韓)나라에서 중용되지 못
하고 만다. 한비(韓非)는 마음을 다잡고 10만 글자에 달하는 책을 써
서, 그 안에다 자신의 법치(法治)의 주장을 상세하게 진술한다. 그는
날카로운 필치와 정연한 논리와 뛰어난 재능을 이용해서, 자신의
책 속에다 수준 높은 정치적, 철학적, 문학적인 성취들을 담아낸다.

　한비(韓非)의 저술은 진(秦)나라에까지 알려지게 되고, 그 책을
본 진왕(秦王)[291]은 손으로 무릎을 치며 탄복하면서 감격한 목소리
로 이렇게 말한다.

　　"과인(寡人)이 이 사람을 만나서 함께 노닐 수만 있다면, 정말 죽어
　도 여한이 없겠다!"

　곁에 있던 이사(李斯)가, 그 사람은 자신의 동학(同學)인 한비(韓
非)라고 말한다. 그러자 진왕(秦王)은 한(韓)나라를 공격해서 한비(韓
非)를 요구하라고 명령한다. 위기에 처한 한(韓)나라는, 한비(韓
非)를 진(秦)나라에 사신(使臣)으로 보낸다. 한비(韓非)를 만나보니,
한비(韓非)는 비록 말은 잘하지 못하지만, 깊은 사상을 지니고 있었

---

291) 진왕(秦王): 여기에서 진왕(秦王)이란 훗날의 진시황(秦始皇)을 말한다.

다. 진왕(秦王)은 한비(韓非)와 이야기를 나누면서, 그를 늦게 만난 것을 한(恨)스러워한다. 그러자 승상(丞相) 이사(李斯)는 한비(韓非)에 대해서 경계심을 품기 시작한다. 그리하여 이사(李斯)는 진왕(秦王)에게 이렇게 아뢴다.

> "한비(韓非)는 한(韓)나라의 왕자(王子)입니다. 그러니 진정으로 진(秦)나라를 도와 6국(六國)[292]을 병탄하는 일에 전심전력을 다할 수 있겠습니까? 만약에 진(秦)나라에 충성을 다하지 못할 것 같으면, 추후에 자기 나라로 돌아간 뒤 반드시 진(秦)나라의 우환이 될 것이니, 그의 과실(過失)을 찾아내어 일찌감치 제거해버림만 같지 못할 듯합니다."

진왕(秦王)이 한비(韓非)의 죄상(罪狀)을 조사하게 하자, 이사(李斯)는 사람을 시켜 독약을 보내서 스스로 목숨을 끊게 한다. 한비(韓非)는 억울함을 호소하고 싶었지만, 관리(官吏)는 그에게 그런 기회조차 주지 않는다. 한비(韓非)는 그만 한을 품은 채 죽고 만다. 진왕(秦王)은 안타깝기 짝이 없었지만, 더 이상 후회해도 아무런 소용이 없었다. 이렇게 한비(韓非)는 이사(李斯)의 질투와 모함 속에서 죽어간다.

그러나 ≪전국책(戰國策)≫의 기록에 따르면, 한비(韓非)가 그렇

---

292) 6국(六國): 전국시대에 진(秦)나라와 패권을 다투던, 여섯 강국(强國). 즉 제(齊), 초(楚), 연(燕), 위(魏), 한(韓), 조(趙)나라를 이른다.

게 죽어간 것은, 자기가 저지른 죄악의 대가를 치른 것이라고 한다. 당초에 초(楚)나라, 연(燕)나라, 조(趙)나라, 위(魏)나라 등 4개국은, 서로 연합해서 진(秦)나라에 대항하려고 한다. 그러자 요가(姚賈)[293]가 네 나라에 사신으로 가서, 큰 뇌물을 써서 네 나라의 계획이 수포가 되게 만든다. 공을 세우고 돌아온 요가(姚賈)는, 진시황으로부터 큰 상을 받는다. 그러자 한비(韓非)는 요가(姚賈)가 나랏돈으로 사사롭게 사람들을 사귀고 돌아다녔다고 하면서, 성문(城門) 문지기의 아들로 태어난 경력, 양(梁)나라에서 도둑질을 한 경력, 조(趙)나라에서 쫓겨난 경력 등, 그의 지난날의 나쁜 소행들을 샅샅이 들추어낸다. 그러자 요가(姚賈)는 진왕(秦王) 앞에서 하나하나 논박을 한다.

"네 나라에다가 재물을 뿌려 뇌물을 준 것은, 처음부터 진(秦)나라의 이익을 추구할 목적으로 그랬을 뿐이다. 만약에 사사롭게 사람들을 사귈 목적으로 그랬다면, 무엇 때문에 진(秦)나라로 다시 돌아왔겠는가? 비록 내가 출신이 낮고 비천해서 세상의 평판은 좋지 않지만, 임금에 대한 충성심만큼은 그 누구 못지않다. 그 누구처럼, 실속 없이 말만 앞세우고 공연히 남의 흠집이나 들춰내서 이리저리 시비나 걸고다니는 사람들과는 근본적으로 다르다."

---

293) 요가(姚賈): 전국시대 위(魏)나라 사람. 생몰 연대는 미상. 미천한 집안 출신으로 그 부친은 성문을 지키는 문지기였다. 조(趙)나라에서 왕명으로 4국 연합군을 만들어 진(秦)나라를 공격하는 일에 실패하고 조(趙)나라에서 쫓겨났으나, 진시황의 우대를 받고 4국 연합군을 무력화시키는 데 큰 공을 세워 진시황의 신임을 얻어 상경(上卿)의 지위에 다달았다.

요가(姚賈)의 말에 일리가 있다고 생각한 진왕(秦王)은, 요가(姚賈)를 더욱더 신임하게 되어 한비(韓非)를 죽이게 된다. 이렇게 본다면, 한비(韓非)가 죽임을 당한 것은, 다른 사람을 모해(謀害)하려다가 그렇게 된 것이다.

후세 사람들은 한비(韓非)를 살해한 것은 진왕(秦王)의 생각에서 나온 것이므로, 진왕(秦王)이야말로 바로 그 원흉(元兇)이라고 하기도 한다. 이사(李斯)나 요가(姚賈)가 무슨 말을 했든지 간에, 그 결정권은 진왕(秦王) 자신에게 있는 것이다. 진왕(秦王)은 한비(韓非)의 이론과 학설이 마음에 들었다. 그러나 한편으론, 한(韓)나라 왕자(王子)에 대한 견제 심리 또한 끝내 지우기 어려웠다. 한비(韓非)가 행여라도 몰래 한(韓)나라를 도와줄까 봐 겁이 났던 것이다. 그래서 그는 그를 중용(重用)하지 않는다. 만약에 한비(韓非)를 풀어주게 되면, 그것은 한(韓)나라가 진(秦)나라에 대항하는 걸 도와주는 꼴이 된다. 그러나, 만약에 한비(韓非)를 없애버릴 것 같으면, 그의 학설도 여전히 쓸 수 있을 뿐만 아니라, 덤으로 진(秦)나라의 큰 우환까지도 제거해버릴 수가 있게 된다. 진왕(秦王)이 바보가 아닌 이상, 후자(後者)를 선택해서 행동하리라는 것은, 누구나 짐작할 수 있는 일이다. 잔인무도한 진왕(秦王)은, 이런 이유로 한비(韓非)를 죽였을 것이다.

그런가 하면, 후세의 학자들은 한비(韓非)의 죽음은, 진(秦)나라와 한(韓)나라의 정치 투쟁과 깊이 관련되어 있다고 보기도 한다.

야심만만했던 진(秦)나라는, 호시탐탐 한(韓)나라를 병탄(倂呑)할 기회만 노린다. 그러자 한(韓)나라는, 진(秦)나라의 국력을 약화시키려는 '약진(弱秦)'의 전략을 구사한다. 한(韓)나라는 정(鄭)나라에 수리(水利) 사업의 전문가를 파견해서, 진(秦)나라의 수로(水路) 사업을 도와주게 한다. 수리(水利) 사업을 크게 일으키게 함으로써, 진(秦)나라의 국력을 소모시키려는 전략이었다. 그러나 뜻하지 않게, 진(秦)나라의 농업이 이 사업으로 말미암아 큰 도움을 받게 된다. 결국 한(韓)나라는, 진(秦)나라의 생산력 발전을 도와준 꼴이 되고 만다. 그러자 한(韓)나라는, 한비(韓非)를 진(秦)나라에 사신으로 보낸다. 그리고 그 목적은, 한(韓)나라를 안전하게 지키려는 데 있었다. 한비(韓非)는 이러한 사명(使命)을 완수키 위해, 한(韓)을 공격하려는 이사(李斯)의 전략을 봉쇄하고, 한(韓)나라에서 간첩활동을 한 요가(姚賈)의 행위를 비방한다. 이사(李斯), 요가(姚賈)와 한비(韓非)의 충돌은, 개인적인 은원(恩怨) 관계 때문이었다기보다는, 진(秦)나라와 한(韓)나라의 정치 투쟁의 필연적 소산이었던 것이다. 한비(韓非)는, 사실인즉 '존한(存韓, 한나라의 보존)'을 위해서 죽은 것이다.

한비(韓非)는 대체 왜 죽은 것일까? 이사(李斯)와 요가(姚賈)와 진왕(秦王)의 틈바구니 속에서 죽은 것일까, 아니면 '존한(存韓)'을 위해서 죽은 것일까? 그것도 아니라면 또 다른 어떤 이유가 있었던 것일까? 정말 알 수 없는 일이다.

-스타옹스야키 맹자 짜루브라지스-

9. 맹자는 언제부터 '아성'으로 불리웠나?

공자(孔子) 제자(弟子)의 문하생을 스승으로 삼았던 맹자(孟子)[294]는 전국시대 중기에 활약한 유학(儒學)의 대가(大家)다. 맹자(孟子)는 공자(孔子)의 수구(守舊) 사상을 계승하여 복고(復古) 주의를 부르짖는 한편, 변법(變法)에 반대하여 계급 질서를 옹호하자는 주장을 펼친다. 그런가 하면 그는, '인정(仁政)' 학설[295]과 성선설(性善說) 등의 유교적(儒敎的) 견해를 피력함으로써, 수천 년에 걸친 중

---

294) **맹자(孟子, BC 372년~BC 289년)**: 중국 전국 시대의 철인(哲人). 이름은 가(軻), 자는 자여(子與), 자거(子車)이다. 공자(孔子)의 인(仁) 사상을 발전시켜, 성선설(性善說)을 주장하였다. 유학의 정통으로 숭앙되며, 아성(亞聖)이라 불린다.

295) **'인정(仁政)' 학설**: 맹자(孟子)가 공자(孔子)의 '인학(仁學) 사상'을 확충, 발전시켜 만든 포괄적인 사상으로, 인정(仁政)의 기본정신은 '백성들에 대한 따뜻한 동정심과 사랑의 마음'이라고 할 수 있다.

국 봉건 통치의 역사상에서 매우 중요한 지위를 점하고 있다. 후세 사람들은 맹자(孟子)를 '아성(亞聖)'이라고 부른다. 그렇다면 후세 사람들은, 그를 왜 그렇게 높이 평가하게 된 것일까?

맹자(孟子)는 자(字)를 자여(子輿)라고 했는데, 추(鄒)²⁹⁶⁾나라 사람으로, 노(魯)나라 맹손씨(孟孫氏)의 후예다. 그의 스승은 공자(孔子)의 제자인 자사(子思)²⁹⁷⁾의 재전 제자(再傳 弟子)²⁹⁸⁾였는지라, 맹자(孟子)의 사상은 자연히 공자(孔子)의 학설과 통하고 있었다. 그는 그것을 널리 전파하려고 노력한다. 그는 우선 제(齊)나라 위왕(威王)²⁹⁹⁾을 찾아가 유세한다. 그러나 위왕(威王)은 그를 쓰지 않는다. 그러자 그는 다시 양(梁)나라로 발길을 돌린다. 그러나 양(梁) 혜왕(惠王)³⁰⁰⁾

---

296) 추(鄒): 춘추전국시대에 있었던 소국(小國)으로, 후에 노(魯)나라에 합병되었다는 설과 초(楚)나라에 합병되었다는 설 등, 두 가지 설이 존재하지만 정확하지 않다.

297) 자사(子思, BC 483년~BC 402년): 중국 전국 시대 노(魯)나라의 유학자. 공자(孔子)의 손자, 즉 리(鯉)의 아들로서 이름은 급(伋)이며, 저서로는 ≪중용(中庸)≫이 있다. 자사(子思)는 공자(孔子)의 고족제자(高足弟子)인 증삼(曾參)에게서 가르침을 받았다. 그리하여 공자(孔子)의 사상과 학설은 증삼(曾參)에게서 자사(子思)에게로 전해지며, 다시금 자사(子思)의 문인(門人)에게서 맹자(孟子)에게로 재전(再傳)된다. 후세 사람들은 자사(子思)와 맹자(孟子)를 '사맹학파(思孟學派)'로 병칭(竝稱)한다. 이는 자사(子思)가 위로는 증삼(曾參)을 계승하고 아래로는 맹자(孟子)를 계도(啓導)함으로써 공맹(孔孟)의 도통(道統) 전승(傳承)에 있어서 중요한 지위를 점하기 때문이다.

298) 재전 제자(再傳 弟子): 제자의 제자.

299) 위왕(威王, BC 378년~BC 320년): 전국시대 때의 제(齊)나라 4번째 군주. 성은 전(田) 씨고 이름은 인제(因齊). 제(齊)나라 환공(桓公) 전오(田午)의 아들이다.

300) 위 혜왕(魏惠王, BC 400년~BC 319년): 중국 전국시대 위나라(魏)의 제3대 군주(재위 : BC 369년~BC 319년)이다. 또는 혜성왕(惠成王)으로 불리기도 한다. 맹자(孟子)에서는 양혜왕(梁惠王)으로 기록되었고, 장자(莊子)에는 문혜군(文惠君)으로 기록되어 있다. 성은 희(姬), 씨는 위(魏). 이름은 앵(罃)이다. 기원전 341년, 마릉 전투에서 위(魏)나라 군(軍)은 제(齊)나라 군

또한, 그 복잡하고 고원(高遠)한 사상이 현실에 맞지 않는다고 생각하여 그를 쓰지 않는다. 그도 그럴 것이, 맹자(孟子)가 활동하던 전국시대(戰國時代) 중기(中期)는, 각 나라들이 경쟁적으로 법가(法家)의 인재들을 이용해서, 부국강병(富國强兵)에 힘쓰고 전쟁을 통해 먹고 먹히기를 일삼던 전란(戰亂)의 시기였기 때문이다. 각 나라들은 저마다, 무력으로 패권을 잡아 최고의 지위에 오르기 위해, 군사 실력을 키우는 데 혈안이 되어 있었다. 그리하여 진(秦)나라는 상앙(商鞅)³⁰¹⁾을 기용하여 넉넉한 국부(國富)를 누렸고, 초(楚)나라와 위(魏)나라는 오기(吳起)를 기용하여 약적(弱敵)들과 싸워서 이겼으며, 제(齊)나라는 손자(孫子)와 전기(田忌)³⁰²⁾를 기용하여 국세(國勢)를 크게 키워나가고 있었다. 사정이 이러하였는지라, '요순(堯舜) 시절

(軍)에 대패하고, 진(秦)나라는 그 틈을 이용하여 위(魏)나라를 침공한다. 이 전쟁의 여파로 위(魏)는 도읍을 안읍(安邑)에서 동쪽인 대량(大梁)으로 천도하게 되는데, 그로부터 위(魏)는 대량(大梁)이라고도 불리게 된다.

301) 상앙(商鞅, BC ?~BC 338): 중국 진(秦)나라의 정치가. 위(衛)나라 공족 출신이라 위앙(衛鞅) 또는 공손앙(公孫鞅)이라고도 불린다. 후에 상(商)이란 땅을 봉지로 받았으므로 상앙 혹은 상군(商君)이라 부르게 되었다. 효공(孝公) 밑에서 법제, 전제(田制), 세제 따위를 크게 개혁하여 진(秦) 제국 성립의 기틀을 마련하였다. 효공 22년(BC 340) 상(商)에 봉함을 받았다.

302) 전기(田忌, BC ?~BC ?): 전기(田期) 또는 진기(陳忌), 전기사(田期思)로도 쓴다. 전국 시대 제(齊)나라 사람. 제나라의 공족(公族)으로 서주(徐州)를 봉해 받아 서주자기(徐州子期)로도 불린다. 위왕(威王) 때 장수가 되어 일찍이 손빈(孫臏)을 제나라 왕에게 추천했다. 위왕 4년 위(魏)나라의 장수 방연(龐涓)이 조(趙)나라의 수도 한단(邯鄲)을 포위하자 병사를 이끌고 위나라를 포위해서 조나라를 구하라는 손빈의 계책에 따라 방연이 급히 철군하도록 한 뒤 계릉(桂陵)에서 위나라 군대를 대패시키고 방연을 사로잡았다. 나중에 전분(田盼), 전영(田嬰)과 함께 마릉(馬陵)에서 위나라 군대를 격파했다. 추기(鄒忌)와 알력이 생겨 초(楚)나라로 달아났다. 제선왕(齊宣王)이 즉위하자 다시 장수로 임명했다.

과 하(夏), 은(殷), 주(周) 삼대(三代)의, 인정(仁政)과 덕치(德治)를 숭
상하는 정치를 해야 한다'는 맹자(孟子)의 주장은, 현실 감각이 매우
떨어지는 것이 아닐 수 없었다. 그러니 이와 같은 그의 주장이, 제후
들에게 먹혀들어갈 리 만무했다. 만년(晩年)에 맹자(孟子)는, 고향인
추(鄒)나라로 돌아와 제자들을 가르치면서 ≪맹자(孟子)≫를 집필
한다. 그는 책 속에다 자신의 주장을 펼쳐낸다. 공자(孔子)의 사상을
계승한 맹자(孟子)는, 변법(變法)[303]에 반대하고 경전(耕戰)[304]을 비난
한다. 그는 선왕(先王)[305]의 제도를 따르라고 주장하면서, 세관세록
(世官世祿)[306] 및 '마음을 수고롭게 하는 자가 다른 사람을 다스리는'
계급 질서[307]를 옹호한다. 그런가 하면 그는 계급적 모순의 완화에

---

303) **변법(變法)**: 국가의 법령이나 제도를 크게 고치는 일로서 일종의 개혁운동을 말한다. 전
국시대의 대표적인 변법(變法)으로는, 위(魏)나라의 이리(李悝) 변법, 초(楚)나라의 오기(吳
起) 변법, 한(韓)나라의 신불해(申不害) 변법, 진(秦)나라의 상앙(商鞅) 변법 등이 유명하다.

304) **경전(耕戰)**: 경(耕)은 농경(農耕)을 말하고 전(戰)은 전쟁을 말한다. 일종의 병농합일(兵農合
一)의 제도로서 국민개병(國民皆兵)의 개념이다. 즉, 국가의 경제 주체인 농민들이 유사
시에는 군인이 되어 전쟁터에 나가도록 한 제도를 의미한다. 전국시대 때 법가(法家) 사상
가들에 의해서 창도되었다.

305) **선왕(先王)**: 고대의 성명(聖明)한 군주들, 즉 요순(堯舜)과 하(夏)나라의 우(禹), 은(殷)나라의
탕(湯), 그리고 주(周)나라의 문왕(文王)과 무왕(武王) 등을 일컫는다.

306) **세관세록(世官世祿)**: 세관(世官)은 대대로 관직(官職)을 세습하는 일을 말하고, 세록(世祿)
은 수조지(收租地)를 세습하는 일을 말한다.

307) **'마음을 수고롭게 하는 자가 다른 사람을 다스리는' 계급 질서**: ≪맹자(孟子)≫ 滕文公章句上
에 나오는 말로, 원문은, "마음을 수고롭게 하는 자는 남을 다스리고, 몸을 수고롭게 하는
자는 남에게 다스림을 받는다(勞心者治人 勞力者治于人)"이다. 원래는 ≪좌전(左傳)·襄公九年
≫ 조에 나오는, '君子勞心 小人勞力 先王之制也(군자는 마음을 수고롭게 하고 소인은 몸을 수고롭게
하는 것이 선왕의 제도다)'라는 구절에서 유래한 말이다. ≪좌전(左傳)≫에서는 단순히 사람을
크게 정신 노동자와 신체 노동자로 구분한 뒤, 그 사회적 역할과 차이를 지적하는 데에

목적을 둔, '인정(仁政)' 학설을 내세우기도 한다. 그의 주장인즉슨, "가장 소중한 것이 백성이고, 그다음으로 소중한 것이 사직(社稷)[308]이며, 임금은 가장 가벼우므로(民爲貴 社稷次之 君爲輕)[309] '인정(仁政)'을 베풀어야 한다"는 것이다. 심지어는 군주(君主)의 자리를 현인(賢人)에게 양도해야 한다는, '상현(尙賢, 어진 사람을 존경함)'의 학설(學說)을 내세우기까지 한다. 맹자(孟子)는 '백성들의 항산(恒産)[310]을 (법으로) 규정(制民恒産)'해서, 농사짓는 시기를 그르치게 하지 말고, 형벌과 세금을 덜어주자고 호소한다. 그리고 철학상으로는, '성선설(性善說)'을 표방하면서, 사람은 착한 본성을 타고났기 때문에 교육의 목적을 양지(良知)[311]의 계발(啓發)에 두어야 한다고 주장한다. 맹자(孟子)는, 공자(孔子)의 '인애(仁愛)와 예치(禮治)'를 계승하여, 유가(儒家) 사상을 발전시키고 유가(儒家) 사상을 완벽한 사상으로 만든, 유가 사상의 두 번째 위인(偉人)이라고 할 수 있다. 그와 공자(孔子)의 주장은 '공맹(孔孟)의 도(道)'라는 존칭을 받으면서, 역대 왕

그치고 있지만, ≪맹자(孟子)≫에서는 거기에서 한 걸음 더 나아가 정신 노동자와 신체 노동자의 관계를 사회적인 지배계층과 피지배계층의 계급 질서에로까지 확장, 발전시키고 있는 점에 그 큰 특징이 있다고 하겠다.

308) 사직(社稷): '社'는 토지의 신이고 '稷'은 곡식의 신을 일컫는다. 고대 중국의 제왕이나 제후들은 건국을 할 때 모두 맨먼저 단(壇)을 세우고 '社'와 '稷'에 제사를 지냈다. 이러한 까닭으로 '社稷'이란 말은 국가의 대칭(代稱)으로 쓰이게 되었다.

309) '民爲貴 社稷次之 君爲輕: ≪맹자(孟子)≫ 진심하(盡心下)에 나온다. 임금과 국가는 갈아치울 수 있지만 백성은 갈아치울 수 없으므로 백성이 가장 귀하다는 취지의 글이다.

310) 항산(恒産): 살아갈 수 있는 일정한 재산과 생계수단.

311) 양지(良知): 인간이 태어날 때부터 지니고 있는 본성으로서의 양심(良心).

조의 통치 계급의 정신적인 무기이자 통치 철학이 되어 기천 년 동안 존숭되었다.

　그렇다면, 맹자(孟子)는 대체 언제부터 '아성(亞聖)'이란 존칭을 받게 되었을까?

　대다수의 사람들은, 한(漢) 무제(武帝)가 "백가(百家) 사상을 배척하고 오직 유술(儒術)만을 존중했다"고 했을 때의 '유술(儒術)'이란, 곧 '공맹(孔孟)의 도(道)'를 말하는 것이므로, 바로 그때로부터 맹자(孟子)가 높이 숭배되기 시작했을 거라고 생각하기 쉽다. 그러나 사실은 그렇지 않다. 한(漢)나라 때만 해도, 공자(孔子)는 전혀 '성인(聖人)'으로 받들어지고 있지 않았다. 당시에, 유교(儒敎)의 교주(敎主)로 떠받들어지고 있던 사람은, 다름 아닌 주공(周公)이었다. 그 반면에 공자(孔子)는, 그저 주(周)나라의 예(禮)를 전파하는 전도사(傳道師) 정도의 위치에 그치고 있었다. 그러다가 당(唐)나라 초기에 오면, 주공(周公)은 여전히 '선성(先聖, 전대의 성인)'으로 받들어지고, 공자(孔子)는 가까스로 '선사(先師, 전대의 스승)'의 지위에 오르게 된다. 그리하여 당(唐)나라의 국립대학격인 태학(太學)[312]에서 선유(先儒, 선대의 유학자)를 제사 지내는 의식을 거행할 때면, 공자(孔子)는

---

312) **태학(太學)** : 서주(西周)시대부터 존재했던 중국 고대의 대학으로 당(唐)나라와 송(宋)나라 때에는 국자학(國子學)과 병존하였다. 박사(博士)는 전국시대부터 생긴 관직으로, 이들은 태학에서 교수업무를 담당하였다. 학생들을 부르는 명칭은 시대마다 조금씩 달랐는데 박사제자(博士弟子), 태학생(太學生) 또는 제생(諸生)이라고 불렸다.

한쪽 구석빼기에 모셔졌으며, 맹자(孟子)의 경우에는, 제사에 모셔질 자격조차 얻지 못할 정도였고, 존호(尊號)와는 아무런 상관도 없는 존재였었다.

형을 시해(弑害)하고 아버지를 협박하여 황제의 지위에 오른 당(唐) 태종(太宗)[313]은, 명령을 내려서 주공(周公)의 위패를 태학(太學)에서 몰아낸 뒤, 공자(孔子)를 '선성(先聖)'으로 받들어 모시고, 공자(孔子)의 수제자(首弟子)인 안회(顔回)[314]를 '선사(先師)'의 지위에 올려놓는다. 당(唐) 현종(玄宗) 때에 와서는 안회(顔回)를 '아성(亞聖)'으로 존칭하게 된다. 그리고 안사(安史)의 난(亂)[315]이 끝난 뒤, 예부시랑(禮部侍郎) 양관(楊綰)[316]은, 당대종(唐代宗)[317]에게 상소를 올려, ≪맹자(孟子)≫와 ≪논어(論語)≫, ≪효경(孝經)≫을 나란히 과거 시험 과목으로 삼을 것을 요구한다. 그로부터 수십 년 뒤, 한유(韓

---

313) **당태종(唐太宗, 598년~649년)**: 중국 당나라의 제2대 황제이며 당 고조 이연의 차남이다. 이름은 이세민(李世民). 그는 뛰어난 장군이자, 정치가, 전략가, 그리고 서예가이기까지 했으며, 중국 역대 황제 중 최고의 성군으로 불리어 청나라의 강희제와도 줄곧 비교된다. 그가 다스린 시대는 '정관(貞觀)의 치(治)'라고 불린다.

314) **안회(顔回, BC 521년~BC 490년)**: 중국 춘추 시대의 유학자. 자는 자연(子淵)이다. 공자의 수제자로 학덕이 뛰어났다.

315) **안사(安史)의 난(亂)**: 중국 당나라 현종(玄宗) 말엽인 755년에 안녹산(安祿山)과 사사명(史思明)이 일으킨 반란.

316) **양관(楊綰, ?~777년)**: 당(唐)나라 화음(華陰) 사람. 자(字)는 공권(公權)으로 대력(大曆) 연중에 여러 번 중서 시랑(中書侍郎)이 되었는데 검약(儉約)하기로 이름이 있었다. 참고로, 시랑(侍郎)의 벼슬은 상서(尚書) 바로 아랫벼슬로 차관에 해당된다.

317) **당대종(唐代宗, 727년~779년)**: 이예(李豫). 당나라의 황제(재위: 762년~779년). 숙종(肅宗)의 맏아들이다.

愈)³¹⁸⁾는 <원도(原道) >라는 글 속에서 중국의 도통(道統)³¹⁹⁾을 기술하기를, "요순(堯舜)에서 비롯되어 하(夏), 은(殷), 주(周)를 거쳐 공자(孔子)에게서 맹가(孟軻)에게로 전해진 뒤, 맹자(孟子) 사후(死後)에는 그 맥이 끊기게 되었다"고 말한다. 그러자 유명인사였던 한유(韓愈)의 사회적 영향력에 힘입어, 사람들은 그때부터 ≪맹자(孟子)≫에 주목하기 시작한다. 만당(晚唐)³²⁰⁾ 때부터 맹자(孟子)의 지위는 계속 높아지기 시작해서, 송(宋)나라 때에 오면 맹자(孟子)를 존중하는 사조(思潮)는 더욱더 강렬해진다.

명(明) 세종(世宗)³²¹⁾ 때에는, '안회(顔回) 대신 맹자(孟子)로 하자'는 재상(宰相) 장총(張璁)³²²⁾의 제안에 따라 '아성(亞聖)'의 호칭(呼稱)을 이어받게 된다. 청(淸)나라가 건립된 뒤 '공맹(孔孟)의 도(道)'는 대대적으로 발양되기 시작한다. 그리하여 건륭(乾隆)³²³⁾ 9년에는, 맹자(孟子)는 '아성(亞聖)'으로, 안회(顔回)는 '복성(復聖)'으로, 증삼(曾參)은 '종성(宗聖)'으로, 자사(子思)는 '술성(述聖)'으로 각각 봉(封)함

---

318) 한유(韓愈, 768년~824년): 당나라의 문인, 정치가. 자는 퇴지(退之). 호는 창려(昌黎). 당송 팔대가의 한 사람으로, 변려문을 비판하고 고문(古文)을 주장하였다.

319) 도통(道統): 도학(道學)을 전하는 계통.

320) 만당(晚唐): 사당(四唐)의 마지막 시기. 836년에서 907년 사이의 시기.

321) 명세종(明世宗, 1507년~1567년): 주후총(朱厚熜). 명나라의 황제(재위: 1522~1567).

322) 장총(張璁, 1475년~1539년): 자(字)는 병용(秉用), 호(號)는 나봉(羅峰). 절강(浙江) 온주부(溫州府) 영가(永嘉, 오늘날의 온주시 龍灣區) 사람. 명(明)나라 가정(嘉靖, 명 세종의 연호) 연간(年間)의 중신(重臣).

323) 건륭(乾隆): 중국 청나라 고종 때의 연호. 서기 1735년부터 1795년까지 사용하였다.

을 받음으로써, 맹자(孟子)의 지위는 확정되게 되고, '공맹(孔孟) 사상'이나 '공맹(孔孟)' 등에서 볼 수 있듯이, 그 이름 배열이 통일된다.

후세의 학자들 가운데는, 맹자(孟子)의 '아성(亞聖)' 호칭이, 가장 이르게는 후한(後漢) 시절에까지 거슬러 올라간다고 말하는 사람도 있다. 후한(後漢)의 학자 조기(趙岐)[324]는 맹자(孟子)를 일컬어서, "세상의 亞聖이라는 큰 인재로 命을 받은 자(命世亞聖之大才者也)"라고 했고, 원(元)나라 문종(文宗)[325] 때 만들어진 '어제성지비(御製聖旨碑)'에는 몽골말과 한문(漢文)으로 이렇게 새겨져 있다.

"맹자(孟子)는 천추(千秋)의 스승이니, 추(鄒)나라의 아성공(亞聖公)으로 봉(封)함이 마땅하다"

그리고 ≪명사(明史)≫에도, 가정 황제(嘉靖皇帝)[326]가 예부(禮部)와 한림(翰林)에 명(命)하여, "맹자(孟子)를 아성(亞聖)으로 존칭(尊稱)하는 문제를 검토해보라"고 하고 있다.

맹자(孟子)가, 안회(顔回)를 제치고 '아성(亞聖)'으로 섬김을 받은

---

[324] 조기(趙岐, 108년~201년): 자(字)는 산백(山伯), 천수군(天水郡) 남안현(南安縣, 지금의 甘肅省 南安縣) 사람. 주해(註解) ≪맹자(孟子)≫란 책으로 당대에 이름을 날렸던 사람으로, 후한(後漢)의 유명한 경학가(經學家)다.

[325] 원문종(元文宗, 1304년~1332년): 원나라의 제8대 황제(재위: 1329년~1332년).

[326] 가정황제(嘉靖皇帝, 1507년~1567년): 명(明)나라 세종(世宗) 주후총(朱厚熜)을 일컫는다. 가정(嘉靖)은 그의 연호로, 1522년부터 1566년까지 사용하였다.

이유는 과연 무엇일까? 공자(孔子)의 가르침을 직접 받은 안회(顔回)는, 덕과 재주를 겸비하여 공자(孔子)가 매우 아끼던 수제자(首弟子)였다. 그러나 안회(顔回)는 안타깝게도 32세의 젊은 나이에 유명(幽明)을 달리한다. 이런 까닭으로 그가 살아생전에 공자(孔子)와 나누었던 단편적인 대화들만이 근근이 후세에 전할 뿐으로, 잘 정비된 사상체계라든지 저서(著書), 입언(立言) 따위는 전혀 존재하지 않는다. 그러므로 후세 사람들이 안회(顔回)를 높이 받들어 숭배하는 까닭은, 그들이 그의 스승이었던 공자(孔子)를 높이 받들어 숭배했기 때문인 것이다. 이러한 반면, 맹자(孟子)는 유가(儒家) 사상(思想)의 쇠퇴기(衰退期)에 태어나서, 꿋꿋이 유학(儒學)을 창도(唱導)하고 주공(周孔)의 도(道)³²⁷⁾를 크게 선전했을 뿐만 아니라, 후세에 저서(著書)를 남겨 공자(孔子) 학설의 계승·발전을 위해 막대한 공헌을 했던 것이다. ≪맹자(孟子)≫라는 책은, 오대(五代)³²⁸⁾ 때 이미 경전(經典)의 반열에 오르고, 송(宋)과 원(元) 이래로는 과거시험의 필수과목 중의 하나가 된다. 따라서 현실적으로 ≪맹자(孟子)≫와 ≪논어(論語)≫가 이름을 나란히 하고 있는 만큼, 맹자(孟子)를 '아성(亞聖)'으로 부를 때만 그 명실(名實)이 서로 부합하게 될 것이다.

---

327) 주공(周孔)의 도(道): 주공(周公)과 공자(孔子)의 도.

328) 오대(五代): 원래는 당(唐)이 멸망하고 북송(北宋)이 건립되기까지의 역사 시기인 5대10국(五代十國)의 시기를 일컫는 말로서, 그중 5대(五代)의 시기는 907년부터 960년까지의 시기를 말한다. 참고로 5대(五代)는 당(唐) 멸망 후 중원 지역을 지배했던 후량(後梁), 후당(後唐), 후진(後晉), 후한(後漢), 후주(後周) 등의 정권을 이른다.

진나라~전한

조희

1. 진시황의 '생부'는 과연 누구?

　주지(周知)하다시피 진시황(秦始皇)[329]은, 중국 역사상에서 뛰어난 재능과 원대한 계략, 그리고 탁월한 공훈과 업적으로, 통일 중국을 이룩한 위대한 황제의 하나다. 그러나 그 반면에, 많은 사람들로부터 탐욕스럽고 악랄하며 백성들을 곤궁에 빠뜨린 전형적인 폭군이라고 타매(唾罵)되고 있기도 하다. 이러한 인물들은 대개 사후(死後)에 칭찬과 비방이 서로 엇갈려서, 그 출생을 두고서도 이러저러

---

[329] **진시황 (秦始皇, BC 259년~BC 210년)**: 이름은 영정(嬴政, 재위 BC 247년~BC 210년). 진나라의 31대 왕이자 중국 최초의 황제로 중국 역사상 처음으로 통일 제국을 세웠다. 장양왕의 아들이며 원래는 왕위 계승자가 아니었으나 당시 장양왕이 볼모로 붙들려 있던 조(趙)나라의 대상인 여불위(呂不韋)의 계략으로 즉위하였다. 기원전 221년에 천하를 통일하고 자칭 시황제(始皇帝)로 군림하였다.

한 말이 많기 마련이다.

진시황(秦始皇)은 진(秦)나라 장양왕(莊襄王, 子楚)[330]의 태자 신분으로 왕위를 계승한 사람이다. 진시황(秦始皇)의 어머니는 조희(趙姬)[331]다. 전하는 바에 따르면, 그녀는 여불위(呂不韋)[332]의 애첩이었는데, 뒤에 자초(子楚)에게 바쳐져서 왕후(王后)가 되었다고 한다. 이 때문에 진시황(秦始皇)이 과연 자초(子楚)의 아들인가, 아니면 여불위(呂不韋)의 아들인가를 두고 말들이 많다.

이 문제를 풀려면, 우선 여불위(呂不韋)의 이야기로부터 그 실마리를 풀어나가지 않으면 안 된다. 전하는 바에 따르면, 여불위(呂不韋)는 원래 하남(河南) 복양(濮陽) 땅의 거부(巨富)로서, 원근(遠近)에 소문이 자자한 대상인(大商人)이었다고 한다. 그러나 그가 지녔던

---

330) **장양왕(莊襄王, BC 281년~BC 247년)**: 진시황(秦始皇)의 아버지로, 성은 영(嬴), 이름은 이인(異人)이다. 이후 화양부인(华阳婦人)의 후사가 되며 자초(子楚)라는 이름을 하사받았다. 진(秦)나라의 효문왕(孝文王) 안국군(安國君)의 둘째 아들로 태어났으며, 부인은 조희(趙姬)다. 어려서 조(趙)나라에 인질로 가 있었으나 젊은 부호 여불위(呂不韋)의 도움으로 진(秦)나라로 돌아왔으며, 아버지인 효문왕(孝文王)이 재위 1년 만에 죽자 왕으로 즉위하여 장양왕(莊襄王)이 되었다. (재위: BC 249년~BC 246년)

331) **조희(趙姬, ?~?)**: 진시황(秦始皇)의 생모. 원래 여불위(呂不韋)가 데리고 있던 무희(舞姬)로, 조(趙)나라에 볼모로 와있던 진(秦)나라의 왕자 자초(子楚)와 여불위가 연을 맺으면서 자초의 처가 된다. 자초가 조나라를 탈출하고 진나라의 왕위를 이어 장양왕(莊襄王)으로 즉위하면서 왕후가 되고, 4년 후 장양왕이 병으로 사망하여 아들 정(政)이 진왕의 자리에 오름으로써 태후가 된다

332) **여불위(呂不韋, ?~BC 235년)**: 중국 전국 시대 말기 진(秦)나라의 재상(宰相). 장양왕(莊襄王)의 태자 책봉에 공이 있어 상국(相國)으로 임명되었다. 후에 태후의 밀통 사건에 연루되어 실각하고 자살하였다. 제자백가의 학설 등을 담은 방대한 내용의 ≪여씨춘추(呂氏春秋)≫를 편찬하였다.

수많은 재산과 호화스러운 생활도 결코 그의 큰 야심을 충족시킬 수는 없었다. 급기야 그는 왕권(王權)에 군침을 흘리게 된다. 다음은 그가 일찍이 그의 아버지와 나누었다는 재미있는 대화의 한 토막이다.

> 문: "농사를 지으면, 몇 배의 이익을 남길 수 있습니까?"
> 답: "10배의 이익을 남길 수 있단다."
> 문: "구슬이나 보석을 팔면, 몇 배의 이익을 남길 수 있습니까?"
> 답: "100배의 이익을 남길 수 있지."
> 문: "그렇다면, 군주를 도와 나라를 세워 국권(國權)을 장악한다면, 몇 배의 이익을 남길 수 있습니까?"
> 답: "그야, 천배 만배의 이익을 남겨 계산이 불가능할 정도란다! 그래서 당대의 부귀영화(富貴榮華)는 물론, 그 은택(恩澤)이 자손들에게까지 미쳐서 자손대대로 부귀영화(富貴榮華)를 누릴 수 있게 되는 것이지."

그리하여 여불위(呂不韋)는 짐을 싸들고, 조(趙)나라의 수도인 한단(邯鄲)으로 간다. 거기에서 그는 큰 음모를 짠다. 때마침 조(趙)나라에 인질로 붙들려 있던 진왕(秦王) 태자(太子)[333]의 아들인 이인(異人)을, 꾀를 써서, 태자(太子)의 총애를 받고 있던 화양부인(華陽夫

---

333) **진왕(秦王) 태자(太子)**: 진 효문왕(秦孝文王) 안국군(安國君)을 말한다.

人)의 적자(嫡子)³³⁴⁾로 만들어 놓음으로써, 순식간에 이인(異人)을 적사(嫡嗣)의 위치로 끌어올려 놓는다. 이렇게 하여 적사(嫡嗣)³³⁵⁾가 된 이인(異人)³³⁶⁾은, 이름을 자초(子楚)로 바꾼 뒤, 황태손(皇太孫)의 지위에 오르게 된다.

　이때부터, 진(秦)나라 국사(國事)에는 변고(變故)가 잇따른다. 다시 말해서, 진(秦)나라 소왕(昭王)³³⁷⁾과 효문왕(孝文王)³³⁸⁾이 확실치 않은 이유로 잇따라 세상을 떠나고, 자초(子楚)가 당당하게 왕위에 등극한다. 그리고 여불위(呂不韋)는 소원대로 승상(丞相)의 지위에 오른다. 그러나 누가 뜻하였으랴? 자초(子楚) 또한 재위(在位) 3년만에 그만 죽고 만다. 그러자 순서에 따라, 자초(子楚)의 아들 영정(嬴

---

334) 적자(嫡子) : 여기서는 정통을 이어받은 사람이란 뜻으로 쓰였다.

335) 적사(嫡嗣) : 정식 부인의 소생으로 대를 이을 아들. 여기서는 차기 왕위 계승자를 일컫는다.

336) 이인(異人)은 원래 진왕(秦王) 장양왕(莊襄王)의 태자인 안국군(安國君)의 20여 명의 아들 중에서 중간 정도의 서열에 있는 아들이었다. 그래서 그는 처음부터 왕위 계승과는 거리가 있는 인물이었다. 그러나 여불위가 계략을 써서 안국군의 정실인 화양부인으로 하여금 그를 양아들로 삼게 함으로써, 일순간에 왕위 후계자의 지위에 오르게 되었음을 말한 것이다.

337) 진소왕(秦昭王, BC 325년~BC 251년) : 진(秦) 소양왕(昭襄王)을 말한다. 진(秦) 혜문왕(惠文王)의 아들이자 진(秦) 무왕(武王)의 아우다. 진(秦) 무왕(武王)이 죽자 그 아우와 왕위를 놓고 싸우다가 왕위에 올랐다.

338) 효문왕(孝文王, BC 302년~BC 250년) : 성은 영(嬴)이고 이름은 주(柱). 안국(安國)에 봉해졌다고 해서 안국군(安國君)이라고 부른다. 진(秦) 소양왕(昭襄王)의 둘째 아들로서, 소양왕(昭襄王) 40년(BC 267년)에 소양왕(昭襄王)의 장자(長子)인 도태자(悼太子)가 위(魏)나라에서 죽자 소양왕(昭襄王) 42년(BC 265년)에 태자에 봉해졌다. BC 260년, 소양왕(昭襄王)이 죽자 정식으로 즉위하였다. 그러나 즉위한 지 3일만에 세상을 떠나고 태자 자초(子楚)가 뒤를 이어 왕위에 오르게 되는데 그가 바로 장양왕(莊襄王)이다.

政)이 왕위에 오르게 되는데, 그가 다름 아닌 훗날의 진시황(秦始皇)
이다.

　여불위(呂不韋)는 영정(嬴政)을 자신의 친아들로 간주하여, 영정
(嬴政)으로 하여금 자신을 중부(仲父, 둘째아버지)라고 부르게 한다.
그리고 자신이 직접 전국(全國)의 정사(政事)를 관장(管掌)하면서 스
스로 문신후(文信侯)로 봉(封)함을 받은 뒤, 하남(河南)의 낙양(洛陽)
10만 호(戶)의 식록(食祿)[339]을 받는다. 그때 그의 집안에서 부리는
하인들의 숫자가 만 명에 다달았다고 한다. 그때부터 그는, 그야말
로 일인지하 만인지상(一人之下 萬人之上)[340]의 자리에 올라, 막강한
권력으로 조야(朝野)를 떡 주무르듯 마음대로 주무르는 대단한 인
물이 된다. 여불위(呂不韋)의 한단(邯鄲) 밀모(密謀)가 마침내 결실을
맺는 순간이었다.

　그러면, 일부 역사 서적에서, 진시황(秦始皇)을 여불위(呂不韋)의
아들로 주장하게 된 배경에는 과연 어떤 것들이 있을까? 분석에 따
르면, 다음과 같은 4가지의 가능성이 있다.

　첫째, 만약 영정(嬴政)이 여불위(呂不韋)의 아들이 확실하다고 하
면, 그를 진정한 적통(嫡統)으로 볼 수 없고, 진(秦)나라 왕실의 후대

---

339) **식록(食祿)** : 예전에, 관리들에게 봉급으로 주던 곡식.

340) **일인지하 만인지상(一人之下 萬人之上)** : 예전에, 임금말고는 더 이상 높은 사람이 없고
　　모든 사람 위에 군림한다는 뜻으로, 삼정승, 곧 영의정, 좌의정, 우의정 등을 일반적으로
　　이르던 말.

(後代) 또한 아니다. 따라서 당시에, 영정(嬴政)의 동생 장안군(長安君)[341] 성교(成蟜)가, '자신의 혈관 속에 흐르는 피는 진(秦)나라 왕실의 피이므로, 진(秦)나라 왕공귀족(王公貴族)들에게 지지를 받아낼 수 있다'고 주장하며 반란을 일으켰던 데에는, 그만한 이유가 있었다고 볼 수 있다.

둘째, 만약에 영정(嬴政)이 여불위(呂不韋)의 아들이 확실하다면, 여불위(呂不韋)는 일부러라도 중부(仲父)인 자신의 정체를 공개했을 가능성이 크다. 왜냐하면, 그의 숙적(宿敵)이었던 태후(太后)[342]의 파벌(派閥)로서, 당시에 실권을 장악하고 있던 장신후(長信侯)[343]의 세력을 꺾기 위해서는 진시황(秦始皇)의 지지가 절대적으로 필요했기 때문이며, 그리하여 자신이 진시황(秦始皇)과 부자관계에 있다는 사실을 흘리게 되면, 그 때문에 정세가 자신에게 크게 유리해질 수 있었기 때문이다.

셋째, 만약 영정(嬴政)이 여불위(呂不韋)의 아들이 확실하다면,

---

341) 장안군(長安君) 성교(成蟜, ?~?): 전국시대 말기 진(秦)나라 왕자로, 장양왕(莊襄王)의 아들이자 영정(嬴政)의 아우다. 기원전 239년 진왕(秦王) 영정(嬴政)이 군사를 거느리고 가서 조(趙)나라를 치라고 명령을 내리자, 둔류(屯留)에서 진(秦)나라를 배반하고 조(趙)나라에 투항했다.

342) 태후(太后): 여기서는 진시황(秦始皇)의 생모인 조희(趙姬)를 말한다.

343) 노애(嫪毐, ?~BC 238년): 전국시대 말 진(秦)나라 사람. 본래는 여불위(呂不韋)의 문객이었는데 성(性) 기능이 탁월하여 뒤에 여불위(呂不韋)에 의해 태후(太后)에게 소개되어 태후(太后)의 두터운 신임을 얻게 된다. 진시황 8년(기원전 239년) 장신후(長信侯)로 봉해져서 산양군(山陽郡)을 식읍(食邑)으로 삼았다.

진(秦)나라에 제패(制覇)를 당했던 제(齊), 초(楚) 연(燕), 한(韓), 조(趙), 위(魏) 6국(六國)은, 기실 진(秦)나라에게 멸망당한 것이 아니라, 6국(六國)이 진(秦)나라를 멸망시킨 것이 된다. 왜냐하면, 6국(六國) 사람인 여불위(呂不韋)가, 천군만마(千軍萬馬)를 동원하는 대신에 단지 궤계(詭計) 하나만으로 자신의 아들을 진(秦)나라의 왕위에 앉힘으로써, 진(秦)나라의 강토를 빼앗았기 때문이다. 이렇게 되면 나라를 잃은 여섯 나라(六國)의 의분은, 씻은 듯이 사라질 수 있다.

넷째, 만약 영정(嬴政)이 여불위(呂不韋)의 아들이 확실하다면, 진(秦)나라를 멸망시킨 한대(漢代) 사람들은, 천도(天道)를 크게 일으키고 정의(正義)를 크게 신장(伸張)시킨 것이 된다. 왜냐하면, 진(秦)의 폭정(暴政)은, 하늘을 노하게 하고 사람들의 원망을 샀으며, 진왕(秦王) 내궁(內宮)의 추악한 실상(實狀)은 진시황(秦始皇)의 조부(祖父)와 부친이 살해됐을 가능성까지도 제기하고 있기 때문이다. 결국 진(秦)나라가 그토록 신속하게 멸망한 것은, 자업자득(自業自得)이라는 말이 된다.

후세 학자들 가운데는 위와 같은 주장이 말도 안 된다고 생각하는 사람들도 없지 않다.

우선, 여불위(呂不韋)는, 진시황(秦始皇)의 출생에서 왕위 등극에 이르는 일련의 음모들을 획책한 사실이 전혀 없다. 그들의 주장에 따르면, 진소왕(秦昭王) 재위 시에, 손을 써서 자초(子楚, 異人)를 황태손(皇太孫)으로 지목하려고 한 것만으로도 벌써 상궤(常軌)를 크게 벗어난 행동이었다. 그런데 하물며는, 조희(趙姬)의 배 속에 있는 태아까지 '태현손(太玄孫)'으로 만들려고 했다니, 이건 도가 지나쳐도 한참 지나쳤다고 볼 수 있다. 왜냐하면, 신(神)이나 바보가 아니고서는 그런 큰 도박을 할 사람은 없을 테니까…. 여불위(呂不韋)는 신(神)도 아니지만 바보 또한 아니었다. 따라서 남아 있는 가능성은, 절대로 그런 일은 없었을 거라는 것뿐이다. 백보를 양보해서, 실제로 그런 일이 발생했다고 하더라도, 그것은 뒷사람들이 이미 있었던 사실(史實)들을 이리저리 꿰맞춘 것에 불과하다.

둘째, 혹자는 이렇게 주장한다. 진시황(秦始皇)의 임신 기간을 잘 연구해볼 필요가 있다.[344] 조희(趙姬)는 여불위(呂不韋)가 진(秦) 자초(子楚, 異人)에게 헌납한 여인이다. 그러나 그녀는 자초(子楚)와 함께 궁중(宮中)에서 살고 있었으며, 게다가 결혼 후에 예정된 날짜에 아기를 낳은 것도 아니었다. 심지어 열두 달 뒤-예정된 날짜를 훨씬 넘겨서 아기를 낳았다. 그런데도 자초(子楚)가 그런 사실을 몰랐다고 할 수 있을까? 이런 점을 보더라도, 진시황(秦始皇)의 생부(生父)는, 여불위(呂不韋)가 아니라 자초(子楚)라는 것을 알 수 있다.

셋째, 조희(趙姬)의 집안 내력에도 이것저것 되짚어볼 대목들이

---

344) '진시황(秦始皇)의 임신 기간을 잘 연구해볼 필요가 있다': 사마천(司馬遷)의 《史記·呂不韋列傳》에 보면, '呂不韋取邯鄲諸姬絶好善舞者與居, 知有身'이라고 했으니, 조희(趙姬)는 여불위(呂不韋)가 그녀를 자초(子楚)에게 헌납하기 전에 이미 임신한 상태였다.

많다. ≪진시황 본기(秦始皇本紀)≫의 기록에 따르면, 진(秦)나라가 조(趙)나라를 멸망시킨 뒤, 진왕(秦王, 진시황)은 직접 한단(邯鄲)을 찾아가서 진왕(秦王)의 어머니 집안과 원한 관계에 있는 자들을 모조리 생매장시켜 죽여버린다. 만약에 조희(趙姬)가 '세도가(勢道家) 집안 출신'[345]이라면, 처음에 여불위(呂不韋)의 희첩(姬妾)이 되었다가, 나중에 이인(異人)에게 헌납되어 또다시 이인(異人)의 처가 된다는 것이 과연 가능한 일일까? 또 조희(趙姬)가 '한단(邯鄲)의 무희(舞姬)들 중에서 가장 춤을 잘 추는 여자'[346], 즉 가장 잘나가는 배우였다면, 그녀는 무엇 때문에 그렇게 많은 원수(怨讐)들을 두었던 것일까? 이렇듯 조희(趙姬)가 뱃속에다 여불위(呂不韋)의 자식을 임신한 채로 이인(異人)에게 다시 시집을 갔다는 말은, 도저히 불가능한 일이 아닐 수 없다.

그렇다면 진시황(秦始皇)은 대체 누구의 아들일까? 이 문제는 지극히 개인적인, 사생활의 문제에 지나지 않지만, 이 문제는 아직 어느 누구도 풀지 못한, 천고(千古)의 수수께끼가 되고 말았다.

---

345) '세도가(勢道家) 집안 출신': 사마천(司馬遷)의 ≪史記·呂不韋列傳≫에 '趙欲殺子楚妻子, 子楚夫人趙豪家女也'라고 한 것을 보면, 조희(趙姬)의 친정은 조(趙)나라의 세도가(勢道家) 집안이었음을 알 수 있다.

346) '한단(邯鄲)의 무희(舞姬)들 중에서 가장 춤을 잘 추는 여자': 사마천(司馬遷)의 ≪史記·呂不韋列傳≫에 '呂不韋取邯鄲諸姬絶好善舞者與居'라고 명시된 것을 가리킨다.

맹강녀

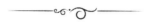

2. 맹강녀 '장성통곡'의 진위

천리길을 마다않고 남편을 찾아온 맹강녀(孟姜女)의 통곡에, '장성(長城)이 무너져내렸다'는 처참한 고사(故事)는, 중국 민간에 무척 오랜 세월 동안 유전(流傳)되어 내려오고 있는 이야기다. 이 이야기는, 무고한 백성들을 무자비한 노역에 동원한 통치계급의 비리를 폭로하고, 압박받는 백성들의, 죽음을 불사하는 항쟁 정신과, 폭압에도 결코 굴하지 않는 불굴의 정신을 찬미한다.

중국은, 옛 진시황(秦始皇) 시절에, 서북쪽 변경지대(邊境地帶)에다 흉노족(匈奴族)의 남침(南侵)을 막기 위해 대규모 방어 시설-만리장성(萬里長城)을 쌓는다. 이 사업에 백만(百萬)을 상회하는, 수많은 부역자(夫役者)들이 징발된다. 그리고 당시 장성(長城)의 담장 밑에서는, 수많은 사람들이 과로(過勞)로 쓰러져서 죽어간다. 이 때문에 이 세계적으로 유명한 만리장성(萬里長城)의 밑에는, 당시 부역에 동원된 백성들의 백골들이 산처럼 퇴적(堆積)되어 갔다.

전(傳)하는 말에 따르면, 기구한 팔자를 지닌, 어떤 두 부부가 있었는데, 남편의 이름은 범희량(范喜良)이었고, 그 아내의 이름은 맹강녀(孟姜女)였다. 혼인한 지 채 사흘도 지나지 않은 이 불쌍한 두 사람에게, 어느 날 뜻하지 않은 불행이 닥쳐온다. 신랑이 장성(長城) 수축(修築)에 징발을 당한 것이었다. 남편 범희량(范喜良)은, 사나운 승냥이같은 아역(衙役)[347]들에게 붙들려서, 아내에게 작별의 인사도 나누지 못한 채 장성(長城)으로 끌려간다.

그곳 장성(長城)에서, 범희량(范喜良)은 홑적삼 하나만을 걸친 채 감공(監工)[348]들의 사나운 채찍 아래 소나 말처럼 죽도록 일을 하게 된다. 범희량(范喜良)과 함께 끌려온 고향사람들은, 한결같이 파리한 얼굴에 피골이 상접했다. 개중에 어떤 자들은, 굶주림과 추위에 얼어붙은 몸을 억지로 일으켜 거대한 바윗돌을 짊어지고 가다가, 그만 발이 비끌려 균형을 잃고 낭떠러지 밑으로 굴러떨어져 참혹하게 죽음을 당한다. 그런가 하면, 어떤 사람들은 토목공사를 하던 중에, 병마에 시달려서 길바닥에 쓰러진 채 처참하게 죽어간다. 죽

---

347) **아역(衙役)**: 옛날, 관아에서 부리던 하인.
348) **감공(監工)**: 작업 반장. 공사 감독.

은 그들의 시신은, 장성(長城)의 장벽 속에 무참히 파묻힌 채로, 한 줄기 원혼(冤魂)이 되어서 깊은 계곡 속을 떠돌아다닌다. 무시무시한 바윗돌의 무게 때문에, 범희량(范喜良)은, 숨을 헐떡이다가 입으로 붉은 피를 토하며 땅바닥에 나뒹굴어진 뒤, 다시는 일어나지 못한다. 감공(監工)이 달려와 그의 시신을 발로 툭 차서, 담장 흙 속으로 집어넣는다. 그러자 가엾게도 그의 시신은, 피에 굶주린 장성(長城)의 새로운 흙이 되고 만다.

얇은 홑적삼 하나만 걸치고 떠나간 남편이, 북방(北方)의 매서운 추위를 이기지 못할 것을 걱정한 맹강녀(孟姜女)는, 하나밖에 남지 않은 솜이불을 뜯어내서, 서둘러 남편의 겨울옷을 만든다. 그녀는 여기저기 밥을 구걸하며 갖은 고생을 다 하면서, 마침내 장성(長城) 부근에까지 온다. 그녀의 눈에 들어온 역부(役夫)들은, 너나 할 것 없이 머리는 흐트러지고, 얼굴에는 여기저기 때가 묻어 있고, 온몸은 상처투성이여서, 사람의 몰골이라고는 찾아보기 어려울 정도였다. 사정이 이러하였는지라, 그녀는 도저히 남편을 알아낼 방법이 없었다. 그녀는 남편을 찾아 산해관(山海關) 공사현장을 여기저기 누비다가, 남편이 죽었다는 소식을 듣게 된다. 그뿐만 아니라, 그동안 오직 남편 얼굴을 한 번 보기 위해 갖은 고생을 마다하지 않았던 그녀는, 남편의 시신조차도 찾을 수가 없는 형편이 된다. 맹강녀(孟姜女)는 너무도 슬퍼서 목놓아 울부짖기 시작한다. 남편이 죽다니 세상이 꺼지는 것만 같았다. 세상에 둘도 없는 그녀의 배우자가, 그녀를 두고 세상을 떠나버린 것이다. 그녀는 머리를 쥐어뜯으며 극도의 절망에 빠진다. 이슥한 밤. 맹강녀(孟姜女)의 구슬픈 울음소리가 역부(役夫)들의 마음을 찢어놓는다.

울음에 지쳐서 맹강녀(孟姜女)의 눈에 피눈물이 맺힐 즈음에, 갑자기 '쿵' 하는 소리와 함께 장성(長城) 벽이 무너지는가 싶더니, 범희량(范喜良)의 시신이 밖으로 튀쳐나온다. 맹강녀(孟姜女)는 미친 듯이 뛰어가서, 유골(遺骨)의 손을 부여잡고 오열하기 시작한다.

　　"여보, 기왕에 당신과 함께 이 세상에서 살기는 틀렸으니, 저도 당
　　신을 따라서 죽겠어요. 그러니 조금만 기다리세요. 우리 혼백(魂魄)이
　　라도 서로 같이 의지하며 다신 헤어지지 맙시다."

말이 끝나기가 무섭게, 맹강녀(孟姜女)는 물속에 몸을 던져 그만 남편을 따라 죽고 만다. 그녀의 곧은 절개에 크게 감복한 사람들은, 맹강녀(孟姜女)를 위해 사당을 지어주고, 그녀의 비참한 신세를 불쌍하게 생각하면서, 죽음으로써 항쟁을 한 그녀의 지조를 널리 찬미한다.

그렇다면, 뭇사람들의 가슴을 치게 하는 이 고사(故事)는, 과연 사실일까?

일설(一說)에 따르면, 이 이야기는 사실이 아니고 허구라고 한

다. 왜냐하면, 그 당시의 진(秦)나라의 장성(長城)은, 산해관(山海關)까지 수축(修築)되기는커녕, 산해관(山海關)에서 수백 리(里)나 멀리 떨어져 있었기 때문이다. 만일 산해관(山海關)에 아직 장성(長城)이 없었다고 한다면, 당연히 장성(長城) 통곡의 사실도 존재하지 않는다고 볼 수 있다. 따라서 이 이야기는 허구일 수밖에 없다.

또 다른 설에 의하면, 이 고사(故事)의 원형(原型)은 분명히 실제로 발생했던 일이었다. 다만 그 발생 시점(時點)만큼은 진시황 시절이 아니라, 춘추시대(春秋時代)였다. ≪좌전(左傳)·양공(襄公) 23년≫의 기록에 따르면, 제장공(齊莊公)[349]이 위(衛)나라[350]와 진(晉)나라를 치고 군사를 거두어서 돌아오던 도중에 거국(莒國)을 공격한다. 그러나 그들의 저항이 만만치 않자, 제장공(齊莊公)은 기량식(杞梁殖)과 화주(華周)를 보내서, 거국(莒國)의 성(城) 주변에 매복해 있게 한다. 그러나 일이 발각되어 군사가 전멸하게 된다. 그리고 이때 기량식(杞梁殖)도 전사한다.

≪열녀전(列女傳)·기량처(杞梁妻)≫에는, 이 일이 이렇게 기록되어 있다.

---

349) 제장공(齊莊公, ?~BC 548년): 재위 기간은, BC 553년~BC 548년. 춘추 시대 제나라의 제25대 후작이다. 이름은 광(光)이다.
350) 위(衛)나라: 주(周)나라의 제후국. 처음에는 하남(河南)에 있다가 하북(河北)으로 옮겼다. 기원전 209년에 진(秦)나라에 망했다.

"기량식(杞梁殖)은 자손도 없고 친척도 없었다. 그래서 기량처(杞梁妻)가 홀로 임치성(臨淄城)³⁵¹⁾ 밖에까지 와서 남편의 시신을 직접 맞았다. 멀쩡하게 살아 있던 남편이 한순간에 시체로 변하게 되자, 기량처(杞梁妻)는 슬프기 짝이 없었다. 이제 그녀는 아무 데도 의지할 곳이 없는 홀몸이 되고 말았다. 그녀는 장차 생활을 어찌 꾸려야 할지 그저 막막하기만 했다. 기량처(杞梁妻)는 너무도 비통한 나머지 죽을 결심을 했다. 그녀는 남편의 시신을 어루만지며 열흘 낮 열흘 밤을 대성통곡했다. 그때 우레와 같은 커다란 소리가 나는가 싶더니, 임치성(臨淄城) 한쪽이 우르르 무너져 내렸다. 기량처(杞梁妻)는, 남편의 시신을 잘 매장한 뒤, 강물에 몸을 던져서 그만 목숨을 끊고 말았다."

후세에 이와 같은 이야기가 와전(訛傳)되어 '기량(杞梁)'이 '희량(喜良)'으로 변모되고, '기량처(杞梁妻)'의 이야기는 '희량처(喜良妻)', 즉 '맹강녀(孟姜女)'의 이야기로 탈바꿈을 하게 된다. 그리고 이야기의 발생 시점(時點)도 진(秦)나라 시절로 와전(訛傳)된다. 이야기의 인물은 비록 바뀌었지만, 이 이야기는 사람들에게 더욱더 큰 감동을 안겨 주게 되었고, 사람들의 심금을 더욱더 울리게 되었다.

역대 통치자들은, 장성(長城) 수축(修築)을 위해, 일반 백성들에게 극도로 고되고 힘든 노역(勞役)을 강제로 부과한다. 처자식과 생이별을 하게 만들고 가정과 가족을 파괴시키는 이러한 비극은, 오

---

351) 임치(臨淄): 춘추 시대 제(齊)나라의 수도. 현재의 산동성(山東省) 북부 치박(淄博)의 동쪽 지역에 해당한다.

로지 맹강녀(孟姜女)에게만 발생한 것은 아니었다. 그것은 어느 시대, 어느 장소를 막론하고 언제든지 발생할 수 있는, 끊임없이 반복되는, 그런 이야기였던 것이다. 계급적 압제(壓制)가 존재하는 한, 일반 백성들은, 범희량(范喜良)과 맹강녀(孟姜女)가 겪었던 것과 똑같은 명운(命運)에서 벗어날 수 없었다. 사람들이 이 이야기를 세대를 뛰어넘어 널리 퍼뜨려왔던 것은, 통치계급에 대한 폭로와 규탄, 그리고 폭압을 두려워하지 않고 죽음마저 불사(不辭)하는, 압박받는 백성들의 항쟁 정신을 널리 전파하려는 목적 이외에 다른 것이 아니었다.

맹강녀(孟姜女)의 장성(長城) 통곡의 이야기는, 시대가 바뀜에 따라, 부단히 변모하고 그 내용도 점점 풍부해져서, 인물들이 주는 감동력 또한 훨씬 강력해졌다. 이것은 바로, 백성들이 문제의 인물들에게 예술적인 생명력을 불어넣은 결과라고 봐야 할 것이다. 춘추전국시대에는 숱한 토벌과 살육이 있었고, 이 때문에 전쟁터에서 죽어 나가는 전사자의 숫자 또한 헤아리기 어려울 정도였다. 기량(杞梁)이 전사(戰死)하자, 그 처가 비통한 심정으로 시신이 담긴 관(棺)을 맞이했다고 한 것은, 전쟁을 증오하는 사람들의 심리를 형상화한 것으로 볼 수 있다. 후한(後漢) 무렵에 오면, 당시 유행하던 천인감응설(天人感應說)의 결과로, 기량처(杞梁妻)의 통곡에 성벽이 무너졌다는 부분에 대한 세부 묘사가 첨가시켜진다. 그리하여 전쟁이란, 신(神)과 인간의 공분(共憤)을 일으키는 현상임을 설명한다. 남북조 시대(南北朝時代)에 오게 되면, 다시 여기에다 당시에 장병(將兵)들에게 전포(戰袍)[352]를 보내던 관습과 상호 호응하는, 겨울옷을 보낸다는 내용이 첨가된다. 이렇게 되면서 이 이야기는 더욱더 생동감을 얻게 된다.

이처럼 시간이 지날수록 점점 변화·발전된 맹강녀(孟姜女)의 장성(長城) 통곡의 이야기는, 과중한 노역(勞役)은 전쟁보다 더 혹심(酷甚)하며, 잔혹한 수탈(收奪)로 인해 백성들이 살고 싶은 의욕을 상실해가고 있음을 폭로하게 된다. 일반 백성들은, 자신들의 머리 꼭대기에 있는 통치계급이, 언젠가는 맹강녀(孟姜女)가 통곡으로 무너뜨린 장성(長城)처럼 우르르 무너져내려서, 백성들이 편하게 사는 세상이 오게 되기를 간절히 희망했던 것이다.

---

352) 전포(戰袍) : 싸움터에서 장병들이 입던 긴 웃옷.

서복

3. 서복은 과연 일본으로 갔나?

　기원전 221년, 진시황(秦始皇)은 중국을 통일한다. 중국을 통일한 진시황(秦始皇)은 중앙집권을 강화하고, 문자와 화폐, 도량형(度量衡)을 통일함으로써 당시의 사회와 경제 발전을 촉진시킨다. 이미 이러한 업적을 쌓았음에도 불구하고, 진시황(秦始皇)은 이와 같이 전대미문(前代未聞)의 깜짝 놀랄 만한 위업을 천년만년 더 쌓고 싶었다. 진시황은 사람이 겨우 백 살밖에 살 수 없다는 사실이 마음에 들지 않았다. 그는 영원히 늙지 않은 채 오래오래 살고 싶었다. 진시황(秦始皇)은 천하를 순유(巡遊)하며, 신선들이 산다는 산들을 모두 찾아다닌다. 장생불사(長生不死)의 신비로운 선약(仙藥)을 구하기 위함이었다.

진시황(秦始皇)은 태산(泰山)에서 제사를 드린 후에, 산동 낭야(山東 琅琊, 지금의 산동 胶南縣 남쪽)에 도착한다. 높은 축대 위에서 동해를 내려다보고 있던 진시황(秦始皇)은, 바다 위에서 어렴풋하게 사람의 그림자가 어른거리고 있는 높은 누각을 발견한다. 수행원들 또한 눈을 크게 뜨고 자세히 관찰한다. 그러나 그 선산경각(仙山瓊閣)[353]은 일순간 눈앞에서 자취도 없이 사라지고 만다. 진시황(秦始皇)은 이것이 신기루라는 사실도 모른 채, 이것은, 자신이 신선의 인연이 있기 때문에 바다에 살고 있는 신선이 자신에게 길을 안내하는 것으로 생각한다. 그는 저도 모르게 마음이 거기로 이끌려서, 기필 선방(仙方)[354]을 찾아낸 뒤 행복한 신선(神仙) 황제(皇帝)가 되기로 결심한다.

그러자 돈을 벌 수 있는 절호의 기회가 왔다고 생각한, 낭야군(琅琊郡) 감유현(贛榆縣)의 서복(徐福)이라고 하는 도사(道士)가, 진시황(秦始皇)을 찾아와 이렇게 허풍을 떤다.

"동해(東海)[355]에 신선산이 하나 있는데, 그 산속에는 신선들이 살고 있습니다. 그곳의 선단(仙丹)[356]을 구해오기만 하면, 영원히 늙지 않고

---

353) **선산경각(仙山瓊閣)**: 신선이 산다는 산과 옥돌로 지은 누각.

354) **선방(仙方)**: 복용하면 신선이 된다는 단약(丹藥).

355) **동해(東海)**: 황해(黃海)를 말한다.

356) **선단(仙丹)**: 전설상의 신선이 만든다는, 기사회생·불로장생한다는 영약.

오래오래 살 수 있습니다."

시황제(始皇帝)의 입맛에 딱 들어맞는 말이 아닐 수 없었다. 서
복(徐福)이 다시 말을 잇는다.

"수많은 동남(童男)·동녀(童女)들을 모아 보내셔서, 지성으로 기도
(祈禱)를 드리게 하시면, 그 정성을 갸륵하게 여긴 신선들이, 틀림없이
약을 내어줄 것입니다."

그 말을 들은 진시황(秦始皇)은, 강력한 지지를 약속한 뒤, 민간
(民間)에서 예쁘고 귀여운 수천 명의 동남(童男)·동녀(童女)들을 징
발한 뒤, 배를 타고 서복(徐福)을 따라가서 선약(仙藥)을 구해오게 한
다. 그런 뒤 진시황(秦始皇)은 해변에서 좋은 소식이 오기만을 기다
린다. 며칠 후, 서복(徐福)이 돌아와 매우 애석하다는 듯이 말한다.

"폐하, 선약을 구하러 가는 길에 뜻하지 않게 태풍을 만났사옵니
다. 그 때문에 신선산을 코앞에 놓아두고도, 해안에 배를 댈 수가 없어
그냥 돌아왔습니다. 폐하의 기대를 저버려서 참으로 황공하옵니다."

진시황(秦始皇)은, 선약(仙藥)을 구하고 싶은 욕심에 가려, 말의
진위(眞僞)도 헤아려보지 않은 채 급히 그 말을 받는다.

"다시 한 번 가라. 그리고 선약(仙藥)을 구하거든, 지체없이 도성(都城)으로 보내도록 하라."

서복(徐福)은, '신선을 찾아 선약을 구한다'는 구실로 제멋대로 돈을 가져다 쓰면서, 날이면 날마다 주색에 빠져 방탕한 생활을 한다. 그런 그에게 무슨 고민이 있다면, 그것은 바로 '바다 위에서 한바탕 재미있게 놀면 얼마나 흡족할까' 하는 것뿐이었다. 그는, 날마다 그런 생활에 젖어 살면서, 마음속으로, '제발 진시황(秦始皇)에게 들키지만 말게 해 달라'고 빈다.

기다리다 지친 진시황(秦始皇)이, 마침내 서복(徐福)을 불러, '왜 선단(仙丹)을 아직까지 구해오지 않느냐'고 다그친다. 그러자 서복(徐福)은 눈을 이리저리 굴리면서, 다음과 같은 평계를 댄다.

"폐하, 동해에 커다란 상어가 한 마리 있사온데, 그놈이 해마다 풍랑을 크게 일으켜 신등(臣等)이 신선을 찾아가는 길을 방해하고 있사옵니다. 청컨대, 폐하께서는 궁수(弓手)들을 보내시어, 그 요사스러운 놈을 쏘아 죽여 주십시오. 그러면 항로가 뚫려 선단(仙丹)을 구할 수가 있사옵니다."

그 말을 사실로 믿은 진시황(秦始皇)은, 직접 궁수(弓手) 백 명을 거느리고 동해로 떠난다. 배를 타고 수십 리를 가자, 과연 작은 산만 한 고기 한 마리가 거무튀튀한 등을 내보이면서, 수면에 떠 있었다.

비처럼 쏟아지는 화살을 맞은 물고기는, 큰 상처를 입고 그만 죽어
버린다. 그러자 진시황(秦始皇)은 급히 명령을 내린다.

"이제 요사스러운 물고기도 죽고 하였으니, 서복(徐福) 너는 한 시도
지체하지 말고 속히 길을 떠나, 짐(朕)에게 선약을 가져오도록 하라."

서복(徐福)은, 이번에는, 더 이상 갖다 붙일 핑곗거리가 없었다.
그리하여 그는 다량의 식량과 필요한 물건들을 수령한 뒤, 도망
갈 채비를 한다. 그렇다면 과연 서복(徐福)은 어디로 도망을 간 것
일까?

오대(五代)[357] 후주(後周)의 의초화상(義楚和尙)[358]은, "서복(徐福)
이 동쪽 일본으로 건너갔다"고 말한다.[359] 그의 일본인 친구인 홍순

---

357) **오대(五代, 907년~960년)**: 당(唐)대 말기에서 송(宋)대 초기에 이르는 기간. 후량(後梁)·후당
(後唐)·후진(後晉)·후한(後漢)·후주(後周)가 건립된 시기를 가리킨다.

358) **의초(義楚, ?~?)**: 오대(五代) 후주(後周) 때 사람으로, 상주(相州) 안양(安陽) 사람. 제주(齊州) 개
원사(開元寺)의 승려였으며, 구사종(俱舍宗)에 정통했다. 저서로는 ≪의초육첩(義楚六帖)≫
24권이 있다.

359) **'의초화상(義楚和尙)…말한다'**: 오대(五代) 후당(後唐) 천성 2년(天成二年, 927년)에 일본의 고
승(高僧) 홍순대사(弘順大師, 寬輔)가 중국에 건너온다. 중국에 온 뒤 그는 의초화상(義楚
和尙)을 알게 되고 두 사람은 금세 막역한 친구가 된다. 관보(寬輔)는 의초(義楚)에게 신선
을 찾아 일본에 건너온 서복(徐福)에 관한 이야기를 들려준다. 의초(義楚)는 그때 관보(寬輔)
로부터 들은 이야기를 자신의 ≪의초육첩(義楚六帖)≫에 기록해 놓았는데, 그의 ≪義楚六
帖·城廓·日本≫에 기록된 내용을 보면, 다음과 같다. "일본국은 왜국이라고도 한다. 동해
바다에 있다. 秦나라 때 서복이 500명의 동남(童男)·동녀(童女)들을 데리고 이 나라에 왔는
데, 아직도 그들(서복 일행)의 얼굴은 중국 장안 사람들의 얼굴과 같다 …… 그리고 동북쪽
으로 1,000리 정도 가면 부산(富山)이라는 산이 하나 있는데, 봉래(蓬萊)라고도 부른다. 산
세가 매우 높고 삼면이 바다로 둘러싸여 있는 가운데 우뚝 솟아 있다. 꼭대기에서는 화염

화상(弘順和尙)은 이렇게 말한다.

"서복(徐福)은 일본에 정착했다. 그 자손들은 지금 모두 진(秦)이라는 성씨를 갖고 살고 있다."

그리고 명(明)나라 초엽, 일본의 공해화상(空海和尙)이 남경(南京)에 와서 주원장(朱元璋)[360]에게 바친 시(詩)에도, '웅야봉(熊野峰) 앞 서복사(徐福祠)'라는 구절이 보이고 있다. 이는 서복(徐福)이 일본에서 죽었음을 증명하는 것이다. 그런가 하면 청(淸)나라 말엽의 주일(駐日) 외교관은, 서복(徐福)의 묘를 참관한 뒤, 기념으로 시(詩)를 써서 남기기도 한다. 이 모든 것들은 사실로 판단된다.

근대에 이런 일들에 대해 고증을 가한 한 사학가(史學家)는, 서복(徐福)은 실존했던 인물이라고 주장한다. 그의 고향인 강소(江蘇) 감유현(竷楡縣)에 있는 서부촌(徐阜村)은, 명(明)·청(淸)의 시기에는 서복촌(徐福村)이라고 불리웠다. 선진(先秦) 전국시대 때 중국인들이 전란(戰亂)을 피해 해외로 이민을 간 것은, 거의 사실에 가까운 일이

과 연기가 나오고 낮에는 위에서 보석들을 흘려보내고 밤에는 거둬들인다. 그리고 끊임없이 음악 소리가 흘러나온다. 서복은 이곳에 정착한 뒤, 그 산을 봉래(蓬萊)라고 불렀다. 그 자손들은 지금 모두 진(秦) 씨성을 갖고 살고 있다."

360) 주원장(朱元璋, 1328년~1398년): 중국 명나라의 제1대 황제. 자(字)는 국서(國瑞). 묘호(廟號)는 태조(太祖). 장강(長江) 일대를 평정하고 국호를 명(明), 연호를 홍무(洪武)라 하였다. 중국을 통일하였으며, 과거 제도의 정비, 대명률의 제정, 전국의 토지·호구 조사와 같은 많은 업적을 남겼다.

다. 이는 일본 고고학계에서 밝혀낸 사실이기도 하다. 서복(徐福)은, 여러 차례 바다에 나가본 경험이 축적되어 있는 사람이다. 그러므로 그가 만약, 동쪽으로 일본에 건너가는 길을 택했다면, 그것은 이론상 실현 불가능한 것이 전혀 아니었을 것이다.

중국 학자 위정생(衛挺生)[361]은, 그의 <신무개국신고(神武開國新考)>라는 글 속에서 '서복(徐福)이 바로 일본 왕조를 세운 신무천황(神武天皇)'[362]이라고 주장한다. 일본 신궁시(神宮市)에는 아직도 서복(徐福)의 묘(墓)와 서복(徐福)의 사당이 있고, 봉래산(蓬萊山) 등의 고적이 남아 있어서, 사람들이 해마다 큰 제사를 지내고 있다. 만약 서복(徐福)이, 일본 사회에 별다른 영향을 미치지 못했다고 한다면, 일본인들이 그를 그처럼 융숭하게 기념하지는 않았을 것이다.

서복(徐福)이 동쪽으로 건너가 어디에 정착했는지에 대해서는, 중국과 일본, 그 어느 곳에서도, 아직까지 유력한 증거를 찾아내지 못하고 있다. 다만 그의 행적을 추측하는 데 그치고 있을 뿐이다. 애초에 중국의 사학자들은, 이 종류의 설에 숱한 의문을 제기하였다. 그리하여 '이 설(說)은 10세기 일본에서 산생(産生)된 설(說)일 뿐'이라고 간주했었다. 그러다가, 송(宋)나라 이후부터는 이를 믿어

---

361) **위정생(衛挺生, 1890년~1977년)**: 호북성(湖北省) 조양현(棗陽縣) 쌍하진(雙河鎭) 사람으로, 중화민국(中華民國)의 경제학자이자 역사학자. 이름을 체국(體國)이라고 하기도 한다.

362) **신무천황(神武天皇, BC 711년~BC 585년)**: 일본의 초대 천황(재위: BC 660년~BC 585년). 본명은, '神倭伊波禮琵古命' 혹은 '神日本磐余彦尊'.

의심치 않게 된다. 그렇다면 이에 대한 일본학자들의 견해는 어떠할까?

그들은 다음과 같은 견해를 피력한다. "진(秦)나라가 6국을 멸망시켰을 때, 연(燕)나라와 조(趙)나라의 유민들이 일본으로 피난했을 가능성은 인정한다. 그러나 신무천황(神武天皇)은 신화나 전설 속의 인물일 뿐이고, 진짜로 그런 인물이 있었던 것은 아니므로, 그가 서복(徐福)이라는 주장은 받아들이기 어렵다"는 것이다. 서복(徐福)의 유적에 대한 현지 조사를 진행한 일본학자들은, 그것이 '후세 사람들이 인위적으로 만들어 놓은 것에 불과하다'는 사실을 밝혀낸다. 그러면 일본인들은 왜 그와 같은 조작을 했을까?

혹자는 이렇게 추측한다. 중국 성당(盛唐) 시기[363]에, 아시아 소국(小國)들은, 중국의 강성한 국력과 유구한 역사 문화를 크게 흠모한 나머지, 너나 할 것 없이 중국으로 유학생을 파견한다. 중국이라는 세계적인 강국과 어떻게든 끈끈한 관계를 맺어 보고자 하는 열망에서였다. 일본인들이 자신들을 서복(徐福)의 후예로 간주한 것 또한, 일본이 당(唐)나라처럼 강대해지고자 하는 희망에서였다. 그렇게 되면 자신들의 문명사(文明史)가 늘어날 수 있으니까 말이다.

---

363) 성당(盛唐)의 시기: 당시(唐詩)의 전성기. 현종 개원 7년(713)으로부터 숙종 보응(寶應) 말년(末年, 762)에 이르는 기간으로 이백(李白), 두보(杜甫), 왕유(王維), 맹호연(孟浩然)과 같은 위대한 시인이 모두 이때 등장하였다. 또 이 시기에는 국력도 강성하여 동서로 국토를 넓혀 갔으며, 거란, 돌궐, 투루판 등이 귀순하여 왔다.

그리고 중국 친구에게, 일본에 서복(徐福)의 유적이 있다고 말을 하
게 되면 중국과 일본의 우호 관계 강화(强化)에도 도움이 될 수 있
다. 지금처럼 과학 기술이 발달된 근대 일본에서는, 서복(徐福)의 일
을 재론한다는 건 그다지 현명치 못한 일이다. 이런 이유로 서복(徐
福)이 일본에 왔다는 사실 자체를 아예 부정해 버리기도 한다.

　그렇다면 서복(徐福)은 과연 동쪽 어디로 건너간 것일까? 일본
에는 간 것일까, 안 간 것일까? 이에 대한 여러 가지 설(說)이 있긴 하
지만, 여전히 풀지 못한 수수께끼로 남아 있다.

진시황

4. 진시황의 죽음을 둘러싼 수수께끼

진시황(秦始皇)을 둘러싼 의혹들은 수없이 많다. 진시황(秦始皇)의 사인(死因) 또한 그중의 하나다. 진시황(秦始皇)의 죽음에 대해, ≪사기(史記)≫에는 여러 가지 기록들이 보인다. '진시황본기(秦始皇本紀)', '이사열전(李斯列傳)', '몽염열전(蒙恬列傳)'과 같은 것들이 곧 그것이다. 우선 그 대체적인 경과(經過)를 보면, 다음과 같다. 시황(始皇) 37년(기원전 210년) 진시황(秦始皇) 제5차 순행(巡幸)[364] 때의 일이다. 진시황(秦始皇) 일행은, 첫 번째 기착지인 호북(湖北)의 운몽(雲夢)에서부터 호남(湖南) 남부에 있는 구의산(九疑山)을 지나 양쯔강(揚子江, 長江)을 타고 내려가서, 강소(江蘇)와 절강(浙江) 지방에 도

---

364) 순행(巡幸) : 황제가 나라안을 두루 살피며 돌아다니는 일.

달한다. 그리고 여기서 다시 방향을 돌려서, 진강(鎭江) 부근에서 배를 타고 양쯔강(揚子江) 하구(河口)로 간다. 그리고 연해(沿海) 지역을 따라 북상(北上)하여, 산동(山東)의 낭야(琅琊)·영성산(榮成山)·지부산(芝罘山)365) 등에 도달했을 때쯤에는, 진시황(秦始皇)의 몸은 이미 지칠 대로 지쳐 있었다. 그럼에도 그는 강행군을 계속하여 다시 연해(沿海) 지역을 따라 평원진(平原津, 지금의 산동 평원 부근)에까지 이르게 된다. 그런 뒤 그는 병으로 쓰러지고 만다. 그러자 명(命)을 받든 조고(趙高)366)가, 하투(河套)367)에 가 있는, 진시황(秦始皇)의 큰아들 수명감군(受命監軍)368) 부소(扶蘇)369)에게 주는 유서를 작성한다.

---

365) **지부산(芝罘山)**: 지부(芝罘)는 산동성(山東省)에 있는 반도와 만(灣)의 이름.

366) **조고(趙高, ?~BC 207년)**: 중국 진(秦)나라의 내시(内侍). 시황제(始皇帝)가 죽은 뒤에 시황제의 장자 부소(扶蘇)를 죽이고, 둘째 아들 호해(胡亥)를 이세황제(二世皇帝)로 삼았다. 그 뒤, 이세황제(二世皇帝)를 죽이고 자영(子嬰)을 즉위시킨 후에 정승이 되어 권력을 휘두르다 자영에게 일족이 살해되었다.

367) **하투(河套)**: 내몽고(内蒙古) 자치구와 영하(寧夏) 회족(回族) 자치구 경내(境内)에 있는 가란산(賀蘭山) 이동(以東) 및 낭산(狼山)과 대청산(大青山) 이남(以南)의 황하(黃河)가 흘러가는 지구(地區)를 말한다. 황하가 이곳을 흐르면서 큰 만곡(彎曲)을 형성한 까닭에 이러한 이름이 붙었다.

368) **수명감군(受命監軍)**: 황제의 명을 받들어 군대를 감독하는 관원.

369) **부소(扶蘇, ?~BC 210년)**: 진시황(秦始皇)의 장자(長子)다. 어려서부터 총명했던 부소(扶蘇)는 진시황(秦始皇)의 사랑을 많이 받았지만, 진시황(秦始皇)과는 달리 따뜻한 심성의 소유자였다. 이런 연유로 성인이 되고 나서 부친과 정치적으로 충돌하는 일이 잦았다. 두 사람이 가장 크게 충돌했던 것은, 유명한 '분서갱유(焚書坑儒)' 사건 때였다. 이 때문에 진시황(秦始皇)의 노여움을 사게 된 부소(扶蘇)는, 북쪽 변방 지방으로 쫓겨나 대장군 몽염(蒙恬)을 도와 만리장성 축조하는 일에 종사하게 된다. 뒤에 진시황(秦始皇) 사후(死後), 권신 이사(李斯)와 조고(趙高), 왕자 호해(胡亥) 등이 부소(扶蘇)가 즉위할까 두려워하여 조서를 날조, 불효와 공이 없다는 이유로 자살을 강요해 죽음을 당하게 된다.

"죽음이 임박했다. 함양(咸陽)에다 묻으라(: 與喪命咸陽而葬)."

　　그러나 편지를 채 보내기도 전에, 진시황(秦始皇)은 사구(沙邱)[370]
의 행궁(行宮)[371]에서 사망하고 만다.

　　위에서 기술한 내용으로만 보면, 진시황(秦始皇)의 사인(死因)은
아주 분명하여, 의심의 여지가 전혀 없는 것처럼 보인다. 그러나 진
시황(秦始皇)의 사망을 기록하고 있는 모든 글들을 세세히 읽어 보
면, 그 속에는 아주 의미심장한 대목들이 발견되고 있으며, 이 때문
에 진시황(秦始皇)의 죽음은 점점 미궁에 빠져들고 만다. ≪사기(史
記)≫의 기록에 의하면, 진시황(秦始皇)은 어려서부터 '봉준(蜂准)'[372]
이라든지 '지조응(摯鳥膺)'[373]과 같은 각종 병을 앓고 있었다. 이러
한 병들은 모두 선천적이거나, 성장기 때 높은 곳에서 떨어져서 생
기는 병증(病症)들이다. 그런가 하면 그에게는 '시성(豺聲)'[374]까지
있었다. 따라서 그의 체질은 대체적으로 허약한 편이었다고 할 수
있다.

---

370) 사구(沙邱): 지금의 하북성(河北省) 광종현(廣宗縣) 평태촌(平台村) 남쪽.

371) 행궁(行宮): 왕이 나들이 때에 머물던 별궁.

372) 봉준(蜂准): 말안장형의 높은 콧날.

373) 지조응(摯鳥膺): '지조(摯鳥)'는 산비둘기, '응(膺)'은 가슴을 나타내는 말로, '지조응(摯鳥膺)'
이란 계흥(鷄胸), 즉 구루병으로 흉골(胸骨)이 볼록하게 튀어나온 증상을 말한다.

374) 시성(豺聲): 승냥이 같은 날카로운 목소리를 말하는 것으로, 진시황에게 기관지염(氣管支
炎)이 있었음을 암시하고 있다고 할 수 있다.

진시황(秦始皇)은 술과 여색에 빠져 무절제한 생활을 했으며, 또한 사람됨이 까다롭고 고집이 세서, 큰 일이든 작은 일이든 스스로 판단하고 결정을 해야만 직성이 풀리는 사람이었다. 이런 까닭으로, 날마다 120근(斤)이나 되는 문서들을 하나하나 읽고 지시하는 등, 극도의 과로(過勞)에 시달리지 않으면 안 되었다. 게다가 7월의 뜨거운 땡볕에 순행(巡幸)을 나갔으니, 이러한 제 요인들이 한꺼번에 겹쳐 그의 발병(發病)을 재촉한 셈이다. 다만 진시황(秦始皇)이 정말로 그렇게 해서 죽은 것인지, 그렇지 않은 것인지의 여부는 아직 수수께끼로 남아 있다.

어떤 학자들은, 진시황(秦始皇)을 가까이서 모시고 있던 조고(趙高)에게 의심의 눈길을 주기도 한다. 조고(趙高)는 환관(宦官)으로서, 그의 부모들은 모두, 진(秦)나라의 죄인들이었다. 일설(一說)에는, 진(秦)나라가 천하 통일 전쟁을 벌일 즈음, 조(趙)나라를 멸(滅)하면서 붙들어온 포로라고도 한다. 조고(趙高)의 부친은 진(秦)나라에서 궁형(宮刑)[375]을 당했으며, 그 모친은 관노비(官奴婢)[376]였다. 조고(趙高)의 모친은, 진(秦)나라 궁중에서 조고(趙高)의 형제 여러 명을 낳는다. 그리고 그들은 모두 태어나자마자 노비가 된다. 그 후 진시황(秦始皇)은, '조고(趙高)가 신체가 건장하고 힘이 셀 뿐만 아니

---

375) **궁형(宮刑)**: 중국의 오형(五刑) 가운데 하나를 이르던 말로, 죄인의 생식기를 없애는 형벌을 말한다.
376) **관노비(官奴婢)**: 관가에서 부리는 노비.

라 형옥(刑獄)에 관한 일에도 조예가 깊다'는 말을 듣고, 그를 선발하여 중거부령(中車府令)으로 삼는다. 중거부령(中車府令)[377]은 궁궐의 수레와 도장, 묵서(墨書)[378]를 전문적으로 관리하는 환관(宦官)을 말한다. 진시황(秦始皇)은 조고(趙高)에게 명령(命令)을 내려서, 자신의 어린 아들인 호해(胡亥)[379]에게 법률을 가르치게 한다. 진시황(秦始皇)의 금번 순행(巡幸)에서도, 당연히 중거부령(中車府令)의 사무가 없을 수 없었다. 게다가 조고(趙高)는 나중에, 황제의 명령을 전달하고 병력을 이동시킬 때 증거물로 사용하는 부절(符節)[380] 및 옥새(玉璽)의 전달 책임을 맡고 있는, '행부새사(行符璽事)'의 일도 떠맡고 있었다. 진시황(秦始皇)의 중병 시(重病時) 및 사후(死後)에 보여주었던 조고(趙高)의 수상한 여러 행동들은, 사람들로 하여금 진시황(秦始皇)의 죽음에 조고(趙高)가 뭔가 관련되어 있다는 의심을 품지 않을 수 없게 만든다. 진시황(秦始皇)의 이번 순행(巡幸)에는, 상

---

377) **중거부령(中車府令)**: 진(秦)나라 군사 관직의 하나인 중거부령(中車府令)은 조고(趙高)에게만 사용된 직함이다. 원래 진(秦)나라 관제에는 황제가 타는 수레와 말을 관리하는, 태복(太僕)에 소속된 거부령(車府令)이라는 직함은 있었지만 중거부령(中車府令)이란 직함은 없었다. 그런데 유독 조고(趙高)에게만 중거부령(中車府令)이라는 독특한 직함을 부여한 까닭은, 일설에 따르면, 조고(趙高)가 중인(中人) 즉 환관이었기 때문이었다고 한다. 다시 말해서, 그가 환관(宦官)이어서 궁궐의 안팎을 자유롭게 드나들 수 있었으므로 중거부령(中車府令)이라고 칭했다고 한다.

378) **묵서(墨書)**: 자세치 아니하다. 혹 비밀 글?

379) **호해(胡亥, BC 229년~BC 207년)**: 진(秦)의 제32대 왕이고 제2대 황제로 진시황의 18남이다. 재위한 BC 210년에서 BC 207년까지 환관 조고(趙高)가 섭정하였다.

380) **부절(符節)**: 돌이나 대나무, 옥 따위로 만든 물건에 글자를 새겨 다른 사람과 나눠 가졌다가 나중에 다시 맞추어 증거로 삼는 물건.

경(上卿)[381] 몽의(蒙毅)[382]도 수행하고 있었는데, 몽의(蒙毅)는 몽염(蒙恬)[383]의 친동생으로서 황제의 최측근이었다. 그런데 진시황(秦始皇)이 도중에 중병(重病)에 걸렸을 때, 몽의(蒙毅)는 돌연 '환도산천(還禱山川)'[384]을 위해 파견된다. 이것은 조고(趙高)의 계략에 의한 것일 가능성이 짙다. 당시 몽염(蒙恬)은, 30만 군사를 거느리고 상군(上郡)에 주둔하면서, 왕자 부소(扶蘇)와 함께 수비활동을 펼치고 있었다. 그러므로, 몽의(蒙毅)를 진시황(秦始皇)의 주변에서 어떻게든 떠나 보냄으로써, 부소(扶蘇)의 이목(耳目)을 차단해 버리자는 것이었다. 뿐만 아니라 조고(趙高)는, 일찍이 몽의(蒙毅)에게 치죄(治罪)를 당해 사형 판결을 받았다가, 다행히 진시황(秦始皇)의 사면으로 관

---

381) 상경(上卿): 고급 장관에 해당되는 경(卿)을 상, 중, 하 3등급으로 나눈 것 중에서 최상급의 작위(爵位). 경(卿)의 작위는, 일반적으로, 노고와 공이 높은 대신이나 귀족들에게 주어졌다. 재상(宰相)의 지위에 상당(相當)하였고 황제의 총애를 받는 자리였다.

382) 몽의(蒙毅, ?~BC 210년): 진(秦)나라 때의 장군(將軍). 형인 몽염(蒙恬)과 함께 진시황(秦始皇)을 섬겼다. 진(秦)나라의 중국 통일 과정 중에서, 몽씨 집안의 삼대(三代)─몽오(蒙驁), 몽무(蒙武), 몽염(蒙恬)과 몽의(蒙毅)─는 생명의 위협을 무릅쓰고 진시황을 도와서, 수많은 공로를 세웠다.

383) 몽염(蒙恬, ?~BC 209년): 진(秦)나라 때 사람. 선조는 제(齊)나라 사람인데, 나중에 진나라의 장군이 되었다. 몽무(蒙武)의 아들이다. 진시황(秦始皇) 26년(기원전 221년) 제나라를 멸망시킬 때 큰 공을 세우고, 내사(內史)에 임명되었다. 진나라가 육국(六國)을 통일한 뒤 34년(기원전 215년) 30만 대군을 이끌고 북쪽 흉노(匈奴)를 정벌하여 하남(河南) 땅을 수복하는 등 활약이 컸고, 이듬해 만리장성(萬里長城)을 완성했다. 북쪽 변경 상군(上郡, 협서성 膚施縣)에 병사를 주둔시키고 경비하는 총사령관으로 있자 흉노가 두려워 얼씬도 하지 못했다. 37년(기원전 210년) 시황제(始皇帝)가 죽고 이세(二世)가 즉위하자 환관 조고(趙高)와 승상 이사(李斯)의 흉계로 투옥된 뒤 강제로 자살했다. 일찍이 토끼털을 이용해 붓을 개량했다.

384) 환도산천(還禱山川): 여기에서 '환도산천(還禱山川)'이란, 진시황(秦始皇)이 아직 가서 기도하지 못한 산천(山川)에 대한 기도를 계속 수행하게 함을 말한 것이다.

작(官爵)을 회복한 적이 있었다. 이 때문에 조고(趙高)는, 몽의(蒙毅)에게 뼈에 사무치는 원한을 품고 있었다. 그리하여 언젠가는, 몽씨(蒙氏) 일족을 쓸어버리려고 잔뜩 벼르고 있는 중이었다. 그리고 조고(趙高)가 몽의(蒙毅)를 멀리 쫓아보내려고 한 데에는, 추후 자신의 계략을 실행에 옮기는 데에 방해가 되는 걸림돌을, 사전에 치워버리자는 의도도 숨어 있었다.

진시황(秦始皇) 사후(死後)에 조고(趙高)는, 호해(胡亥)를 설득하고 이사(李斯)를 위협하는 수법을 동원한다. 이렇게 하여 이들 세 사람은, 밀모(密謀)를 거쳐 진시황(秦始皇)의 조서(詔書)[385]를 거짓으로 꾸민 다음, 호해(胡亥)로 하여금 황제의 지위를 계승케 만든다. 그와 동시에, 진시황(秦始皇)의 명의(名義)로 부소(扶蘇)에게는 불효(不孝)의 책임을 묻고, 몽염(蒙恬)에게는 불충(不忠)의 책임을 물어서, 자살을 명한다. 부소(扶蘇)의 자살 소식을 접한, 호해(胡亥)와 조고(趙高)와 이사(李斯) 세 사람은, 호위대(護衛隊)에 밤낮으로 길을 재촉하여, 신속하게 함양(咸陽)으로 복귀할 것을 명한다. 그리고 신하들과 백성들을 계속 속이기 위해, 호위대는 짐짓 함양(咸陽)으로 통하는 지름길을 택하지 않고, 계속 순행(巡幸)을 하는 것처럼 위장하면서, 우원한 길로 돌아서 함양(咸陽)으로 향한다. 여름의 땡볕 때문에 진시황(秦始皇)의 시체는, 이미 썩어서 악취를 풍겼다. 호해(胡亥) 일행

---

385) **조서(詔書)**: 황제의 명령을 사람들에게 알리려고 적은 문서.

은, 사람들의 이목을 피하기 위해, 수많은 물고기들을 사들여 수레 위에 실음으로써 냄새를 막고, 사람들의 의심을 피한다. 함양(咸陽)에 도착한 호해(胡亥)는, 곧바로 제위(帝位)에 등극하게 되니, 그가 바로 이세황제(二世皇帝)다. 그리고 조고(趙高)는 낭중령(郎中令)[386]으로 임명을 받아, 궁궐의 크고 작은 문호(門戶)를 총관(總管)[387]함과 동시에, 이세황제(二世皇帝)를 자유롭게 통제할 수 있게 된다.

소기의 목적을 달성한 조고(趙高)는, 또다시 자신의 새로운 계략을 실천에 옮긴다. 그는 이세황제(二世皇帝)에게 참언(讒言)[388]을 하여, 몽씨(蒙氏) 형제[389]를 모해(謀害)하고, 여러 왕자들을 주살(誅殺)[390]한다.[391] 그리고 덫을 놓아 이사(李斯)를 조금씩 죽음의 길로 몰아간다. 그러자 조고(趙高)의 음모를 알아차린 이사(李斯)는, 글을 올려 조고(趙高)를 고발한다. 그러나 이세황제(二世皇帝)는 조고(趙高)의 손을 들어주었을 뿐만 아니라, 이사(李斯)를 감옥에 처넣고 치

---

386) **낭중령(郎中令)**: 중국 진(秦)나라 때 관직의 하나. 9경(九卿)의 일원으로 궁전의 문호(門戶)를 관장하였다.

387) **총관(總管)**: 모든 것을 통틀어서 관리함.

388) **참언(讒言)**: 거짓으로 꾸며서 다른 사람을 헐뜯어 일러바치는 말.

389) **몽씨(蒙氏) 형제**: 몽염(蒙恬)과 몽의(蒙毅) 형제를 말한다. 몽염(蒙恬)은 부소(扶蘇)가 자살할 때, 내심 의아심을 품고 자살을 거부하고 복소(復訴)함으로써 요행히 죽음을 면했으나 이 때 죽임을 당하였다.

390) **주살(誅殺)**: 죄를 물어 죽임.

391) **'여러 왕자들을 주살(誅殺)한다'**: 이때 조고(趙高)의 모함으로, 호해(胡亥)의 12명의 형제와 10명의 자매들이 죽임을 당하였다.

죄(治罪)한 뒤, 급기야는 함양(咸陽)에서 이사(李斯)를 요참(腰斬)[392]
에 처하고 만다. 승상(丞相)에 오른 조고(趙高)는, 환관(宦官)이었으
므로 궁궐을 마음대로 드나들 수 있었다. 이러한 이유로, 그를 부를
때 특별히 '중승상(中丞相)'[393]이라고 불렀다. 몽씨(蒙氏) 일족(一族)
을 제거하고 이사(李斯)를 참살(斬殺)하는 것이, 조고(趙高)의 최종적
인 목적은 아니었다. 그의 목적은 한층 더 높은 데에 있었다. 그의
최종적인 목적은, 눈앞의 황제인 이세황제(二世皇帝)를 제멋대로 조
종해서 제위(帝位)를 빼앗고, 스스로 황제가 되려는 데에 있었다. 이
를 위해 그는, 심혈을 기울여 '지록위마(指鹿爲馬)'라는 일장(一場)의
코미디극을 연출한다.

　어느 날 조고(趙高)는, 사슴 한 마리를 끌고 함양(咸陽)의 황궁(皇
宮)에 나타난다. 그는 그 사슴을 이세황제(二世皇帝)에게 바치면서,
'말 한 마리를 가져왔다'고 한다. 그 말을 들은 이세황제(二世皇帝)
는, 실소(失笑)를 터뜨리며, "승상(丞相), 농담이 지나치시구려. 이게
사슴이지, 무슨 말이란 말이오?"라고 하면서, 좌우의 대신(大臣)들
에게 '이게 대체 말인지 사슴인지 의견들을 말해 보라'고 한다. 그러
자 대신들은 행여 조고(趙高)에게 찍힐세라, 직언을 하지 못하고 우
물쭈물하는가 하면, 또 어떤 자들은, 조고(趙高)에게 환심을 사기 위

392) 요참(腰斬) : 죄인의 허리를 베어 죽이는 일이나 그런 형벌을 말한다.
393) 중승상(中丞相) : '궁궐을 마음대로 드나들 수 있는 승상'이라는 뜻이다.

해, 말이라고 우기기도 한다. 그런가 하면 개중에는, 사실을 존중해
서 사슴이라고 직언을 하는 사람들도 없지 않았다. 그러자 조고(趙
高)는, 직언한 자들을 눈여겨봐 뒀다가, 뒤에 쥐도 새도 모르게 그들
을 법의 올가미로 엮어서 처벌해 버린다. 그러나 이는 조고(趙高)의
정권 찬탈(簒奪) 기도(企圖)의 서막에 지나지 않았다. 그는 다만, 일
부러 함정을 파놓은 뒤, 어떤 자가 자신에게 고분고분하고, 어떤 자
가 고분고분하지 않는가를 시험해봤을 뿐이었다.

그때 진승(陳勝)과 오광(吳廣)으로부터 발동이 걸리기 시작한 농
민 봉기가, 갑자기 기승을 부리기 시작한다. 유방(劉邦)과 항우(項
羽)[394]의 기의군(起義軍)[395]은, 이미 진(秦)나라의 명장(名將) 왕리(王

394) 항우(項羽, BC 232년~BC 202년) : 이름은 적(籍), 우(羽)는 자이다. 임회군 하상현(臨淮郡 下相
縣, 지금의 江蘇省) 출생. 사마천(司馬遷)의 《사기(史記)》에는, 젊은 시절 '문자는 제 이름을
쓸 줄 알면 충분하고, 검술이란 1인을 상대할 뿐이 하찮은 것'이라 하고, 회계산(會稽山)에
행차하는 시황제의 성대한 행렬을 보고 '저 녀석을 대신해 주겠다'고 호언했다는 일화가
전해진다. BC 209년 진승(陳勝)·오광(吳廣)의 난으로 진나라가 혼란에 빠지자, 숙부 항량(項
梁)과 함께 봉기하여 회계군 태수를 참살하고 인수(印綬)를 빼앗은 것을 비롯하여 진군(秦
軍)을 도처에서 무찌르고, 드디어 함곡관(函谷關)을 넘어 관중(關中)으로 들어갔다. 이어 앞
서 들어와 있던 유방(劉邦)과 홍문(鴻門)에서 만나 이를 복속시켰으며, 진왕 자영(子嬰)을 죽
이고 도성 함양(咸陽)을 불사른 뒤에 팽성(彭城: 지금의 徐州)에 도읍하여 서초(西楚)의 패왕
(覇王)이라 칭하였다. 그러나 각지에 봉한 제후를 통솔하지 못하여 해하(垓下: 지금의 安徽省
靈璧縣)에서 한왕(漢王) 유방(劉邦)에게 포위되어 자살하였다.
395) 기의군(起義軍) : 나라가 위급할 때 백성들이 스스로 조직한 군대.

중국 옛 명사들의 삶과 수수께끼

離)³⁹⁶⁾를 포로로 사로잡고, 장한(章邯)³⁹⁷⁾과의 전투에서 수차례 승리를 거두고 관동(關東)³⁹⁸⁾을 석권한 다음, 유방(劉邦)의 기의군(起義軍) 수만 명이 때마침 무관(武關)³⁹⁹⁾을 공격하고 있는 중이었다. 그러나 조고(趙高)는, 이 모든 진상(眞相)을 철저하게 숨긴다. 그런 후 그는, 곧바로 자신의 사위인 함양 현령(咸陽縣令) 염락(閻樂)⁴⁰⁰⁾을 시켜서, 군사 천여 명을 이끌고 도적으로 변장하게 한 뒤, 이세황제(二世皇帝)가 있는 망이궁(望夷宮)으로 난입(亂入)해 들어가게 한다. 이세황제(二世皇帝)는 공포에 질려 부들부들 떤다. 염락(閻樂)은 호해(胡亥)의 죄상(罪狀)을 낱낱이 열거한 뒤, 그로 하여금 자살을 강요한다. 이세황제(二世皇帝)가 자살하자, 조고(趙高)는 자신의 몸에 옥새(玉璽)를 차고 대전(大殿)⁴⁰¹⁾에 나아가 스스로 황제가 되려고 한다. 그

396) **왕리(王離, ?~BC 207년)**: 진(秦)나라의 명장(名將)인 왕전(王翦)의 손자이자 왕분(王賁)의 아들로서, 그 부친의 뒤를 이어 진(秦)나라의 장수가 되어 국경에서 오랑캐를 수비했다. 그러다가 진(秦)나라 말에 농민 봉기가 발발하자 장한(章邯)과 함께 진(秦)나라 군사들을 이끌고 진승(陳勝), 오광(吳廣)등과 싸웠다.

397) **장한(章邯, ?~BC 204년)**: 진(秦)나라 말의 저명한 장수로 상장군(上將軍)이었다. 이세황제(二世皇帝) 원년(元年, BC 209년), 진승(陳勝)의 기의군과의 전투에서 여러 차례 승리를 거두었다. 그러나 뒤에 항우(項羽)와의 전투에서 몇 차례 패배한 뒤 항우(項羽)의 군에 투항하였고, 유방에게 패해 자결했다.

398) **관동(關東)**: 함곡관(函谷關) 이동(以東)을 말한다.

399) **무관(武關)**: 단봉현(丹鳳縣)의 동쪽, 무관하(武關河)의 북안(北岸)에 있는 곳으로서, 함곡관(函谷關), 소관(蕭關), 대산관(大散關)과 더불어 진(秦)나라 4대 요새(要塞) 중의 하나다.

400) **염락(閻樂, ?~?)**: 조고(趙高)의 사위. 기원전 207년에 자영(子嬰)이 조고(趙高)의 삼족(三族)을 멸할 때 함께 피살되었을 것으로 추정된다.

401) **대전(大殿)**: 경축(慶祝) 의식(儀式)을 거행할 때 황제가 대신(大臣)이나 사신(使臣) 등을 접견하는 궁전.

러나 여러 신하들이 이에 따르지 않자, 조고(趙高)는, 할 수 없이 호해(胡亥)의 형의 아들인 자영(子嬰)[402]을 왕으로 추대한다. 그러자 자영(子嬰)은 즉각 계략을 써서 조고(趙高)를 암살해버리고 만다. 그러나 자영(子嬰) 또한 46일이라는 짧은 기간 동안만 진왕(秦王)의 자리를 지켰을 뿐으로, 가장 먼저 요새(要塞)를 뚫고 들어온 유방(劉邦)의 기의군(起義軍)에 투항(投降)하고 만다. 그러다가 뒤에 그는 항우(項羽)에게 죽임을 당한다.

진시황(秦始皇)의 죽음은 사실상 궁궐 내의 왕위 찬탈 사건의 서막을 알리는 것이었으며, 이러한 왕위 찬탈 사건의 연출자는 곧 조고(趙高)였다. 그리고 이사(李斯), 호해(胡亥), 몽염(蒙恬), 몽의(蒙毅) 등은, 모두 왕위 찬탈 사건의 희생자들이었다. 조고(趙高)의 최종적인 목적은, 황제의 보위(寶位)에 앉고자 하는 것이었다. 그러나 살아 있는 진시황(秦始皇)을 지배한다는 건, 그가 후에 이세황제(二世皇帝)를 지배했던 것처럼, 그에게 그렇게 호락호락한 일만은 아니었다. 그렇기 때문에 다섯 번째 순행(巡幸) 도중에 진시황(秦始皇)이 중병(重病)에 걸렸던 것은, 그야말로 하늘이 그에게 주려주신 천금과 같은 기회였다. 그래서 진시황(秦始皇)이 죽게 되자, 그는 그제서야

---

402) 자영(子嬰, ?~BC 206년): 중국 진(秦)의 제3대이자 마지막 왕이다. 왕위(王位)에 오른 지 46일만에 유방(劉邦)에게 투항했지만, 뒤이어 함양(咸陽)에 입성(入城)한 항우(項羽)에게 살해되었다.

비로소 거짓 유조(遺詔)[403]를 보내, 자신의 계략을 하나씩 둘씩 실천에 옮기게 된 것이다.

진시황(秦始皇)이 과연 병사(病死)한 것인지, 아니면 피살(被殺)된 것인지에 대해서는, 아직 정론(定論)[404]이 없다. 그러나 만약에 그가 피살(被殺)되었다고 한다면, 조고(趙高)는 과연 어떠한 방법으로 진시황(秦始皇)을 죽음에 이르게 한 것일까? 이러한 것에 대한 답변은, 아직까지 역사적으로 밝혀져 있지 않다. 이런 까닭으로, '사구(沙邱)의 의안(疑案)'[405]은 아직까지 미제(未濟)의 숙제로 남아 있다고 할 수 있다.

403) 유조(遺詔): 황제의 유언.
404) 정론(定論): 여러 사람에게 바른 것으로 인정된 학문상의 확고한 이론.
405) 의안(疑案): 미스터리 사안(事案).

사마천에서 진승 묘앞에서

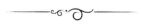

5. 진승의 고향은 어디?

　　진승(陳勝)[406]은 농민 봉기군(蜂起軍)의 두령이다. 그가 일으킨 봉기는, 중국 봉건사회 역사상, 맨 처음으로 일어난 농민 봉기였다. 그는 오광(吳廣)과 함께 분연히 일어나, '벌무도, 주폭진(伐無道, 誅暴秦)'[407]이라는 기의(起義)[408]의 뜨거운 불길을 지핀다. 그러자 진(秦)나라 말, 중국 곳곳에서 농민혁명의 물결이 크게 용솟음쳐 오르기

---

406) **진승(陳勝, ?~BC 208년)**: 자(字)는 섭(涉)이다. 진(秦)나라 말, 반진(反秦) 봉기군의 수령(首領) 중의 하나. 오광(吳廣)과 함께 반진(反秦) 봉기군의 선봉에 섰으며, 뒤에 진군(陳郡)에서 스스로 왕을 자처하고 장초정권을 수립하였다. 뒤에 진(秦)나라 장수 장한(章邯)에게 패했으며 차부(車夫)의 칼에 찔려 죽었다.

407) **'伐無道, 誅暴秦'**: '무도(無道)한 조정(朝廷)을 토벌(討伐)하고, 잔인하고 포악한 진(秦)나라 임금을 주살(誅殺)하자'라는 뜻.

408) **기의(起義)**: 의병(義兵)을 일으킴.

시작한다. 그는 그 순간을 이용하여 중국 역사상 첫 농민 정권-장초 정권(張楚政權) [409] 을 창출한다. 진승(陳勝)은 뒤에 반도(叛徒)들의 손에 죽임을 당하게 되지만, 그가 한번 지핀 '반진(反秦)'의 뜨거운 불길은 나날이 활활 타올라서, 급기야는 진(秦) 왕조를 멸망으로 이끌어 가게 된다.

걸출한 농민 두목 진승(陳勝)은, 또한 중국의 농민 전쟁사(戰爭史)상에 새로운 장(章)을 열어준 인물이기도 하다. 사람들은 그를 회상하고 그리워하면서, 이런 질문을 하곤 한다.

"진승(陳勝)이란 인물은 대체 누구지? 대체 어떤 사람이기에, 그렇게 대단한 위업을 이룬 거지?"

≪사기(史記) · 진섭세가(陳涉世家)≫의 기록에 따르면, 진승(陳勝)은 진섭(陳涉)이라고도 불리우고, 양성(陽城)사람이다. 어려서 집안이 가난하여 10대(代)의 나이에 대지주(大地主) 및 귀족의 집에서 머슴살이를 하면서, 온갖 착취와 능욕을 당한다. 진승(陳勝)은 젊었을 때부터 가슴속에 큰 뜻을 품고 있었다. 그리하여 그는 일찍이 함께 일하는 농민들에게 이렇게 말한다.

---

409) **장초정권(張楚政權)**: 중국 역사상 농민들이 세운 첫 정권으로서, 기원전 209년에 진승(陳勝)과 오광(吳廣)이 세웠다. 정권의 이름을 '장초(張楚)'라고 한 것은, 이 정권을 세운 진승(陳勝) 등이 봉기할 적에 진시황에게 멸망한 초(楚)나라를 확장하고 확대하려고 의도한 데서 유래했다고 한다.

"언젠가 우리들 중 누군가가 이 집처럼 큰 부자가 되거든, 부디 지금의 가난했던 시절의 친구들을 서로 잊지 말기로 하세!"

그러자 같이 일하던 친구들이 일제히 웃음을 터뜨리며 말했다.

"가난에 찌들어서 이 모양 이 꼴인데, 부자는 무슨 얼어 죽을 부잔가?! 그런 허풍 떨려거든, 부자나 된 후에 그러든지…!"

그러자 진승(陳勝)은, 꺼지도록 한숨을 쉬며 이렇게 말한다.

"쯧쯧! 연작(燕雀, 제비와 참새)[410]이 어찌 홍곡(鴻鵠, 큰 기러기와 고니)[411]의 높고 깊은 뜻을 알랴?! 그럼, 자네들은 평생 이 모양 이 꼴로 살텐가?"

기원전 209년 7월, 이세황제(二世皇帝)[412]는 어양(漁陽)[413] 지역을 지키러 갈, 변방 위수(衛戍)부대 군사들을 징발한다. 이때 진승(陳勝)은, 900명의 빈민(貧民)들과 함께 양성(陽城)[414] 지방에서, 변방 위수(衛戍)부대에 편입된다. 키가 크고, 몸집이 좋고, 시원시원한 풍

410) 연작(燕雀): 도량이 좁은 사람을 비유적으로 이르는 말.
411) 홍곡(鴻鵠): 높고 큰 뜻을 품은 사람을 비유적으로 이르는 말.
412) 이세황제(二世皇帝, BC 230년~BC 207년): 진시황의 막내아들인 호해(胡亥)를 말한다.
413) 어양(漁陽): 지금의 북경(北京) 밀운(密雲)의 서남쪽을 말한다.
414) 양성(陽城): 지금의 하남(河南) 등봉현(登封縣) 동남쪽을 말한다.

보를 가지고 있었던 진승(陳勝)은, 그 덕에 좌둔장(左屯長)⁴¹⁵⁾에 임명된다. 그리고 우둔장(右屯長)에는 양하(陽夏)사람 오광(吳廣)이 임명된다. 변방 위수(衛戍)부대로 징발된 군졸들은, 양성(陽城)에서 고된 여정을 시작하여, 어렵사리 기현(蘄縣) 대택향(大澤鄉, 지금의 안휘성 숙현 동남쪽)에 도착한다. 그런데 그곳에서 마주친 뜻밖의 폭우와 홍수로 도로가 침수되는 바람에, '변방으로 징발되어가는 부대'는, 계속해서 며칠을 더 지체하지 않으면 안 되는 돌발 상황이 발생한다. 이로 인해 진승(陳勝) 일행은, 정해진 기일 내에 어양(漁陽)에 도착할 방법이 묘연해지고 만다. 엄격하고 혹독하기로 유명한 진(秦)나라의 법률에 따르면, 정해진 기일에 도착하지 않으면 목을 베는 형벌을 받게 되어 있었다. 이대로 가게 되면, 병사들은 어양(漁陽)에 도착하는 즉시, 죽임을 당할 수밖에 없었다. 그리하여 진승(陳勝)과 오광(吳廣)은. 서로 머리를 맞대고 상의를 한 끝에, 무장(武裝) 봉기 (蜂起)를 통해 살길을 찾기로 합의를 본다.

진승(陳勝)과 오광(吳廣)은, 왕자 부소(扶蘇)와 초(楚)나라 장수 항연(項燕)⁴¹⁶⁾의 명의(名義)를 빌려서, 무장 투쟁을 일으켜 민중들의 지

---

415) 좌둔장(左屯長): 둔장(屯長)은, 100명을 다스리는, 소규모 부대의 중간 보스를 의미한다.

416) 항연(項燕, ?~BC 223年): 전국시대 말, 초(楚)나라의 명장으로 항량(項梁)의 부친이다. 지금의 강소성 숙천현(宿遷縣) 서남의 하상(下相) 사람이다. 진시황(秦始皇) 23년, 기원전 224년 20만의 대군을 이끌고 쳐들어 온 이신(李信)을 패배시키고 초(楚)나라의 남군(南郡)을 회복했다. 그러나 다음 해인 진시황(秦始皇) 24년, 60만의 대군을 이끌고 쳐들어온 왕전(王翦)에 의해 그가 이끌던 초군(楚軍)은 대패하고 초왕(楚王) 부추(負芻)는 진군(秦軍)의 포로가 되었다. 항연은 창평군(昌平君)을 형왕(荊王)으로 세우고 회남(淮南)으로 들어가 진(秦)나라에 저

지를 쟁취하기로 결정한다. 진승(陳勝)은, '진승(陳勝)이 왕(王)이 된다'는 글귀가 새겨진 단서(丹書)[417]를 물고기 뱃속에 집어넣는 꾀[418]와, 불에 바구니를 씌워 도깨비불처럼 만들어 놓고 여우 소리를 내어서 "초(楚)나라가 일어나고 진승(陳勝)이 왕이 된다!"고 외치는 꾀[419]를 내어, 수졸(戍卒)[420]들로 하여금 '하늘의 뜻에 따라, 무장 봉기하라'고 부추긴다.

"왕후(王侯)[421]와 장상(將相)[422]의 씨가 어찌 따로 있으랴?"

이 한 마디는 가난한 마을 사람들을 뼈저리게 각성케 만든다.

"그래, 우리가 죽을 때까지 이렇게 남에게 수모만 당하고, 평생 돈

항을 계속했으나, 다시 다음 해에 계속된 왕전의 공격으로 창평군은 난전 중에 죽고 항연 자신은 스스로 목숨을 끊었다.

417) **단서(丹書)**: 붉은 물감으로 쓰거나 새긴 글.

418) **단서(丹書)를 물고기 뱃속에 집어넣는 꾀**: 이른바 '어복단서(魚腹丹書)'의 꾀를 말한다. '어복단서(魚腹丹書)'는 진승(陳勝)과 오광(吳廣)의 봉기(蜂起) 초기, 널리 선전(宣傳)을 하면서 사람들이 꼬이지 않을까봐, 주사(朱砂)로 '陳勝王'이라고 쓴 베조각을 물고기의 뱃속에 넣고 다시 그 물고기를 몰래 그물 속에 숨겨 넣어서, 민병(民兵)들이 고기를 먹다가 발견하게 한 일을 말한다. 진승(陳勝) 등은, 그렇게 함으로써 민병(民兵)들로 하여금 진승(陳勝)이 왕이 되는 것은 곧 하늘의 뜻임을 믿게 했다.

419) **'도깨비불처럼 만들어 놓고 여우 소리를 내어…외치는 꾀'**: 이른바 '구화호명(篝火狐鳴)'의 꾀를 말한다.

420) **수졸(戍卒)**: 변방을 지키는 군졸.

421) **왕후(王侯)**: 왕과 제후.

422) **장상(將相)**: 장군과 재상.

많고 힘 있는 놈들의 뒤치다꺼리나 하면서 살아야 되겠는가? 진(陳) 두령(頭領)을 따라 '무도(無道)한 조정(朝廷)을 토벌(討伐)하고, 잔인하고 포악한 진(秦)나라 임금을 주살(誅殺)'해서 우리 농민들의 세상을 만든 뒤에, 우리도 남부럽지 않게 행복하게 한번 살아보자!"

수졸(戍卒)들은 나무를 잘라 무기를 만들고 대나무로 기(旗)를 만든 뒤, 진승(陳勝)을 통수(統帥)[423]로 추대해서 '장군(將軍)'으로 부르고, 오광(吳廣)을 부통수(副統帥)로 추대하여 '도위(都尉)'[424]로 부른다. 이렇게 농민 봉기의 첫 불길이, 대택향(大澤鄕)[425]에서 뜨겁게 타오른다.

봉기군은 아주 쉽게 기현(蘄縣)을 함락시킨다. 그리고 그 여세를 몰아 병력을 둘로 나눈 뒤, 안휘(安徽)와 하남(河南)의 수많은 성(城)들을 함락시킨다. 봉기군이 진현(陳縣)[426]을 함락시키자, 진승(陳勝)은 정식으로 왕(王)을 칭하고, 국호(國號)를 '장초(張楚)'로 정한다. 이

---

423) **통수(統帥)**: 병력을 지휘하고 통솔하는 권한을 가진 사람.
424) **도위(都尉)**: 장군 바로 밑의 무관(武官).
425) **대택향(大澤鄕)**: 지금의 안휘성(安徽省) 숙현(宿縣) 동남쪽에 있는 유촌집(劉村集)을 말한다.
426) **진현(陳縣)**: 진(陳)이란 지명은 원래 주무왕(周武王)이 은(殷)나라를 멸하고 제후들을 봉할 때 순임금의 자손이라고 생각되는 호공(胡公) 만(滿)을 찾아 세워준 나라 이름에서 기원한 것이다. 진(陳)나라는 기원전 481년에 멸망당해 초(楚)나라의 영토가 되었다. 전국(戰國) 때 진(秦)나라의 명장 백기(白起)의 공격으로 그 본거지인 호북성 형주시(荊州市) 부근인 영(郢)을 빼앗긴 초(楚)나라가 나라를 옮긴 곳이 진성(陳城)이다. 진(陳)나라는 이곳 진성(陳城)으로 그 나라를 옮겼다가 곧 이어 거양(巨陽)을 거쳐 지금의 안휘성 수현(壽縣)으로 가 그곳에서 망했다.

렇게 해서 중국 역사상 첫 농민정권이 수립된다.

그러자 초(楚)나라의 옛 영토에서 기의군(起義軍)이 일어나, 여기저기서 진왕(陳王)의 부름에 호응, 진(秦)나라에 맞서 무장투쟁을 벌인다. 이내 각지에서 계속적으로 승전보가 들려오고, 이에 따라 폭정을 일삼던 진(秦)나라는 붕괴할 위기에 직면한다. 그러자 진승(陳勝)은 승리에 취해 점점 교만해져서, 가난한 시절의 친구들을 죽이고, 원래 그를 따르던 옛 부하들을 멀리한다. 그리고 그 빈자리에, 6국의 잔당(殘黨)들과 낙백(落魄)한 정객(政客)들이, 틈을 비집고 봉기군에 섞여 들어온다.

또 그런가 하면, 봉기군이 분열되기 시작한다. 무신(武臣)[427]은 스스로 조왕(趙王)을 자처하고, 한광(韓廣)[428]은 연왕(燕王)을 자처하였으며, 오광(吳廣)은 살해당하고 만다. 한편 장한(章邯)에게 쫓기던 주문(周文)[429]의 대군(大軍)들은 구원군의 도움을 받지 못한 채 싸움에서 패하고, 이로 인해 주문(周文)은 자살한다. 기세가 오른 진(秦)나라의 장수 장한(章邯)은, 그 세력을 몰아 곧바로 진성(陳城)을 압박한다. 진승(陳勝)은 홀로 고립된 채 목숨을 걸고 싸우다가 패하

---

427) 무신(武臣, ?~BC 208년) : 진(陳, 지금의 河南 淮陽) 사람으로, 진왕(陳王) 진승(陳勝)의 부장(部將). 뒤에 자립하여 조왕(趙王)이 된다.

428) 한광(韓廣, ?~BC 202년) : 원래 조(趙)나라 상곡(上谷)의 소리(小吏). 진승(陳勝)과 오광(吳廣)의 봉기로 천하가 어지러울 때, 진승(陳勝)에 의해 연(燕)나라 땅으로 파견되었다가 당지(當地)의 귀족들의 옹립을 받아 연왕(燕王)이 된다. 혹은 자립하여 연왕이 됐다는 설도 있다.

429) 주문(周文, ?~BC 209년) : 진(秦)나라 농민 봉기군의 장령(將領).

고, 진현(陳縣)에서 군사를 거두어 뒤로 물러난다. 같은 해 12월, 멀리 여양(汝陽)으로까지 퇴각한 진승(陳勝)은, 계속해서 하성부(下城父)[430]로 이동한다. 그리고 불행하게도 그곳에서 거마(車馬)를 관리하던 반도(叛徒) 장고(莊賈)[431]에게 살해당하고 만다. 한 시대를 풍미했던 농민의 두령은, 자신이 벌여놓은 사업도 채 이루지 못한 채, 이렇게 세상을 뜨고 만다. 진승(陳勝)과 오광(吳廣)은 비록 피살됐을지라도, 그들이 불러일으킨 농민 봉기의 불길은 요원의 불길처럼 훨훨 타올라, 진(秦) 왕실의 통치를 순식간에 무너뜨리고, 중국 농민 전쟁의 역사상에 찬란한 한 페이지를 장식하게 된다.

영웅의 자취를 더듬어 찾는 사람들은, '진승(陳勝)의 고향인 양성(陽城)이 과연 어디일까?' 하고 궁금해한다.

먼저, 하남(河南) 등봉현(登封縣) 동남쪽에 있는 고성진(告成鎭)이라고 보는 견해가 있다. 당(唐)나라 사마정(司馬貞)[432]은 ≪사기색은(史記索隱)≫이란 책에서 말하기를, "위소(韋昭)[433]는 영천(穎川)

---

430) 하성부(下城父): 몽성현(蒙城縣)에서 서북쪽으로 40킬로미터 떨어져 있는 곳으로서, 지금의 안휘성(安徽省) 와양현성(渦陽縣城).

431) 장고(莊賈, ?~?): 원래 진승(陳勝)의 차부(車夫)였다. 뒤에 진(秦)나라 장군 장한(章邯)의 유혹에 넘어가서, 반란을 일으킨 뒤 진승(陳勝)을 죽인다.

432) 사마정(司馬貞, ?~?): 당나라 때의 저명한 사학자. 자는 자정(子正), 당(唐)나라 하내(河內, 지금의 심양) 사람이다. 개원(開元, 713년~741년) 중에, 관(官)이 조산대부(朝散大夫)에 이르렀다. 저서에 ≪사기색은(史記索隱)≫ 30권이 있으며, 세칭 '소사마(小司馬, 작은 사마천)'로 불리운다.

433) 위소(韋昭, 204년~273년): 곧 위요(韋曜)를 말한다. 본명은 위소(韋昭)고 자는 홍사(弘嗣)다. 오군(吳郡) 운양(雲陽, 지금의 강소성 丹陽) 사람이다. 동오(東吳)에서 4대에 걸쳐 벼슬을 살았

에 속한다고 했으나, ≪지리지(地理誌)≫에 보면 여남(汝南)에 속한다고 하고 있다. 양성(陽城)은 예전에 여남(汝南)에 속해 있었다."고 하고 있다. ≪사해(辭海)≫434)의 주석(註釋)에서도 아래와 같이 씌어 있다.

"양성(陽城)은 옛 현(縣)의 이름이다. 춘추시대 때에는 정(鄭)나라의 성읍(城邑)이었는데, 진(秦)나라 때 이곳에 현(縣)을 두었다. 치소(治所)435)는 지금의 하남성(河南省) 등봉시(登封市)436) 동남쪽 고성진(告成鎭)437)에 있었다. 그러다가 무주(武周)438) 시절에 고성(告成)이라고 개명했고, 당(唐)나라 천우(天祐)439) 시절에 다시 양읍(陽邑)으로 개명했으며, 5대(五代)440) 후당(後唐)441) 때 또다시 양성(陽城)으로 이름을 고쳤다가 후

다. 중국 고대 역사상 역사서 편찬 시간이 가장 긴 사학자로 유명하다.
434) ≪사해(辭海)≫ : 중국 최대의 종합 사전. 자전(字典), 사전(辭典), 백과사전의 기능이 종합되어 있다.
435) 치소(治所) : 어떤 지역에서 행정 사무를 맡아보는 기관이 있는 곳.
436) 등봉시(登封市) : 지금의 하남성(河南省) 중서부(中西部)에 있는 도시 이름.
437) 고성진(告成鎭) : 원래는 고양성(古陽城)이라고 하였는데, 하남성(河南省) 등봉시(登封市) 동남쪽 11킬로미터 지점, 숭산(嵩山)과 기산(箕山) 사이에 위치한다.
438) 무주(武周, 690년-705년) : 측천무후(則天武后, 624년~705년, 재위 690년~705년)가 세운 왕조의 이름이다.
439) 천우(天祐, 904년~919년) : 당(唐)나라 소종(昭宗) 이엽(李曄)이 사용하던 연호(年號)다.
440) 오대(五代) : 907년부터 960년까지의 시기. 즉, 당(唐) 멸망 후 중원 지역을 지배했던 후량(後梁), 후당(後唐), 후진(後晋), 후한(後漢), 후주(後周) 등의 정권을 이른다.
441) 후당(後唐) : 오대(五代) 중의 한 나라(932년~936년). 이존욱(李存勗)이 후량(後梁)을 멸망시키고 낙양(洛陽)을 수도로 하여 세운 나라다. 그 후 14년 만에 후진(後晋)의 고조(高祖)인 석경당(石敬塘)에 의해 멸망하였다.

주(後周) 442) 현덕(顯德) 443) 연간에 등봉(登封)에 편입되었다. 진(秦)나라 농민 봉기군의 두령 진승(陳勝)은 곧 본현(本縣) 사람이다."

또 하나의 관점은, 안휘성(安徽省) 숙현(宿縣)으로 보는 견해다. 《숙주지(宿州誌)》 444)에 보면, 진승(陳勝)이 이곳에서 태어났다고 분명하게 기록되어 있다. 아울러 이곳은 대택향(大澤鄕)으로부터 20여 리밖에 떨어져 있지 않아, 진승(陳勝)이 봉기한 곳과 완전히 일치한다. 그리고 진승(陳勝) 봉기군의 중심 세력이 안휘(安徽) 회북(淮北) 445) 일대에 집중되어 있다는 사실은, 진승(陳勝)과 그 일당이 숙현(宿縣) 사람들이라는 점 및 이곳 양성(陽城)이 바로 그들의 출생지라는 점을 잘 설명해 주고 있다. 진승(陳勝)의 봉기군은 싸움에서 진 뒤, 재기(再起)를 위해 숙현(宿縣)의 이곳저곳으로 흩어진 다음, 고향의 유지(有志)들과 친지들의 지원을 얻으려고 시도한다. 또 진승(陳勝)의 누이동생인 진설화(陳雪花)의 묘지도 대택향(大澤鄕) 부근에다 마련한다. 전하는 바에 따르면, 진승(陳勝)은 대택향(大澤鄕) 봉

---

442) 후주(後周): 중국 오대(五代) 최후의 왕조(951~960). 후한(後漢)을 멸망시키고 건국하였으나 3대 만에 송(宋)나라에 멸망했다.

443) 현덕(顯德, 954년~960년): 후주(後周) 태조 곽위(郭威)가 사용한 연호(年號)다.

444) 《숙주지(宿州誌)》: 청(淸)나라 광서(光緖, 1875년~1908년) 연간에 하경쇠(何慶釗) 등이 수찬(修撰)한 책.

445) 회북(淮北): 회하(淮河) 북쪽에 있다고 해서 이와 같은 이름이 붙었다. 안휘(安徽), 하남(河南), 산동(山東), 강소(江蘇)의 경계선에 위치하고 있다. 귤화위지(橘化爲枳), 즉 회남(淮南)의 귤을 회북(淮北)에 심으면 탱자가 된다는 말이 유래한 곳이기도 하다.

기 후에 자신의 여동생을 데려와서, 후방(後方)에 두고 잘 보살폈다
고 한다. 만약에 진승(陳勝)이 여동생을 데려온 곳이, 안휘(安徽)의
양성(陽城, 宿縣)이 아니라 하남(河南)의 양성(陽城, 하남 登封)이었
다고 한다면, 그는 그녀를 대택향(大澤鄕)이 아니라 가까운 진현(陳
縣, 하남 淮陽)으로 데려왔을 것이다. 이렇게 되면 진설화(陳雪花)는
사후(死後)에 대택향(大澤鄕)에 묻히기 어려웠을 것이다. 그곳 사람
들도, 안휘성(安徽省) 숙현(宿縣)이 바로 진왕(陳王)이 살던 곳이라고,
조상대대로 상전(相傳)해 내려오고 있다.

그리고 마지막으로 또 하나의 관점은, 지금의 하남(河南) 상수현
(商水縣) 부소촌(扶蘇村)이 바로 양성(陽城)이라는 설이다. ≪사기(史
記)≫에 보면 이런 대목이 보인다.

   "봉기를 일으킨 진승(陳勝)이, 당시 사람들의 기대에 부응하여 스스
   로를 부소(扶蘇) 왕자로 자처하면서 이 성(城)을 구축(構築)했다."

즉, 진승(陳勝)이 부소(扶蘇) 왕자를 사칭(詐稱)하면서 봉기를 일
으킨 뒤, 고향인 양성(陽城)의 진(陳) 씨 마을에다 성지(城池, 扶蘇城)
를 만들었다는 내용이다. ≪여지기승(輿地紀勝)≫[446]에도 다음과 같
은 기록이 있다.

---

446) ≪**여지기승(輿地紀勝)**≫: 남송(南宋, 1127년~1279년) 중기(中期)에 왕상지(王象之, 1163년~1230년)
가 편찬한 지리총서(地理叢書)로서, 남송(南宋) 가정(嘉定) 연간에 만들어졌으며, 총 200권으
로 되어 있다.

"현(縣)의 서쪽 20리쯤 되는 곳에 있다. 진(秦)나라 이세황제(二世皇帝) 때, 진섭(陳涉)이 부소(扶蘇)를 사칭(詐稱)한 바 있는데, 이 성(城)은 진섭(陳涉)이 구축(構築)한 것이다."

≪고수현지(高水縣誌)≫, ≪대청일통지(大淸一統誌)≫ 중에서도, 진(秦)나라 때는 상수(商水)를 양성(陽城)이라고 불렀다는 사실(史實)과, 부소성(扶蘇城)이 상수현(商水縣)에서 서쪽으로 20리쯤 되는 곳에 있다는 사실(史實)을 주(註)를 달아서 밝히고 있다. 그리고 이곳에서 출토된 문물 중에 도장이 하나 있었는데, 거기에는 '부서사공(夫胥司工)'이라고 새겨져 있었다. 전문가들의 고증에 따르면, '夫'는 '扶'와 통하며, '胥'는 '蘇'와 통한다. 그리고 '司工'이라는 말은, 진(秦)나라 때 관직명인 '司空'[447]이라는 말이다. 따라서 인장(印章)에 있는 말의 실제적인 의미는 '扶蘇司空'이라는 말이 된다. 부소(扶蘇)의 기의(起義)를 사칭한 진승(陳勝)이, 한 걸음 더 나아가 관인(官印)을 만들고 적의 공격에 대비한 성지(城池)까지 건축한 사실은, 진승(陳勝)이 자신의 고향에서 이미 만반의 준비를 다 끝냈음을 말해 주는 것이다. 그러므로 부소촌(扶蘇村)이 곧 진승(陳勝)의 고향이라고 하지 않으면 안 될 것이다.

---

447) 司空: 중국의 고대 관직명. 서주(西周) 시대에 처음 설치하였다. 사공(司空)은 삼공(三公) 다음 벼슬로서 육경(六卿)에 상당(相當)한 벼슬이다. 사마(司馬), 사구(司寇), 사사(司士), 사도(司徒)와 함께 오관(五官)으로 일컬어졌다. 수리(水利)와 건축의 일을 맡았으며, 금문(金文)에서는 모두 사공(司工)이라고 표기하였다.

진승(陳勝)은 과연 어디에서 출생했을까? 이에 대한 학자들의 견해는, 여러 가지 설(說)만 분분할 뿐, 아직까지 이렇다 할 정론(定論)은 없는 실정이다. 하루속히 사태의 진상이 밝혀질 수 있기를 기대한다.

전횡의 500장사

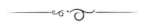

6. 전횡의 부하 500명의 행방

전횡(田横)[448]은 진(秦)나라 말 적성(狄城, 지금의 산동 高靑의 동남쪽) 사람이며, 제(齊)나라의 귀족이다. 그는 글과 무예에 모두 능통했고, 의협심이 강했으며, 성격이 호방(豪放)하여 백성들에게 몹시 추앙을 받았다. 진(秦)나라 말 진승(陳勝)과 오광(吳廣)이 봉기한 뒤, 전횡(田横)은 사촌형인 전담(田儋)[449]과 함께 군사를 일으켜 제(齊)나

---

448) 전횡(田横, ?~BC 202년): 진(秦)나라 말기의 인물로, 제(齊)나라의 왕 전광(田廣)의 숙부이다. 항우(項羽)에 의해서 상제왕(上齊王)에 봉해지고 제(齊)나라의 북쪽을 다스리게 되었다. 한신(韓信)이 군대를 이끌고 기원전 204년 제(齊)를 공격했을 때, 임치성(臨淄城)을 방어하지 못하고 자신은 박양성으로, 제왕(齊王) 전광(田廣)은 고밀성으로 도피했다.

449) 전담(田儋, ?~BC 208년): 진(秦)나라 말의 인물이다. 진(秦)나라 말기의 혼란기를 틈타 진(秦)나라에 반기를 들어, 제(齊)나라를 재건하고 왕이 되었으나 진(秦)나라 장군 장한(章邯)에게 패하여 죽었다.

라를 다시 일으켜 세운다. 초(楚)나라와 한(漢)나라가 한창 전쟁 중일 때, 제(齊)나라 왕 전광(田廣)[450]은 한(漢)나라 군사(軍士)의 계략에 빠져 한신(韓信)에게 그만 섬멸당하고 만다. 그러자 전횡(田橫)은 스스로 왕의 자리에 오른다. 그러나 끝내 전쟁에 져서 대량왕(大梁王)[451] 팽월(彭越)에게 투항한다. 그러다가 팽월(彭越)[452]이 유방(劉邦)[453]에게 귀순(歸順)하게 되자, 전횡(田橫)은 부하 500여 명을 데리

450) 전광(田廣, ?~BC 204년) : 중국 진(秦)나라의 군벌(軍閥)이며, 전국 시대 제(齊)나라의 왕족이자, 제(齊)나라 왕(王) 전영(田榮)의 아들이다. 진(秦)나라가 멸망한 후, 아버지 전영(田榮), 숙부 전횡(田橫)과 제(齊)나라를 다시 재건하였다. 아버지 전영이 죽자 그를 뒤이어 제나라 왕이 되었다. 초한(楚漢) 전쟁 시, 유방(劉邦)이 역이기(酈食其)를 보내 그를 설득하던 중, 한신(韓信)이 공격하여 72개 성이 이미 함락되고 임치(臨淄)마저 함락되자, 역이기가 자신을 속였다고 여겨 그를 삶아 죽였다. 뒤에 한신(韓信)에게 붙들려 참수형을 당했다.

451) 대량왕(大梁王) : 대량(大梁)은 전국 시대 위(魏)나라 땅으로, 지금의 하남(河南) 개봉(開封)을 중심으로 하는 지역을 말한다.

452) 팽월(彭越, ?~BC 196년) : 중국 진(秦)나라 말, 전한(前漢) 시대의 인물로, 초한 전쟁에서 한(漢) 고조(高祖)를 도와 전한(前漢) 왕조를 세우는 데 기여한 개국공신이다. 한(漢) 고조(高祖)를 도와 초(楚)나라를 멸망시킨 뒤, 한왕(漢王)에게서 양(梁)나라 왕으로 봉해졌다. 그러나 한 고조 11년(BC 196년), 모반하려 한다는 누명을 쓰고 처형된다.

453) 유방(劉邦, BC 247년?~BC 195년) : 자는 계(季)이고, 묘호(廟號)는 원래 태조(太祖)인데 사마천(司馬遷)이 ≪사기(史記)≫에서 고조(高祖)라 칭한 뒤로 이것이 통칭이 되었다. 지금의 강소성(江蘇省) 풍현(豊縣)에 해당하는 패(沛) 땅에서 농부의 아들로 태어났으나, 가업을 돌보지 않고 유협(遊俠)의 무리와 어울렸다. 장년에 이르러 하급관리인 사수정장(泗水亭長)이 되었으며, 진(秦)나라 말기에 이르러 진승(陳勝)·오광(吳廣)이 반란을 일으키자 향리의 지도자와 청년층의 추대를 받아 진나라 타도의 기치를 높이 들고 군사를 일으켜 패공(沛公)이라 칭하였다(BC 209년). 이듬해 북상하여 항량(項梁)·항우(項羽)의 군대와 만나 연합세력을 구축하였다. 그뒤 항우의 군대가 동쪽에서 진군(秦軍)의 주력부대와 결전을 벌이는 사이, 그는 남쪽으로 관중(關中)을 향해 진격을 계속하여 항우보다 앞서 수도 함양(咸陽)을 함락시키고, 진왕(秦王) 자영(子嬰)의 항복을 받았다. 약 1개월 늦게 함양에 도착한 항우가 유방을 살해할 목적으로 마련한 이른바 '홍문(鴻門)의 연회(宴會)'에 불려가 목숨의 위협을 받았지만 부하인 장량(張良)과 번쾌(樊噲)의 도움으로 위기를 모면하였다. 그뒤 4년간에 걸친 항우와의 쟁패전에서 소하(蕭何)·조참(曹參)·장량(張良)·한신(韓信) 등 유능한 신하와 장

고 작은 섬으로 들어가 난(亂)을 피한다. 전(田) 씨 집안은 강대했을 뿐만 아니라 신망(信望) 또한 두터웠다. 이런 까닭에, 전횡(田橫)이 비록 먼 곳으로 망명을 하긴 했지만, 500명의 그의 장병들은 여전히 죽음을 무릅쓰고 그를 추종했다. 한왕(漢王) 유방(劉邦)은, 비록 천하는 평정했지만, 여전히 동해(東海)[454]의 한쪽 구석에서 통일된 국가를 형성하고 있는 전횡(田橫)을 생각하노라면, 철렁 내려앉는 가슴을 억누를 길이 없었다. 만약에 전횡(田橫)이, 중앙 정부의 손길이 미치지 않는 머나먼 그곳에서, 병사를 모으고 말을 사들여서 힘을 기른 뒤 다시 쳐들어오기라도 한다면, 분명 그 반란은 평정하기가 쉽지 않을 것임이 분명했다. 유방(劉邦)은 이리저리 생각을 해보다가, 그를 왕(王)으로 봉해서 원래의 자리로 되돌려보낸 뒤, 천천히 제압하는 방법을 쓰기로 맘먹는다.

유방(劉邦)은, 그에게 사신을 보내서 투항을 권유한다. 한왕(漢王)이 무슨 생각을 하고 있는지 뻔히 알고 있었던 전횡(田橫)은, 그 권유를 거절하며 이렇게 말한다.

"내가 한때의 분노로 인해, 한(漢)나라 사신(使臣) 역생(酈生)[455]을 삶

수들의 보좌를 받아 마침내 해하(垓下)의 결전에서 항우를 대파하고 중국 통일의 대업을 이루었다. BC 202년 유방은 황제에 오르고 수도를 장안(長安)으로 정하였다.

454) 동해(東海) : 황해(黃海)를 말한다.

455) 역이기(酈食其, ?~BC 204년) : 역생(酈生)이라고도 불린다. 진류(陳留) 고양(高陽, 지금의 河南省 杞縣) 출신이다. 참모이자 세객(說客)으로서 한(漢) 고조(高祖) 유방(劉邦)을 도왔으며, 특히

아 죽인 일을 지금 매우 후회하고 있다. 역생(酈生)의 동생 역상(酈商)은 지금 한(漢)나라 왕실의 높은 장군이다. 그런데 이런 마당에, 그 사람과 함께, 같은 조정에 서서 나란히 신하 노릇을 한다는 것이 매우 껄끄럽게 생각된다. 그러니 한왕(漢王)한테, '나를 그냥 평범한 백성의 신분으로 일생(一生) 조용히 살아갈 수 있도록 제발 내버려둬 달라'고 말해주기 바란다."

유방(劉邦)으로서는 전횡(田橫)을 가만히 놔두기 어려웠다. 그래서 그는 전횡(田橫)에게 두 번째 사신을 보내 이렇게 말한다.

"내, 이미 역생(酈生)의 형제와 친족들에게, 전(田)씨 일문(一門)을 해치지 못하도록 잘 단속해 두었다. 전횡(田橫)이 입조(入朝)하게 되면, 크게는 왕(王)이요, 작더라도 제후(諸侯)로 봉(封)할 생각이다. 그러나 만약에 또다시 거절을 한다면, 한(漢)나라 왕실은 즉각 병사를 보내서 죽여버리고 말겠다!"

상황이 이쯤 되자, 전횡(田橫)으로서도 어찌해 볼 도리가 없었다. 그리하여 그는 부하 둘을 데리고 사신을 따라 낙양(洛陽)으로 출

제후(諸侯)들을 설득하여 끌어들이는 외교 활동에서 큰 공(功)을 세웠다. 하지만 제왕(齊王) 전광(田廣)에게 한(漢)에 복속할 것을 설득하기 위해 제(齊)에 머물던 중, 공(功)을 탐(貪)한 한신(韓信, ?-BC 196년)이 제(齊)를 침공하게 되자, 역이기(酈食其)에게 속았다고 생각한 제왕(齊王)은 그를 삶아 죽이고 만다. 역이기(酈食其)가 죽자 유방(劉邦)은 몹시 애석해 하며, 천하를 평정한 뒤에 그의 아들 역개(酈疥)를 고량후(高梁侯)로 봉(封)하고 무수(武遂)를 식읍(食邑)으로 주어 역이기의 공(功)을 기린다. 역이기(酈食其)의 동생인 역상(酈商) 또한 무장(武將)으로 활약하여 한(漢)에서 승상(丞相)의 지위까지 올랐으며, 곡주후(曲周侯)로 봉(封)해졌다.

발한다. 발길을 재촉하던 일행은, 마침내 낙양(洛陽)에서 30리쯤 떨어진 곳에 도달하게 된다. 그러자 그즈음에 전횡(田橫)의 마음은 극도로 흔들리기 시작한다. 따지고 보면, 자기도 한때는 기세등등한 일국(一國)의 왕이었다. 그랬던 그가, 지금은 한낱 남의 포로가 되어, 다른 사람 앞에 칭신(稱臣)[456]하며 삶을 구걸하기 위해 발길을 재촉하는, 초라한 신세로 전락하고 말았다. 이래서는 도저히 전(田)씨 가문의 조상들 앞에 떳떳할 수가 없었다. 그리고 무엇보다도, 그를 하늘처럼 떠받들고 있는 자신의 제(齊)나라 옛 부하들을, 또한 무슨 낯으로 대할 것인가! 그들 또한 자신처럼 부끄럽고 겁약한 모습으로 살도록 방치해둘 것인가? 전횡(田橫)은 마침내 마음을 굳힌다. "차라리 죽을지언정, 결코 욕되게 살지는 않으리라!" 전횡(田橫)은 부하들을 불러 그들에게 조용히 이렇게 말한다.

"한때는, 나나 한왕(漢王)이나 모두 동일한 왕의 신분이었다. 그랬던 것이 나는 이제, 그에게 스스로 백기를 들고 그의 신하가 되러 가야 하는 신세가 되고 말았다. 이건 나에게 참기 어려운 치욕이다. 나는 나의 제(齊)나라를 욕되게 하는 것은 물론, 나의 사랑하는 부하들을 결단코 부끄럽게 만들고 싶지 않다. 한왕(漢王)이 지금 나를 부르는 이유는, 날 감시하기 위함이요, 또 내가 모반을 할까 두려워서 그러는 것이다. 그러나 나에게는 모반할 생각이 추호도 없다. 이곳은 낙양(洛陽)에서

---

456) **칭신**(稱臣): 스스로 신하라고 자처함.

30리밖에 떨어져 있지 않은 곳이다. 차라리 내가 여기서 목숨을 끊어서, 그에게 내가 살아 있지 않다는 것을 보여줌으로써, 그의 마음을 편안하게 해주련다."

말을 마치자, 그는 스스로 목숨을 끊고 만다.

전횡(田橫)의 수급(首級)[457]을 눈으로 확인한 유방(劉邦)은, 커다란 걱정거리 하나가 해소된 걸 보고 기쁘기 짝이 없었다. 그러나 그는 겉으로는 애써 눈물을 흘리면서 애석하고 슬픈 표정을 지어 보인다. 그는 전횡(田橫)을 영웅호걸로 한껏 치켜세우면서, 왕후(王侯)[458]의 예로써 전횡(田橫)의 시신을 정중히 모신다. 주군(主君)을 잃은 전횡(田橫)의 두 부하들은, 전횡(田橫)의 묘 옆에다 구덩이를 파고 담담한 표정으로 죽음을 택한다.

전횡(田橫)의 부하들이 전횡(田橫)을 따라 죽었다는 말을 전해 들은 유방(劉邦)은, 불안하기 짝이 없었다. 그는 마음속으로 이렇게 생각한다.

'지금 이 불안의 요인은, 아직 섬에 남아 있는 500인 바로 그들에게 있다. 전횡(田橫)에게 목숨을 바쳐 충성을 다하는 그들이, 언제 복수하려고 들지 알 수 없는 노릇이다. 차라리 그들을 속임수로 끌어들여서,

---

457) 수급(首級) : 싸움터에서 베어 얻은 적군의 목.
458) 왕후(王侯) : 제왕과 제후를 아울러 이르는 말.

하루빨리 없애버리는 게 좋겠다!'

그럼, 그들 500인은 과연 왔을까, 오지 않았을까? 그리고 이 이야
기의 결말은 과연 어떻게 되었을까? 여기에 대해서는 다음과 같은
몇 가지 설들이 있다.

먼저, '바다에 몸을 던져서' 죽음을 선택했다는 설이 있다. 유방
(劉邦)은 섬으로 사람을 보내 그들을 설득한다.

'전횡(田橫)은 이미 죽었다. 기다릴 필요 없다. 섬을 나와서 한(漢)나
라 왕실(王室)이 내리는 상(賞)을 순순히 받으라. 그러면, 편안한 삶을 누
릴 수 있으리라!'

그토록 애타게 기다리던 자신들의 군주(君主)가 죽었다는 말을
듣자, 500명의 부하들은, 극도로 낙담하여, 집단으로 물에 빠져서
자살을 하고 만다. 전횡(田橫)에게 몸과 마음을 바쳐 충성하기로 맹
세한 그들은, 죽어서나마 혼백(魂魄)이라도 전횡(田橫)의 곁에 있고
싶었던 것이다. 정말로 감동적인 일이 아닐 수 없다.

그 두 번째 설은, 전횡(田橫)의 묘 앞에서 집단 자살을 했다는 설
이다. 유방(劉邦)은 사람을 시켜 장병들을 기만한다.

'전횡(田橫)이 이미 한(漢)나라 왕실의 관직을 받아 복무 중이니, 장

병들은 부디 그와 함께 부귀를 나누기 바란다!'

　그러나 일행들은 가는 도중에, 전횡(田橫)의 사망 소식을 듣게 된다. 그리고 극도의 실의에 빠진다. 그들은 전횡(田橫)의 묘지 앞에서 제사를 지낸 뒤, 집단 자살을 선택한다. 그러한 장병들의 눈물 겨운 의리에, 무심한 하늘도 눈물을 흘린다. 그리고 그들을 몰살시킨 유방(劉邦)의 무자비한 행위는, 차후 후세 사람들의 경멸을 받게 된다.

　그 세 번째 설은, 장병들이 먼 곳으로 도망쳤다는 설이다. 역사서의 기록에 따르면, 전횡도(田橫島)에서 머지않은 소격산(小鬲山)에, 전횡(田橫)의 아우가 은거하고 있었는데, 그는 형을 따라 자살하지 않았다고 한다. 이곳은 3면이 절벽으로 둘러져 있어서 독립된 하나의 작은 세계를 형성하고 있기 때문에, 난(亂)을 피해 조용히 살아가기 딱 알맞은 곳이다. 만약에 전횡(田橫)의 아우가 살아 있었다고 한다면, 500인들 중에 누군가는 집단 자살에 참가하지 않고 반드시 살아남았을 것이다. 그런가 하면, 어떤 사료(史料)에는, 아메리카 대륙에 '전인묘(田人墓)'라는 유적이 남아 있다고 한다. '전인묘(田人墓)'에 묻혀 있는 사람은 필시 전횡(田橫)의 부하일 것이다. 그들은 어쩌면, 배를 타고 태평양을 건너다가 아메리카 대륙에 표착(漂着)하여 그곳에 자리 잡고 살게 되었을 것이다. 하지만 당시의 항해 기술로 과연 그토록 먼 곳에까지 갈 수 있었을까 하는 점은 아직 미지

수다. 이는 더 자세한 고증(考證)을 기다려서만이 확정될 수 있을 것이다. 터놓고 말하면, 이처럼 충성스러운 사람들이 끝까지 살아남아서, 바다 끝 아득히 먼 어느 곳엔가에서 평온한 삶을 누렸기를 바라는 것이 우리들의 솔직한 심정이다.

충성과 의리로 똘똘 뭉쳐진, 전횡(田橫)의 500명의 부하들은, 과연 자신들의 군주(君主)를 따라 순사(殉死)한 것일까? 아니면, 난(亂)을 피해 숨어버린 것일까? 그것도 아니면, 하늘끝 먼 어느 곳으로 가버린 것일까? 참으로 궁금하지 않을 수 없다고 하겠다.

한고조의 유방 肖像畵

7. 유방은 정말 백사를 죽였을까?

 유방(劉邦)은 기원전 256년, 강소(江蘇) 패군(沛郡)의 평민 집안에
서 태어났다. 일찍이 진(秦) 왕조에서 사수정장(泗水亭長)[459]을 지내
다가, 기원전 209년 진(秦)나라 말엽에, 진승(陳勝)·오광(吳廣)의 농
민 봉기가 일어나자 이에 호응하여 패현(沛縣)에서 군사를 일으켰
다. 그리고 그로부터 3년 후에는 진(秦)나라 수도 함양(咸陽)을 공격
하여 무너뜨리고, 4년 후에는 항우군(項羽軍)을 물리치고 초한(楚漢)

---

459) **사수정장(泗水亭長)**: 사수정(泗水亭)은 오늘날의 강소성(江蘇省) 서주시(徐州市) 패현(沛縣)
동쪽에 위치하였고, 정장(亭長)의 벼슬은 대략 촌장 정도의 벼슬을 의미한다. 참고로, 정
(亭)이란, 진한(秦漢) 시대 때 정부의 말단 조직 중의 하나로, 전국 곳곳의 교통 요지에다 설
치하였고, 대략 3킬로미터마다 정(亭)을 하나씩 두었다고 하는데, 그 설치 목적은 대개 교
통과 군사를 위함이었다.

전쟁에서 승리를 거머쥠으로써 한(漢)나라를 세웠다.

유방(劉邦)은 보잘것없는 평민 출신이었는지라, 그에게는 애초부터 후원자 따위는 존재하지 않았다. 그렇다고 해서 그에게 무슨 치국평천하(治國平天下)의 거창한 계책이 있었던 것도 아니었다. 다만, 나이 마흔 살이 넘도록 처자식도 없고 별다른 재산도 없이 이리저리 빈둥거리며 살다가, 뜻밖의 행운을 만나 천하를 손아귀에 쥔 것뿐이었다. 그는 후세 사람들로부터 흔히 다음과 같은 평가를 받는다.

'유방(劉邦)은 인간세상에 내려온 적제(赤帝)[460]의 아들이다. 그는 칼로 백사(白蛇)를 베고, 의병의 기치를 높이 들고 무수한 전쟁을 치른 뒤, 천하를 평정했다. 그리하여 마침내 개국(開國)의 황제가 돼서 그 이름이 천추(千秋)에 빛나고 있다.'

그렇다면 캐묻지 않을 수 없다. 유방(劉邦)이 칼로 백사(白蛇)를 죽인 것은 사실일까? 그리고 그는 정말로 용의 화신으로서, 하늘의 명을 받고 내려온 것일까?

우선, 유방(劉邦)의 사람됨에 관한 문제로부터 이야기의 실마리

---

460) **적제(赤帝)**: 원래 적제(赤帝)는 다섯 방위(方位), 즉 동서남북과 중앙을 지키는 오방신장(五方神將)의 하나로서, 여름을 맡아보는 남쪽의 신(神)을 말한다. 참고로, 오방신장(五方神將)은, 동의 청제(青帝), 서의 백제(白帝), 남의 적제(赤帝), 북의 흑제(黑帝), 중앙의 황제(黃帝)를 일컫는다.

를 풀어나가기로 하자. 셋째아들로 태어난 유방(劉邦)은, 친구들과 어울려 놀기만 좋아할 뿐, 농사일이나 노동은 아예 손도 대지 않았다. 그러자 그의 방탕한 생활을 보다 못한 그의 부친은, 그를 아예 내놓은 자식으로 취급한다. 집안 식구들도 모두 그를 드러내놓고 무시한다. 그러나 유방(劉邦)은, 생활은 비록 방탕하기 짝이 없었지만, 그의 가슴속에는 큰 뜻을 품고 있었다. 한 번은, 함양(咸陽)으로 노역자(勞役者)들을 압송하던 중에 진시황(秦始皇)의 위풍당당하고 호화로운 행차와 마주치게 되자, 그를 본 그는, 저도 모르게 감탄하며 이렇게 말한다.

"사내대장부가 저 정도는 돼야, 세상에 태어난 보람이 있지 않으랴?!"

유방(劉邦)의 혼사(婚事) 얘기는 더욱더 흥미롭다. 유방(劉邦)의 장인(丈人) 여공(呂公)461)은 단현(單縣)462)사람이었는데, 패현(沛縣)의 현령과 개인적으로 친분이 두터웠다. 그는 일찍이 화(禍)를 피해 패현(沛縣)에서 신세를 진 적이 있었다. 그는 고마움의 표시로 잔치를

461) **여공(呂公)**: 유방(劉邦)의 첫부인인 여치(呂雉)의 부친으로, 성(姓)은 여(呂), 이름은 문(文), 자(字)는 숙평(叔平)이라고 하였다. 산동(山東) 단현(單縣)사람으로 사람들에게 '여공(呂公)'으로 불리웠다.

462) **단현(單縣)**: 산동성(山東省) 서남쪽에 위치하는 곳으로, 강소(江蘇), 산동(山東), 하남(河南), 안휘(安徽) 등 4개의 성(省)이 맞닿아 있는 곳이다. 순(舜)임금의 스승인 단권(單卷)이 이곳에 살았으므로 이런 이름을 갖게 되었다고 일컬어진다.

벌여 사람들을 초대한다. 그러자 수많은 호걸들이 와서 격려를 한다. 연회(宴會)의 주관자(主管者)가 된 소하(蕭何)[463]는, 이렇게 선포한다.

"1,000전(錢) 이하의 축의금을 가져오신 분들은, 당하(堂下)[464]에 앉아서, 귀천(貴賤)의 구별을 분명히 해주시길 바라오."

그러자 주머니에 땡전 한 푼 지니고 있지 않던 유방(劉邦)은, 축의금으로 선뜻 일만 전(錢)을 내겠노라고 선언한다. 그 말을 들은 여공(呂公)은, 직접 내려와 그를 맞이한다. 콧날이 매섭고 목이 긴, 그의 비범한 용모를 본 여공(呂公)은, 그가 후에 반드시 부귀하게 될 것임을 짐작하고, 연회가 끝난 뒤, 자신의 딸 여치(呂雉)를 배필로 주고 싶다고 그에게 제안한다. 당시 유방(劉邦)의 나이 마흔셋. 그때까지 아직 장가를 들지 못했던 그는, 자신에게 딸을 주겠다고 선뜻 나서는 사람이 있으리라고는 꿈에도 생각지 못했다. 그런지라 그는, 그 제안을 흔쾌히 승낙하고 처를 데리고 집으로 돌아온다. 여치(呂雉)는, 다름 아닌, 역사상 그 유명한 여태후(呂太后)였다. 당시 그녀의 나이 스물여덟. 여공(呂公)은 집안 형편도 좋았고, 그의 딸 또

---

463) 소하(蕭何, ?~BC 193년): 진(秦) 말기에서 전한(前漢) 초기에 걸쳐 활약한 정치가다. 유방(劉邦)의 참모로서 유방(劉邦)이 천하를 얻도록 도왔으며, 전한(前漢)의 초대 상국(相國)을 지냈다. 한신(韓信), 장량(張良)과 함께 한(漢)의 삼걸(三傑)로 꼽힌다.
464) 당하(堂下): 대청 계단 아래를 말한다.

한 얼굴이 반반했다. 그렇다면 왜 그렇게 혼인이 늦어진 것일까? 대개 혼인이란 하늘이 맺어주는 것이다. 그리고 여치(呂雉)는 눈이 높아서, 어지간한 사람들은 도무지 눈에 차질 않았다. 결국 높은 자는 높아서 바라보기 어렵고, 낮은 자는 낮아서 눈에 차지 않았다. 그러다 보니, 시기를 놓쳐, 어느 틈에 노처녀가 되고 말았던 것이다. 생각건대, 여치(呂雉)가 스물여덟이 되도록 기다려온 것은 바로 유방(劉邦)이었을 것이며, 마흔세 살의 유방(劉邦)이 지금껏 독신으로 지내온 것 또한 여치(呂雉)를 만나기 위해서였으리라. 그들의 혼인은, 마치 하늘이 맺어준 것처럼 신비로운 색채를 띠고 있었다.

진시황(秦始皇) 말년, 유방(劉邦)은 명(命)을 받고, 황릉(皇陵)[465] 공사를 위해 형도(刑徒)[466]들을 역산(酈山)까지 압송해 간다. 과로로 쓰러져 죽거나, 그게 아니면, 생매장당할 수밖에 없는 자신들의 처지를 잘 알고 있었던 형도(刑徒)들은, 제각기 살길을 찾아 뿔뿔이 도망쳐 버린다. 그러나 유방(劉邦)은, 한 눈을 지그시 감고 그들의 도

---

465) **황릉(皇陵)**: 진시황(秦始皇)의 능(陵)을 말하며, 섬서성(陝西省) 동쪽으로 30킬로미터 정도 떨어진 여산(驪山) 북쪽에 위치하고 있다. 진시황(秦始皇)이 즉위한 이듬해부터 공사를 시작해서 기원전 208년에 완공을 보았고, 공기(工期)가 무려 39년에 다달았다고 전해진다. 승상(丞相) 이사(李斯)가 설계했고, 장군 장감(章邯)이 공사를 감독하였다고 하는데, 공사에 동원된 인원은, 가장 많았을 때는, 물경 80만 명에 이르렀다고 전해지고 있다.

466) **형도(刑徒)**: 진한(秦漢) 시기에 일정한 기간 동안 자유를 박탈당한 죄인들을 말한다. '도(徒)'란 본래 부역을 담당하는 평민들을 일컫는 말이나, 장기수(長期囚)들 또한 부역을 담당해야 했으므로 당시 사람들은 그들을, '형도(刑徒)' 혹은 '죄도(罪徒)', '도예(徒隸)'라고 불렀다.

망을 묵인해 준다. 역산(酈山)⁴⁶⁷⁾에 거의 다다랐을 때쯤, 형도(刑徒)들은 모두 달아나고 남아 있는 인원이 거의 없게 된다. 일행이 풍읍(豊邑) 서쪽에 있는 대택리(大澤里)쯤에 왔을 때, 유방(劉邦)은 일부러 술을 몽땅 마신 뒤, 남아 있는 형도(刑徒)들을 모두 풀어주고 만다. 형도(刑徒)들을 풀어준 뒤, 유방(劉邦)은 화(禍)를 모면하기 위해 멀리 도망가려고 한다. 그러자 유방(劉邦)의 의기에 깊이 감복한 10여 명의 형도(刑徒)들은, 유방(劉邦)을 따라가기를 원한다. 유방(劉邦)은 그들을 데리고 밤을 틈타 대택리(大澤里)를 급히 떠난다.

깜깜한 밤에 길을 가기 위해서는, 사전 정탐(偵探)은 거의 필수라고 볼 수 있다. 그래서 유방(劉邦)은 한 명에게 지시를 내려, 앞장서서 길을 인도하게 한다. 그런 지 얼마 되지 않아, 그 사람은 얼굴이 사색(死色)이 다 돼서 유방(劉邦)에게 달려와, 가쁜 숨을 몰아쉬면서 보고한다.

"수통(水桶)만한 굵기의 큰 백사(白蛇)가 길을 가로막고 있어서 전진하기 어려우니, 우회로(迂廻路)로 돌아가십시오."

그러자 술기운으로 마음이 호방(豪放)해진 유방(劉邦)은, 칼을

---

467) 여산(酈山): 역산(酈山)이라고도 부르며, 진령(秦嶺)의 북쪽 지맥(支脈)으로서 동서로 20여 킬로미터 정도 뻗어 있고, 해발 1256미터의 산이다. 섬서성(陝西省) 동쪽으로 30킬로미터 정도 떨어진 곳에 위치하고 있으며, 멀리서 바라보면 마치 준마(駿馬)가 달려가는 형세를 지니고 있어 여산(酈山)이라고 이름붙였다고 한다.

번쩍 뽑아들고 벌떡 일어서더니, 노한 목소리로 외친다.

"하늘 아래 두려울 것이 하나 없는 우리 장사들이, 그깟 뱀 하나 때문에 길을 돌아서 가야 한단 말이냐? 대체 어떤 놈이 나의 길목을 가로막고 있는지, 내 두 눈으로 직접 확인해 봐야겠다!"

유방(劉邦)은 앞장서서 바람처럼 내닫는다. 그리고 이내 길 위에 똬리를 틀고 앉아 온통 길을 가로막고 있는 커다란 뱀 한 마리를 발견한다. 짙은 안갯속에서 비릿하고 메스꺼운 냄새가 풍겨온다. 유방(劉邦)의 칼이 일순간 번쩍이는가 싶더니, 백사(白蛇)의 몸은 그만 두 토막이 나고 만다. 그리고 뱀의 몸속에서 비릿하고 검붉은 피가 뿜어져 나온다. 유방(劉邦)은 그 길로 다시 몇 리를 더 간 뒤, 술기운이 올라오자 더 이상 길을 가지 못하고, 길바닥에 드러누워 잠에 곯아떨어지고 만다.

뒤처져 오던 사람들이 뱀이 죽은 곳에 이르렀을 때였다. 그들은 어떤 노파가 대성통곡하고 있는 모습을 보게 된다. 사람들이 노파에게 왜 그렇게 울고 있느냐고 묻자, 그녀는 슬픈 목소리로 이렇게 말한다.

"우리 아들은 백제(白帝)[468]의 아들이라오. 처음부터 인간 세상에는

---

468) **백제(白帝)**: 오방신장(五方神將)의 하나로, 가을을 맡아보는 서쪽의 신(神)이다. 종종 진(秦)

발도 들여놓지 말았어야 했는데…! 아, 글쎄, 개가 잠을 자다가 그만 뱀이 돼서, 적제(赤帝)[469]의 아들이 가는 길을 가로막았지 뭡니까? 그러다가 그만 죽임을 당하고 말았다오!"

노파의 말을 듣고, 사람들은 노파의 말이 허황된 소리라고 생각한다. 그런데 뒤를 돌아다보니, 기이하게도, 노파는 흔적도 없이 사라지고 없는 것이었다. 게다가 죽은 백사(白蛇)마저도 감쪽같이 사라지고 없었다. 깜짝 놀란 사람들은, 그제서야 노파의 말을 믿게 된다. 술에서 깨어난 유방(劉邦)도, 뒤늦게 그 말을 전해 듣고는, 내심 그 일을 자랑스럽게 생각한다.

주지하다시피, 진시황(秦始皇)은 여러 차례에 걸쳐 천하를 순행(巡幸)한다. 그가 순행(巡幸)을 한 데에는, 몇 가지 목적이 있었다. 우선, 지방 정치를 내사(內査)하고, 천하의 백성들을 두려움에 떨게 하자는 것이었고, 신선을 찾아 신비로운 영생불사의 약을 구해 보자는 것이었다. 그러나 그것 이외에도, 진(秦)나라 왕실을 뒤엎으려는 새로운 세력들을 소탕할 목적도 있었다. 그는 평소에 동남쪽에 용의 기운이 있다는 소문을 익히 들은 바 있었다. 그래서 수차(數次)에 걸쳐 수색을 했지만 모두 실패로 돌아가고 만다.

나라를 상징하기도 하고, 또 진(秦)나라의 임금을 상징하기도 한다.
469) 적제(赤帝): 오방신장(五方神將)의 하나로, 여름을 맡아보는 남쪽의 신(神)이다. 종종 한(漢)나라를 상징하기도 하고 또 한나라의 고조(高祖) 유방(劉邦)을 상징하기도 한다.

그 당시 유방(劉邦)은, 형도(刑徒)들을 데리고 탕산(碭山)⁴⁷⁰⁾으로 깊숙이 숨어 들어가서 피신해 있었다. 그곳은 사방이 은폐되어 있어서, 좀처럼 발각되기 어려운 곳이었다. 그런데 신기하게도 그의 아내 여치(呂雉)가, 아주 손쉽게 그곳을 찾아온 것이었다. 유방(劉邦)이 그녀에게, '어떻게 그렇게 쉽게 찾아왔느냐'고 묻는다. 그러자, 그녀는, '유방(劉邦)이 숨어 있는 곳 위에는, 항상 오색찬란한 엷은 구름이 감돌고 있어서, 그 기운을 따라오기만 하면 쉽게 찾을 수 있기 때문'이라고 하면서, '정말 신기하다'고 말한다.

이와 같은 유방(劉邦)에 관한 전설은, 신기하다 못해 감동적이기까지하다. 하지만, 과학적으로는 납득하기 어려운 것도 사실이다. 유방(劉邦)이 적제(赤帝)의 아들이라는 말은, 황당하기 짝이 없는 말이다. 비단 현대인들뿐만 아니라, 옛날 사람들일지라도, 그 말을 곧이곧대로 믿지는 않았을 것이다. 그렇다면 역사서에서는 어찌하여 그와 같은 사실을 끊임없이 기록으로 남겨서, 소문이 꼬리에 꼬리를 물고 번져나가게 되는 결과를 초래한 것일까?

후세 사람들은, 이는 일종의 정치적인 수요 때문이라고 해석한다. 유방(劉邦)은 일개 평민에 지나지 않았다. 그래서 아무런 권세도 가지고 있지 않았고, 그렇다고 무슨 넉넉한 재력이 있는 것도 아

---

470) **탕산(碭山)**: 탕산현(碭山縣)을 말하며, 탕산현(碭山縣)은 안휘성(安徽省) 최북단에 있는 숙주 (宿州)에 있는 현(縣)의 이름이다.

니었다. 그럼에도 불구하고 그가 한번 무장투쟁을 일으키기만 하면, 딱히 뭐라고 꼬집어 말하기 어려운, 어떤 강력한 호소력을 지니고 있어서, 엄청난 민중들의 지지를 불러일으키곤 했다. 앞서 말한 백사(白蛇)를 베어 죽인 일도, 아마 실제로 있었던 일이었을 수도 있다. 왜냐하면, 새로운 나라를 세운 개국(開國)의 황제로서, 그에게 그 정도의 용기는 있었기 때문이다. 다만, 그가 죽인 백사(白蛇)가 백제(白帝)의 아들이라는 말은, 누군가에 의해 조작된 말임이 분명하다. 그리고 이와 같이 신화를 조작해 만든 이유는, 필시 유방(劉邦)을 신격화(神格化)하자는 것이었을 것이요, 그렇게 해서 인심(人心)을 끌어모은 뒤, 기필코 그와 함께 정권을 잡기 위해서였을 것이다. 생각해 보라. 적제(赤帝)의 아들, 즉 하늘의 뜻을 받들어 인간 세상에 내려온 천자(天子)가, 인간 세상의 황제가 돼야 함은 너무도 당연한 일 아닌가? 유방(劉邦)의 책사(策士)[471]와 친족들은, 이러한 신화를 적극적으로 전파하기 시작한다. 그러자 왕권신수(王權神授)[472]를 혹신(惑信)하는 다수의 무리들이 그 사실을 믿고, 너도나도 유방(劉邦)의 휘하(麾下)로 몰려든다. 이로 인해 기의군(起義軍)의 숫자는 날로 불어나게 되고, 급기야는 천하를 탈취하기에 이르게 된다.

천하를 평정한 유방(劉邦)은, 정권을 수립한 뒤, 여러 신하들을

---

471) **책사**(策士): 어떤 일이 잘 이루어지도록 꾀를 내어 돕는 사람.
472) **왕권신수**(王權神授): 제왕의 권력은 하늘이 부여한 것이라는 말.

불러 모아놓고, 이리저리 이해득실(利害得失)을 따져본다. 그 결과, 천하를 얻기 위해서는, 세 사람을 잘 써야 되겠다는 결론을 얻는다. 그 세 사람이란, 막사(幕舍) 안에서 치밀한 전략을 통해 전쟁터의 승부를 결정짓는 능력이 뛰어났던 책사(策士) 장량(張良), 그리고 능력에 맞게 사람을 적재적소에 쓸 줄 알고, 정사(政事)에 능하며, 보급능력에 탁월했던 소하(蕭何), 백만의 군사를 이끌고 나가 성을 공략하고 땅을 차지하는 능력이 뛰어났던 대장군 한신(韓信)이 바로 그들이었다. 명석한 유방(劉邦)은, 이른바 '적제자(赤帝子)의 설'은 어디까지나 기만술(欺瞞術)이자 임시변통의 책략에 불과하다는 사실과 진정한 정권 창출은 하늘에서 그냥 뚝 떨어지는 것이 아니라, 필사적인 분투노력을 통해서만 손에 넣을 수 있다는 사실을, 너무나도 잘 알고 있었다.

유방(劉邦)이 일단 황제가 되고 난 뒤에는, 그 누구도 그가 신화를 날조했다는 말을 입 밖에 낼 수 없었다. 통치계급은 이를 담보로, 통치를 더욱 강화하고 공고(鞏固)히 함과 동시에, 백성들로 하여금 한(漢)나라 왕실에 철저히 복종하고, 더 나아가서는, 한(漢)나라 왕실의 통치를 적극 옹호하게 만든다. 그러자 후세의 통치계급들은, 이와 동일한 논법을 통해 자신들의 통치를 보호하고 합리화하기 시작한다. 사태가 이러했는지라, 그들이 일반 백성들에게 진짜와 가짜를 구분할 수 있는 권리를 줄 까닭이 없었다. 만약에 누군가 직언(直言)을 하는 사람이 나타났다면, 그는 당장에 커다란 박해를 당하고 말았을 것이다.

어쩌면, 유방(劉邦)은 조그만 뱀 한 마리를 죽여 놓고, 큰 뱀이라고 허풍을 떨었을는지도 모른다. 그것도 아니면, 애시당초 길을 막은 뱀은 있지도 않았는데, 유방(劉邦)이 부하들에게 당치도 않은 거짓말을 날조하게 한 뒤에, 백성들을 현혹시키라고 지시했을는지도 모른다. 역사의 진실은 과연 무엇일까? 이 물음에 속 시원하게 답해 줄 수 있는 사람은 아직 아무도 없다.

여태후

8. 여태후가 죽인 아들의 수는?

여태후(呂太后)[473]는, 유방(劉邦)이 아직 입신출세(立身出世)하기 전에 맞이한 배우자로, 뒷날의 한고조(漢高祖)의 황후(皇后)다. 그녀는 성격이 강하고, 권모술수에 능했다. 일찍이 한고조(漢高祖) 유방(劉邦)을 도와 천하를 평정한 바 있다. 또 계책을 써서 한신(韓信), 팽월(彭越) 등 다른 성씨(姓氏)를 가진 제후와 왕을 제거함으로써, 유씨(劉氏) 천하를 공고(鞏固)히 함과 동시에, 그녀 자신의 막강한 지위

---

473) **고황후 여 씨(高皇后 呂氏, ?~BC 180년)**: 전한(前漢) 고조(高祖)의 황후이며 전한(前漢) 혜제(惠帝)의 어머니다. 명(名)은 치(雉), 자(字)는 아후(娥姁). 시호(諡號)는 고황후(高皇后)였는데, 나중에 광무제(光武帝)가 박탈하였다. 남편인 고조(高祖) 사후, 황태후·태황태후가 되어, 여후(呂后)·여태후(呂太后) 등으로 불린다. '중국 삼대 악녀(惡女)'로 당(唐)의 측천무후(則天武后), 청(淸)의 서태후(西太后)와 동급으로 취급한다. 중국사상 최초 정식 황후이며, 중국 최초 황태후이자 태황태후이다.

와 권력의 기반을 마련했다. 유방(劉邦)이 죽자, 여태후(呂太后)는 대권(大權)을 장악한다. 혜제(惠帝)가 세상을 떠나자, 여태후(呂太后)는 황제의 권력을 행사하여 여씨(呂氏) 일족(一族)에게 분봉(分封)[474]한다. 그렇게 함으로써 여씨(呂氏) 일족(一族)을 전면에 내세워서 유씨(劉氏)의 천하를 빼앗을 심산이었다. 야심에 가득찬 여태후(呂太后)는, 날카로운 비수를 유씨(劉氏) 자손들에게로 향한다. 그리고 그녀는 무자비한 살육을 시작한다. 그렇다면, 그녀는 유방(劉邦)의 아들들을 모두 몇 명이나 죽였을까?

유방(劉邦)에게는 모두 여덟 명의 아들이 있었다. 그들은 모두 왕에 봉해졌다. 장자(長子)는 제왕(齊王) 유비(劉肥)고, 차남은 혜제(惠帝) 유영(劉盈), 셋째아들은 조왕(趙王) 여의(如意), 넷째아들은 대왕(代王) 유항(劉恒), 다섯째아들은 양왕(梁王) 유회(劉恢), 여섯째아들은 회양왕(淮陽王) 유우(劉友), 일곱째아들은 회남왕(淮南王) 유장(劉長), 그리고 여덟째아들은 연왕(燕王) 유건(劉建)이다. 그럼, 이들 하나하나에 대해서 자세히 살펴보기로 하자.

장자(長子) 유비(劉肥)는, 고조(高祖) 유방(劉邦)의 외부(外婦)[475]

---

474) **분봉(分封)**: 군주가 제후 등에게 토지와 작위를 하사하는 것을 말한다. 한고조(漢高祖)가 일찍이 백마(白馬)를 죽여서 대신들에게 맹세하기를, '이후로 유씨(劉氏)가 아닌 자가 왕이 되면, 천하가 함께 그를 죽일 것이다.'라고 한 적이 있었는데, 여후가 이때 자신의 친족들을 왕이나 제후로 봉한 사실을 말한다.

475) **외부(外婦)**: 정처(正妻) 아닌, 밖에서 얻은 첩을 의미하며, 혹은 사통(私通)한 여자를 말하기도 한다.

인 조부인(曹夫人)의 소생으로, 동성(同姓)의 왕[476]들 중에서 최고의 왕인, 제(齊)나라의 왕(王)으로 봉함을 받는다. 기원전 193년, 입조(入朝)[477]한 유비(劉肥)는, 혜제(惠帝) 유영(劉盈)에게 형제지례(兄弟之禮)[478]의 후대(厚待)를 받는다. 여태후(呂太后)는, 주연(酒宴)을 베푸는 자리에서, 유비(劉肥)가 상석(上席)에 앉아 있는 걸 보자, 부아가 끓어 오른다. 여태후(呂太后)는 하인을 시켜, 독주(毒酒)를 두 잔 준비시킨다. 그리고 유비(劉肥)더러 축배를 들라고 명한다. 그러자 혜제(惠帝)가 일어나 만형과 함께 축배를 든다. 혜제(惠帝)가 축배를 드는 걸 본 여태후(呂太后)는, 깜짝 놀라 혜제(惠帝)의 독배(毒杯)를 뒤엎어 버린다. 그러자 수상한 낌새를 눈치챈 유비(劉肥)는, 술에 취했다는 핑계를 대고 자리에서 일어나 버린다. 그는, 나중에야 술 속에 독이 들어 있었다는 사실을 알고는 공포에 치를 떤다. 그 후, 그는 내사(內史)[479]의 건의를 받아들여서 여태후(呂太后)에게 글을

---

476) **동성(同姓)의 왕**: 황제와 같은 성씨, 즉 유씨(劉氏) 성을 가진 왕이라는 뜻이다. 다시 말해서, 제왕(齊王) 한신(韓信)이나 대량왕(大梁王) 팽월(彭越)처럼 유씨 아닌 다른 성을 가진 왕들과 대비되는 개념으로 쓰였다.

477) **입조(入朝)**: 조정(朝廷)의 회의에 참여함.

478) **형제지례(兄弟之禮)**: 군신(君臣) 아닌, 형제로서의 예의.

479) **내사(內史)**: 내사(內史)는 봉국(封國)의 승상(丞相) 바로 다음가는 벼슬이다. 한(漢)나라 왕조를 건립한 유방(劉邦)은, 진(秦)나라의 군현제를 고쳐서, 군현(郡縣)과 봉국(封國)이 병존(竝存)하는 군국제(郡國制)를 만든 다음, 봉국(封國)을 또다시 왕국(王國)과 후국(侯國) 등 둘로 나눈다. 그리고 왕국(王國)으로 하여금 수많은 군(郡)을 관리하게 하고, 왕국에는 【승상(丞相), 태부(太傅), 내사(內史), 중위(中尉)】 등의 관원을 설치할 수 있게 한다. 그중 태부(太傅)는 왕을 보좌하는 역할을 담당하였고, 내사(內史)는 백성들을 다스리는 역할을, 중위(中尉)는 무관(武官)들을 관장하는 역할을, 그리고 승상(丞相)은 여러 관리들을 통솔하는 역할을 담당하

올린다. 글 속에서 그는, "제(齊)나라 성(城)인 양군(陽郡)을 태후(太后)⁴⁸⁰⁾의 딸 노원공주(魯元公主)⁴⁸¹⁾에게 바치고, 그녀를 제(齊)의 태후(太后)로 삼겠노라"고 한다. 그제서야 여태후(呂太后)의 노여움이 풀리고, 유비(劉肥)는 무사할 수 있게 된다. 노원공주(魯元公主)는 본디 유비(劉肥)의 배다른 자매로서, 그녀는, 이때부터 여태후(呂太后)의 세도를 등에 업고, 유비(劉肥)로부터 친어머니와 똑같은 대접을 받게 된다. 이 또한 궁여지책(窮餘之策)의 일환이었으니, 유비(劉肥)는 그렇게 하지 않고서는 도저히 자신의 목숨과 봉지(封地)를 유지할 수 없었던 것이다.

둘째 아들 유영(劉盈)은, 뒤에 혜제(惠帝)가 된 자로서, 여태후(呂太后)의 친아들이다. 그의 어린 시절에는, 유방(劉邦)이 아직 이름을 떨치지 못하던 때였는지라 어렵고 불안한 세월을 보내야 했다. 그러다가 그의 나이 아홉 살 때, 유방(劉邦)이 항우(項羽)와의 싸움에서 이기고 왕을 일컫게 되자, 유영(劉盈)은 황태자(皇太子)가 되어서 생활에 안정을 되찾게 된다. 유방(劉邦)은 너무 착하기만 한 유영(劉

였다. 그리고 그들 중 오직 승상(丞相)만 중앙 조정에서 임명하고 내사(內史) 등의 관직은 제후왕(諸侯王)이 자유롭게 임명하게 했다.

480) 태후(太后) : 생존해 있는, 황제의 모후(母后)를 이르는 말로, 여기서는 여태후(呂太后)를 말한다.

481) 노원공주(魯元公主, ?~BC 187년) : 한 고조(高祖)와 황후 여치(呂雉)의 장녀. 조왕(趙王) 장오(張敖)와 결혼하여 딸 장언(張嫣)을 낳는다. 그녀의 딸 장언(張嫣)은 뒤에 한(漢) 혜제(惠帝) 유영(劉盈)의 황후가 된다.

盈)을 좋아하지 않았다. 그 때문에 몇 번씩이나 태자를 갈아치우고
자 했지만, 조정 신하들의 강력한 반대에 부딪혀서 뜻을 이루지 못
한다. 나이 열여섯 살의 유영(劉盈)이 황제에 등극하게 되자, 여태후
(呂太后)는 대권(大權)을 장악하게 된다. 그리고 잔인하고 포악한 여
태후(呂太后)는, 이때부터 유방(劉邦)의 비빈(妃嬪)들을 미친듯이 박
해하기 시작한다. 그녀는 사람들을 시켜, 척부인(戚夫人)[482]의 머리
카락을 모두 뽑아버리고 목에 칼을 씌운 뒤, 하루종일 쌀을 찧는 형
벌을 준다. 그러나 여태후(呂太后)는 그것으로도 분이 가시지 않는
다. 그래서 다시금 척부인(戚夫人)의 팔다리를 자르고, 눈은 도려내
고, 귀는 불로 태우며, 약을 먹여서 벙어리를 만든 다음, 화장실에
던져두고 사람들에게 '인간 돼지'라고 부르게 한다. 뒤에 그 '인간
돼지'가 척부인(戚夫人)이라는 사실을 알게 된 유영(劉盈)은, 정신적
인 충격을 받아, 1년 가까이 병상에 눕게 된다. 사악하고 잔인한 모
친의 말을 듣지 않았다가는 언제 어떻게 죽을지 모를 일이었다. 그

482) 척부인(戚夫人, ?~BC 194년): 유방(劉邦)의 측실이며 유방의 셋째아들 유여의(劉如意)의 생
모다. 척 씨(戚氏), 척희(戚姬)라고도 불린다. 기원전 208년경, 초한전쟁(楚漢戰爭) 중에 유방
의 눈에 띄어 그 총애를 한 몸에 받고, 유여의를 낳는다. 그 영향으로, 대왕(代王)에 이어 조
왕(趙王)에 봉작된 아들 여의(如意)도 유력한 황태자 후보가 된다. 그녀는 유방이 친정을
할 때마다 종종, 여의를 태자로 세울 것을 간청했다. 평소 유약한 유영(劉盈)을 못마땅하
게 생각하고 있던 유방은, 영(盈)과는 대조적으로 자신을 닮아 활발한 여의(如意)를 영(盈)
대신에 황태자로 세울 생각을 한다. 그러나 중신들의 강력한 반대에 부딪혀서 계획을 원
점으로 돌리고 만다. 이때부터 척부인 모자는 영의 생모인 여태후에게 미움을 받아서, 기
원전 195년 고조가 죽고 영(盈, 혜제)이 즉위하자 여태후에게 끔찍한 유혈 보복극을 당하게
된다.

러니 이런 판국에 혜제(惠帝)가 무슨 정신으로 정사(政事)를 돌볼 겨를이 있었으랴? 그는, 국사(國事)는 젖혀둔 채, 날이면 날마다 음주(飮酒)와 가무에 빠져 지내게 된다. 그러다가 그의 나이 겨우 스물두 살이 되던 해에, 일찌감치 세상을 뜨고 만다. 여태후(呂太后)의 포악하고 잔인한 전횡(專橫)이 자신의 친아들마저도 죽게 만들었던 것이다.

셋째아들 여의(如意)는, 유방(劉邦)의 총비(寵妃)인 척부인(戚夫人) 소생의 아들로서, 조왕(趙王)으로 봉함을 받는다. 여의(如意)는 똑똑하고 민첩하며, 결단력이 있었다. 그래서 자신을 많이 닮은 여의(如意)를 태자로 삼고 싶었던 유방(劉邦)은, 수차에 걸쳐서 유영(劉盈)을 폐립(廢立)하고자 한다. 그러나 조신(朝臣)들의 강력한 반대에 부딪혀, 여의(如意)는 끝내 태자의 위(位)에 오르지 못하고 만다. 자신이 죽은 뒤, 척부인(戚夫人)이 여태후(呂太后)의 독수(毒手)를 벗어나지 못할 것임을 잘 알고 있었던 유방(劉邦)은, 여의(如意)를 조(趙) 땅의 왕으로 봉(封)한다. 그리고 주창(周昌)[483]을 조(趙)의 승상(丞相)

---

483) 주창(周昌, ?~BC 192년): 전한(前漢)의 인물로, 패현(沛縣) 사람이다. 어사대부(御史大夫)를 지냈으며, 개국공신으로 분음후(汾陰侯)에 봉해졌다. 성품이 강직하고 직언을 잘 해, 소하(蕭何)·조참(曹參) 등도 주창을 멀리했다. 한번은 상주할 일이 있어 고조(高祖)를 찾아갔다가 고조(高祖)가 척부인을 부둥켜 안고 있는 모습을 보고 바로 뒤돌아서서 나오는데, 뒤쫓아온 고조(高祖)가 그의 목덜미 위에 올라 탄 채 묻는다. "나는 어떤 임금 같으냐?" 그러자 그가 고개를 꼿꼿이 세운 채 대답한다. "폐하는 걸(桀)과 주(紂)와 같습니다." 고제는 대답을 듣고 웃었지만 더욱 주창을 두려워한다. 조왕(趙王)으로 봉함을 받을 당시, 여의(如意)의 나이가 10살밖에 되지 않아, 자신이 죽은 후 조왕의 안전이 걱정된 고조(高祖)는, 주창(周昌)을 조(趙)나라의 승상으로 보낸다. 고조 사후(死後), 여태후가 조왕(趙王)을 부르자, 주

으로 보내 여의(如意)를 보좌하게 함으로써, 여태후(呂太后)의 독수 (毒手)에서 벗어나게 한다. 그러나 유방(劉邦)이 죽자, 여태후(呂太后)는, 네 번에 걸쳐 여의(如意)를 경사(京師)[484]로 급히 부르는 명령을 하달한다. 마지막 명령이 도달했을 때, 주창(周昌)의 도움을 받을 수 없게 된 조왕(趙王)은, 어쩔 수 없이 경사(京師)로 오게 된다. 여태후(呂太后)의 속셈을 꿰뚫고 있었던 유영(劉盈)은, 여의(如意)를 궁중으로 맞아들인 뒤, 여태후(呂太后)가 손을 쓰지 못하도록, 잠시도 그의 곁을 떠나지 않는다. 그렇게 몇 개월이 지난 어느 날, 유영(劉盈)은 아침 일찍 일어나 사냥을 가는 길에, 여의(如意)가 곤히 잠들어 있는 모습을 보고 그냥 혼자서 떠난다. 사냥이 끝나고 돌아와 보니, 여의(如意)는 이미 여태후(呂太后)에게 독살된 뒤였다. 이렇게 조왕(趙王) 여의(如意)는, 여태후(呂太后)가 직접 죽인 유씨(劉氏) 자손 중에서 그 첫 번째 사람이 되고 만다.

대왕(代王)으로 봉해진 넷째아들 유항(劉恒)은, 박희(薄姬)의 소생으로서, 뒷날의 한문제(漢文帝)다. 박희(薄姬)는 원래 위왕(魏王) 표(豹)[485]의 궁인(宮人)이었다. 위(魏) 땅을 공격해 들어간 유방(劉邦)

창(周昌)은 조왕(趙王)으로 하여금 칭병하고 가지 못하게 한다. 화가 난 여태후가 주창(周昌)을 먼저 경사(京師)로 소환한 뒤, 그 틈을 타서 조왕(趙王)을 또다시 부르게 되자, 주창(周昌)의 조언을 받지 못하게 된 조왕(趙王)이 할 수 없이 경사(京師)로 가게 된다.

484) 경사(京師): 한 나라의 중앙 정부가 있는 곳.

485) 위표(魏豹, ?~BC 204년): 진(秦)나라 말엽의 사람으로 원래는 전국시대 위(魏)나라의 귀족이었다. 진승(陳勝)이 난을 틈타서 그의 형인 구(咎)를 위왕(魏王)으로 세웠다. 그러다가 진

은 그녀의 미모에 혹해, 그녀를 후궁(後宮)으로 받아들인다. 그런 뒤 그는 그녀의 존재를 한동안 잊고 지낸다. 그러다가 우연한 기회에 유방(劉邦)은 그녀를 가엾게 생각하게 되고, 그녀와 하룻밤을 같이 지낸다. 이렇게 해서 태어난 아들이 곧 유항(劉恒)이다. 두 모자(母子)는 푸대접을 감수하며 매사에 조심하고 근신한다. 유항(劉恒)은 이 때문에 조정 대신들에게 '어질고 지혜로우며 심성이 따뜻하다'는 좋은 인상을 심어주게 된다. 박희(薄姬)⁴⁸⁶는 불행하게도 고조(高祖)로부터 어여쁨을 받지 못했지만, 바로 그 때문에 여태후(呂太后)⁴⁸⁷의 독수(毒手)를 피할 수가 있었으니, 불행 중 다행이라 할 것

秦나라 장군 장감(章邯)의 공격을 받아 그의 형인 구(咎)가 자살하자, 초(楚)나라로 도망가서 초(楚)나라 병사 수천 명을 빌려서 위(魏)나라 땅에 있는 20여 성(城)을 함락시키고 스스로 위왕(魏王)이 되었다. 항우의 열여덟 제후왕 중 서위왕(西魏王)을 지냈으며, 유방과 항우 사이를 오가다 한신(韓信)의 공격을 받아 나라를 잃었고, 고조(高祖) 유방의 명령으로 형양을 지켰으나, 배반한 전력 때문에 동료 주가(周苛)에게 죽었다.

486) 박희(薄姬, ?~BC 155년) : 오군(吳郡) 오현(吳縣, 지금의 강소성 蘇州) 사람. 한고조(漢高祖) 유방의 비빈(妃嬪)으로 한문제(漢文帝) 유항(劉恒)의 생모. 유항(劉恒) 즉위 후, 태후(太后)가 되었고 역사서에서는 박황태후(薄皇太后)라고 칭한다. 위표(魏豹)가 한신과의 싸움에서 패한 뒤 한(漢)나라 궁실로 오게 되었으나 궁에 들어온 지 1년이 넘도록 유방의 얼굴조차 모르고 지냈다. 소시 적에 박희(薄姬)는 관부인(管夫人), 조자아(趙子兒) 등과 친하게 지냈다. 그때 서로 약속하기를, "나중에 우리 세 사람 중 누군가 부귀하게 되거든, 서로 잊지 말기로 하자."고 했다. 뒤에 관부인(管夫人)과 조자아(趙子兒)가 먼저 유방의 총애를 받게 되었다. 기원전 203년 두미인이 유방을 모시고 있을 적에 두 사람은 예전에 박희(薄姬)와 했던 약속을 떠올리면서 서로 꺄르르 웃었다. 유방이 그 이유를 묻자 두 사람은 사실대로 이야기를 했다. 유방은 문득 박희(薄姬)가 불쌍하다는 생각이 들어서 그날 밤 박희(薄姬)를 불러 하룻밤을 보내게 된다. 이 일로 박희(薄姬)는 아이를 갖게 되고 기원전 202년에 유항(劉恒)을 낳게 된다. 그리고 유항(劉恒)은 여덟 살 때 대왕(代王)으로 봉해진다.

487) '여태후(呂太后)의 손에서 크게 되고' : 한(漢) 왕조 초년에 조왕(趙王) 장오(張敖)가 유방의 환심을 사기 위해 자신의 희첩인 조희(趙姬)를 유방에게 선물로 준다. 몇 년 후, 조왕(趙王) 장

이다. 그리고 유항(劉恒) 또한 그 덕분에 살해되는 비운에서 벗어나, 여태후(呂太后)가 죽은 뒤 황제의 지위에 등극하게 되니, 유방(劉邦)의 여덟 아들 중에서는 가장 행운아(幸運兒)라고 볼 수 있다.

다섯째아들 유회(劉恢)는, 고조(高祖)의 희첩(姬妾) 소생으로, 양왕(梁王)으로 봉함을 받는다. 그는, 여태후(呂太后)의 강박에 못 이겨 여태후(呂太后)의 조카 여산(呂産)의 딸을 아내로 맞이한다. 유회(劉恢)의 처는 세도를 믿고 제멋대로 날뛰며, 잠시도 쉬지 않고 유회(劉恢)의 일거수일투족을 감시한다. 유회(劉恢)는 이 때문에 무척 힘들어한다. 기원전 181년, 유회(劉恢)의 애첩이 그의 아내에게 독살을 당하자, 유회(劉恢)는 분하고 비통한 마음을 가눌 길 없어, 그로부터 6개월 뒤 자살을 하고 만다. 유회(劉恢)의 죽음 또한, 여 씨(呂氏)의 계교에 의해 빚어진 것이니, 그녀가 유회(劉恢)를 사지(死地)에 몰아넣은 것이라고 할 수 있다.

여섯째아들 유우(劉友)는, 고조(高祖)의 희첩(姬妾) 소생으로, 회양왕(淮陽王)으로 봉함을 받았다가, 뒤에 다시 조왕(趙王)이 된다. 유

오(張敖)의 신하 관고(貫高)가 유방을 암살하려다가 실패하는 사건이 터진다. 이때 장오(張敖)와 조희(趙姬)도 그 죄에 연루되어 옥에 갇히게 된다. 옥에 갇힌 조희(趙姬)는 자신이 유방의 아이를 가졌노라고 주장하고, 조희(趙姬)의 남동생 조겸(趙兼)은 벽양후(辟陽侯) 심이기(審食其)를 통해 여후(呂后)에게 조희(趙姬)의 목숨을 구걸한다. 그러나 여태후는 질투심 때문에 들어주지 않는다. 그러자 심이기(審食其)도 더 이상 부탁하지 않는다. 옥중에서 유장(劉長)을 낳은 조희(趙姬)는 슬픔과 분노를 이기지 못하여 자살하고 만다. 자신의 골육을 천금같이 귀하게 여기는 유방은 조희(趙姬)가 낳은 아들을 여후(呂后)에게 보내 기르게 한다. 그 어미가 죽은 사실을 알게 된 여후(呂后)는, 군말없이 유장(劉長)을 거두어들여 그를 마치 자신이 낳은 아들처럼 키운다.

우(劉友)는 여태후(呂太后)의 위세에 겁을 먹고, 다른 형제들과 마찬가지로 여 씨(呂氏) 일족의 딸을 왕비로 맞아들이지만, 그녀를 사랑하지는 않는다. 이에 앙심을 품고 있던 그녀는, 장안(長安)으로 돌아가서, 여태후(呂太后)에게 유우(劉友)에 대한 악담을 퍼붓는다. 그러자 여태후(呂太后)는 유우(劉友)를 감옥에 가둔 뒤, 굶겨서 죽여버린다.

일곱째아들 유장(劉長)은, 조희(趙姬)의 소생인데, 조희(趙姬)가 죄에 연루되어 옥에 갇힌 뒤 자살을 결행하자, 여태후(呂太后)의 손에서 크게 되고, 뒤에 회남왕(淮南王)으로 봉함을 받는다. 그는 여태후(呂太后)와 매우 밀착된 관계를 가지고 있었기 때문에 다행히 박해는 면한다. 그러나 문제(文帝) 때, 모반을 일으킨 죄로 폐립(廢立)된 뒤, 곡기(穀氣)를 끊고 자살하고 만다. 그 또한 천수(天壽)를 다하지 못하고 만 것이다.

여덟째아들 유건(劉建)은 고조(高祖)의 희첩(姬妾) 소생으로, 연왕(燕王)으로 봉함을 받는다. 그는 홀로 15년 동안 연(燕)나라 땅을 지키다가, 우울증으로 죽는다. 그의 단 하나 남은 혈육도 여태후(呂太后)에게 죽임을 당함으로써, 자손이 끊기고 만다.

유방(劉邦)의 여덟 아들 중에서, 저 악랄한 여태후(呂太后)라는 여인의 독수(毒手)에서 벗어난 것은, 유항(劉恒)과 유장(劉長) 둘뿐이었다. 여의(如意)는 독살(毒殺)했고, 유우(劉友)는 굶겨 죽였다. 그리고 유회(劉恢)는 사지(死地)에 몰아넣어 죽이고, 유영(劉盈)과 유건(劉建)은 간접적으로 사망에 이르게 했다. 또, 유비(劉肥)는 자칫하면 그녀의 독수(毒手)아래 목숨을 잃을 뻔했다. 그녀는 권력에 눈이 멀어서, 작심하고 살육의 칼날을 자신의 자손들에게로 향했다. 그러나 그녀의 야심은 그녀의 뜻대로 되지는 않았다. 그녀가 죽자, 여씨(呂氏) 일족들은 모두 살육당하고, 천하(天下)는 다시 유 씨(劉氏)의 수중으로 돌아가게 된다.

스러웠던 한신 HansIn

9. 한신의 죽음은 과연 억울한가?

한신(韓信)[488]은 진(秦)나라 말엽 초한(楚漢) 전쟁 시에 한(漢)나라의 장수로서, 백만 대군을 지휘하여 가는 곳마다 승리를 거둠으로써, 한(漢)나라 왕조 건설에 혁혁한 전공을 세운다. 그러나 그렇게 큰 공을 세우고도 승상(丞相) 소하(蕭何)와 여태후(呂太后)의 계략에 빠져서 살해당하고 만다. 혹자는, 모반을 했으니 벌을 받아 마땅하다고 하는가 하면, 또 어떤 사람들은 천고에 없는 충신이 억울한 죽

---

488) 한신(韓信, BC 231년~BC 196년) : 회음(淮陰, 지금의 강소성 淮安市 동남쪽) 사람. 전한(前漢)의 개국공신으로, 중국 역사상 걸출한 군사가(軍事家). 가난한 집에 태어났으나, 고조(高祖)의 승상(丞相) 소하(蕭何)에게 발탁되어 장재(將才)를 발휘하고 대장군에 이르렀다. 기원전 250년 고조의 통일 대업을 도와 조(趙)·위(魏)·연(燕)·제(齊) 등을 공략하여 멸망시키고, 대공(大功)에 의하여 초왕(楚王)에 봉해졌다. 고조 3걸(傑) 중의 하나라는 칭을 받았으나 후에 모반을 꾀했다는 죄명을 뒤집어쓰고 처형당했다.

음을 당했다고 말하기도 한다. 그렇다면 한신(韓信)은 정말 억울한 죽음을 당한 것일까?

한신(韓信)은 싸움의 귀재다. 그가 지휘한 '암도진창(暗渡陳倉)'[489)]의 작전으로 한군(漢軍)이 초군(楚軍)을 물리치고 삼진(三秦)[490)]을 평정한 싸움이라든지, 강을 등지고 전쟁을 치러[491)] 조(趙)땅을 회복한 싸움, 그리고 십면매복(十面埋伏)[492)]의 전술로 항우군(項羽軍)을 완패시킨 싸움 등 일련의 유명한 싸움들은, 모두 중국 고대의 전쟁사에서 본보기가 될 만한 전투들이었다.

한신(韓信)은 싸움에서 진 적이 거의 없는 명장이었던 만큼, 아주 교만한 사람이기도 했다. 한번은 유방(劉邦)이 한신(韓信)에게 이렇게 묻는다. "자네가 보기에, 나는 어느 정도의 군사를 거느릴 수

---

489) 암도진창(暗渡陳倉): '明修栈道, 暗渡陳倉'을 말한다. 한군(漢軍)이 겉으로는 잔도(栈道, 다니기 힘든 험한 벼랑 같은 곳에 선반을 매듯이 하여 만든 길)를 내는 체하면서 몰래 군사를 되돌려 초군(楚軍)의 진창(陳倉, 지금의 섬서성 寶鷄市 동쪽)을 기습한 일을 말한다.

490) 삼진(三秦): 관중(關中)을 달리 이르는 말로 오늘날의 섬서성(陝西省) 일대를 가리킨다. 항우(項羽)가 진(秦)나라로 쳐들어가서 관중을 셋으로 나누고, 장감(章邯)을 옹왕(雍王)으로, 사마흔(司馬欣)을 새왕(塞王)으로, 동예(董翳)를 적왕(翟王)으로 봉하여 한때 진나라가 세 나라로 나뉘어졌는데, 이후 이 지역을 뜻하는 말로 사용되었다.

491) 강을 등지고 전쟁을 치러: 이른바 배수진(背水陣)을 지고 전쟁을 치렀다는 말로서, 구체적으로는, 한신(韓信)이 강을 등지고 진(陣)을 쳐서 병사들이 물러서지 못하고 힘을 다하여 싸우도록 함으로써, 한군(漢軍)의 10배나 되는 조(趙)나라 20만 군사를 물리친 사실을 지칭한다.

492) 십면매복(十面埋伏)의 전술: 군사를 열 군데에 매복시켜 두고 적을 포위·섬멸시키는 전술을 의미한다. 즉, 한신(韓信)이 해하(垓下, 안휘성 靈壁縣 동남쪽)에서 항우군(項羽軍)에 결정적인 타격을 가할 적에 사용했던 전술이다. 이 전투에서 패한 항우(項羽)는 오강(烏江)에서 자결하고 만다.

있을 것 같은가?' 그 물음에 한신(韓信)은 거리낌 없이 이렇게 대답한다. "10만 정도 거느릴 수 있을 것 같습니다." 그러자 유방(劉邦)은, 이번에는 한신(韓信)이 거느릴 수 있는 군사는 얼마나 되냐고 묻는다. 거기에 대해 한신(韓信)은 오만한 어조로 이렇게 답한다. "그야 많으면 많을수록 좋겠지요." 불쾌한 생각이 든 유방(劉邦)은, 한신(韓信)이 자신의 군사 역량을 가볍게 생각하고 있음을 알고, 이때부터 한신(韓信)에 대한 질투심을 갖기 시작한다.

초한(楚漢) 전쟁이 한창 무르익고 있을 때였다. 한신(韓信)은, 군사를 이끌고 가서 전광(田廣)[493]을 죽이고 제(齊)나라 땅을 함락시킨 뒤, 유방(劉邦)에게 자신을 '임시 제왕(齊王)'으로 봉해 주면, 제(齊)나라를 진무(鎮撫)[494]하겠노라고 한다. 그러자 유방(劉邦)은, 그가 자신과 동등한 지위에 오를 속셈으로 높은 관작(官爵)을 요구한 것이라고 여겨, 내심 크게 분노한다. 그는 책사(策士) 장량(張良)과 진평(陳平)[495]의 훈수를 받아, 한신(韓信)을 '진짜 제왕(齊王)'으로 봉한다. 이

---

493) 전광(田廣): '전횡의 부하 500명의 행방' 조(條)에 있는 주(註) 참조.

494) 진무(鎮撫): 난리를 평정하고 민심을 가라앉히다.

495) 진평(陳平, ?~BC 178년): 하남성(河南省) 난고현(蘭考縣) 출생. 처음에는 항우(項羽)를 따랐으나 후에 유방(劉邦)을 섬겨 한(漢)나라 통일에 공을 세웠다. 그는 계략에 뛰어나 항우의 책사였던 범증이 쫓겨나게 했고, 항우의 대장군인 종리매가 항우의 신임을 잃게 하였다. 진평은 유방의 신임을 받아 고향의 호유후(戶牖侯)에 임명되었다. 그후 곡역후(曲逆侯)로 승진하였고, 상국(相國) 조참(曹參)이 죽은 후에는 좌승상(左丞相)이 되어, 여씨(呂氏)의 난 때에 주발(周勃)과 함께 이를 평정한 후 문제(文帝)를 옹립하였다.

에 만족을 느낀 한신(韓信)은, 항우(項羽)의 사자(使者) 무섭(武涉)[496]의 건의를 거절하고,[497] 굳이 병권(兵權)을 쥐고 자립해서 유방(劉邦)·항우(項羽)와 더불어 천하(天下)를 삼분(三分)하려고 하지 않는다. 그러나 이때부터 유방(劉邦)의 마음속에는, 응어리가 생기기 시작한다.

초한(楚漢) 전쟁이 종결되기가 무섭게, 한신(韓信)은 병권(兵權)을 모두 빼앗기고, 초왕(楚王)에 봉해진다. 그러나 한신(韓信)은, 평범하고 무미건조한 생활을 하는 건 체질에 맞질 않았다. 그리하여 초왕(楚王)으로 봉해진 뒤에도, 출입 시에 대장군의 위의(威儀)를 과시하고 다닌다. 그 말을 전해 들은 유방(劉邦)은, 진평(陳平)의 조호

---

496) 무섭(武涉, ?~?) : 진(秦)나라 말(末)의 책사(策士)로, 우이(盱台, 지금의 강소성 盱眙)사람.

497) '무섭(武涉)의 건의를 거절하고' : 한신이 유방의 명을 받아 제(齊)나라를 공격하자, 제(齊)나라는 초(楚)나라에 구원을 요청한다. 이에 항우는 부하 장수 용저(龍且)에게 20만 대군을 이끌고 제나라를 돕게 한다. 그러나 한신은 이를 대파하고 제왕(齊王)에 봉하여진다. 한신의 능력에 두려움을 느낀 항우는, 무섭(武涉)이라는 세객(說客)을 보내 한신으로 하여금 한(漢)나라로부터 독립하여 초(楚)·한(漢)·제(齊)의 세 나라로 천하를 삼분하자고 제안한다. 그러자 한신은 이렇게 말하며 거절한다. "내가 항왕(項王)을 섬길 적에 … 내 계책이 받아들여지지 않아 초나라를 배반하고 한나라에 귀순한 것이오. 한왕(漢王)은 내게 장군의 인수(印綬)를 내리고 수만의 병력을 맡겼으며, 자기 옷을 벗어 내게 입혀 주고 자기 밥을 나누어 주었으며, 내 계책을 받아들였소. 그래서 내가 여기까지 이를 수 있었던 것이오. 무릇 남이 나를 깊이 신뢰하는데 내가 그를 배신하는 것은 상서롭지 못한 일이니, 설령 죽더라도 뜻을 바꿀 수는 없소."

이산(調虎離山)⁴⁹⁸⁾의 계책을 써서, 거짓으로 운몽(雲夢)⁴⁹⁹⁾을 순행(巡幸)하는 척하며 제후들을 불러모은다. 그리고 그때를 이용하여 한신(韓信)을 체포한 뒤, 그를 심문한다. 그러나 모반의 증거를 찾을 수 없자, 그를 풀어준다. 그러나 그의 직위를 내려서, 회음후(淮陰侯)로 강등시킨다. 이에 불만을 품은 한신(韓信)은, 상조(上朝)⁵⁰⁰⁾를 거부하게 되고, 이 때문에 그와 유방(劉邦)의 사이는 점점 벌어지기 시작한다.

고조(高祖) 10년에 진희(陳豨)⁵⁰¹⁾가 반란을 일으키자, 고조(高祖)가 직접 토벌에 나선다. 이때 한신(韓信)과 팽월(彭越)은 모두 병을 핑계 대고 유방(劉邦)을 따라 출정(出征)하지 않는다. 그러자 유방(劉邦)의 한신(韓信)에 대한 의심은, 더욱 깊어지기 시작한다. 궁중(宮中)에서 모든 일을 주관하던 여후(呂后)는, 한신(韓信)이 진희(陳

---

498) **조호이산(調虎離山)의 계책**: '호랑이를 유인하여 산을 떠나게 하다'라는 뜻으로, 산중(山中)의 왕이라고 하는 호랑이를 잡으려면 호랑이가 그 위력을 십분 발휘할 수 있는 산중을 떠나게 하여 힘을 약화시켜야 한다는 데서 비롯된 말이다. 보통 요새에 틀어박혀 굳게 지키기만 하는 적을 밖으로 끌어내어 공략하는 데 사용하는 계책이다. 중국의 고대 병법인 36계 가운데 15번째 계책이다.

499) **운몽현(雲夢縣)**: 호북성(湖北省) 중부(中部) 및 강한평원(江漢平原) 동북쪽에 위치하는 곳으로, 전체적으로 북쪽은 높고 남쪽은 낮은 지형을 보이고 있으며, 그 고저의 편차는 그다지 크지 않다.

500) **상조(上朝)**: 신하가 정사를 의논하기 위해 조정에 나가 임금을 뵙다.

501) **진희(陳豨, ?~BC 195년)**: 완구(宛朐, 지금의 산동성 菏澤市 東明 서남쪽) 사람. 한(漢) 고조(高祖) 7년에 열후(列侯)로 봉해져서 조(趙)나라 상국(相國)의 신분으로 조(趙)나라와 대(代)나라의 군대를 통솔하였다. 고조 10년에, 세력이 커진 진희의 모반을 의심한 고조에 맞서, 마침내 왕황 등과 함께 반역한 뒤, 스스로 대왕(代王)이라고 일컬었다. 고조 12년 겨울에, 번쾌의 군대가 진희를 추격해 영구(靈丘)에서 그를 베어 죽였다.

豨)와 짜고 안팎에서 서로 호응하여 반란을 도모하려 한다는 소문을 듣게 된다. 그러자 그녀는 승상(丞相)인 소하(蕭何)와 함께 한신(韓信)을 꾀어내 체포할 계책을 꾸민 뒤, 장락궁(長樂宮)⁵⁰²⁾의 종실(鐘室)⁵⁰³⁾에서 대나무 검(劍)을 이용, 한신(韓信)을 주살(誅殺)하고 만다.

혹자는 이렇게 주장한다. 한신(韓信)은 평소에 야심이 크고, 스스로 공로가 있다고 해서 교만했다. 그런데 병권(兵權)을 빼앗기게 되자 불만이 싹트게 되었고, 필시는 유방(劉邦)을 원망하는 마음을 품고 있었을 가능성이 많다. 그런데 돌연 그의 기를 꺾는 사건이 돌발한다. 그러자 그는 금세 반역의 마음을 품는다. 진희(陳豨)에게는 막강한 군사력이 있었고, 한신(韓信)에게는 막강한 용병술이 있었다. 따라서 그들이 만약, 군사 반란을 일으켰다면 성공할 가능성이 많았다. 일이 그렇게만 되었다면, 한신(韓信)은 다시 한 번 천하를 둘로 나누어 편안하게 존귀함과 영예를 누릴 수 있었을 것이다. 그런 까닭에 여후(呂后)는, 한신(韓信)을 때맞춰 포획해서 죽여 버린 것이다. 분열과 모반의 씨앗이 이렇게 해서 깨끗이 제거되어 버리자, 반란은 예방할 수가 있게 되고, 초한(楚漢) 전쟁 또한 미연에 방지할 수가 있게 된다. 그러므로 여후(呂后)의 그와 같은 조치는 아주 현명

---

502) **장락궁(長樂宮)**: 미앙궁(未央宮), 건장궁(建章宮) 등과 함께 한(漢)나라의 3대 궁전으로, 한(漢) 고조(高祖)이래로 태후(太后)가 거처하던 궁전이다. 진(秦)나라의 흥락궁(興樂宮)을 고쳐서 쌓은 것으로, 그 안에 태후(太后)가 주거하였던 장신궁(長信宮)이 있었다. 미앙궁(未央宮) 동쪽에 있다고 해서 동궁(東宮)이라고도 불렀다.

503) **종실(鐘室)**: 종을 걸어 놓는 방.

한 조치였고, 한신(韓信)의 죽음은 억울한 죽음이라고 볼 수 없다.

그런가 하면, 다른 사람들은 이렇게 주장하기도 한다. 그것은 음모였고 한신(韓信)은 억울하게 죽은 것이다. 우선, 고발자의 말을 믿을 수가 없다. 고발자는 한신(韓信)이 처형하려고 했던 죄인(罪人)의 동생이었다. 그러므로, 그는 한신(韓信)의 원수였다. 그렇다면 한신(韓信)이 그에게 과연 중대한 기밀을 누설할 수 있었을까? 뿐만 아니라, 한신(韓信)은, 막강한 군사력을 가지고 제(齊)나라에 머무르면서 너끈히 천하를 삼분(三分)할 수 있는 실력을 갖추고 있었을 적에도, 오히려 유방(劉邦)을 배반하지 않았다. 그런데 병권(兵權)을 빼앗기고 경성(京城)에 한가로이 지내는 가운데, 뒤늦게야 모반을 꾀했다는 것이, 과연 이치에 맞는 말일까? 첫해에 고조(高祖)는, 그가 진희(陳豨)와 공모했다는 이유로, 진희(陳豨)를 평정한다. 그래 놓고 이듬해 봄에 모반을 일으켰다고 했으니, 이는 앞뒤가 서로 들어맞지 않는 말이다. 따라서 이는 한신(韓信)에게 죄를 뒤집어씌워 모해하려고 그런 것이다. 한신(韓信)이 죽고 난 뒤, 유방(劉邦)이 보인 태도를 보면, 그 실마리를 잡을 수가 있다. ≪한서(漢書)≫에 보면, 진희(陳豨)의 반란을 평정하고 돌아온 유방(劉邦)은, 한신(韓信)이 죽은 사실을 전해 듣고 이렇게 말한다.

"한편으론 기쁘고, 또 한편으론 불쌍하기도 하다(亦喜且憐之)."

이 말은 과연 무엇을 의미한 것일까?

원래 유방(劉邦)은, 무력으로 천하를 빼앗은 일련의 무장(武將)들을 늘 눈엣가시처럼 생각하고 있었다. 왜냐하면, 이러한 사람들은 위세와 신망이 높고, 군공(軍功) 또한 높은지라, 일단 마음만 먹으면 언제든지 유씨(劉氏) 천하의 안녕을 위협할 수 있는 존재들이었기 때문이다. 그중에서도 유방(劉邦)이 가장 두려워한 것은, 곧 한신(韓信)이었다. 그래서 전쟁이 끝나기가 무섭게, 그의 병권(兵權)을 빼앗아 버렸던 것이다. 다만 운몽(雲夢) 순행(巡幸) 시에는, 뚜렷한 증거가 없어서, 그에게 모반죄를 씌워 죽이는 데에 실패했을 뿐이었다. 그러나 한번 마음이 돌아선 유방(劉邦)은, 언제고 기회만 오면 어떤 구실을 붙여서라도, 그를 없애버릴 작정을 한다. 사실, 유방(劉邦)이 한신(韓信)을 회음후(淮陰侯)라는 한직(閒職)에 봉한 사실이나, 한신(韓信)과 같은 공신(功臣)을 끊임없이 억누르려고 한 것은, 부당하기 짝이 없는 일이었다. 그러나 한신(韓信)이 두렵게 느껴지면 두렵게 느껴질수록, 그는 한시바삐 그를 제거해버리고만 싶었다. 그래서 여후(呂后)가 죄명(罪名)을 날조해서 한신(韓信)을 죽여버렸다는 말을 듣게 되자, 그는 마치 큰 바윗덩어리 하나를 덜어 놓은 것처럼 마음이 홀가분해짐을 느낀다. 그는, '이는 모살(謀殺)'504)이고, '한신(韓信)이 모반을 일으키지 않았다'는 사실 또한 잘 알고 있었다.

---

504) 모살(謀殺): 모략을 꾸며 죽임.

그 때문에 저도 모르게 부끄러운 생각이 든 그는, 마음속 깊은 곳에서 우러나오는 동정심을 금할 수 없었던 것이다. '아무런 죄도 없이 이렇게 비참한 말로를 당하다니, 참으로 가엾기 짝이 없구나!' 이런 까닭으로 한신(韓信)은 억울하게 죽은 것이라고 할 수 있다.

그럼, 여기서 다시 앞으로 돌아가 분석을 시도해 보기로 하자. 한신(韓信)에게 모반의 마음이 과연 있었을까, 없었을까? 초(楚)나라와 한(漢)나라의 전쟁 중에는, 성(城)을 공략하고 땅을 차지하는 일에서만큼은 그를 당할 사람도 없었고, 그를 대신할 수 있는 사람도 없었다. 그런 까닭으로 유방(劉邦)은 그가 필요했고, 그래서 그는 한신(韓信)을 형제처럼 대접한다. 한신(韓信) 또한 그 당시에는 모반할 생각이 전혀 없었다. 그러다가 전쟁이 끝나고 한(漢)나라 왕실이 들어서자, 문관(文官)들이 천하를 다스리게 되고, 무관(武官)들은 한낱 장애물에 불과하게 된다. 그러면서 이성왕(異姓王)[505]인 한신(韓信)과 같은 공신(功臣)들은, 유씨(劉氏) 왕실(王室)의 안전(安全)을 위해 커다란 위협적인 존재로 전락하고 만다. 그리하여 한신(韓信)에게 충성심(忠誠心)이 있느냐 없느냐와는 전혀 무관하게, 그에게 무력(武力) 모반의 가능성이 존재하는 한, 그는 숙청당할 운명에서 벗어나기 어려웠다. 그래서 한신(韓信)도 어쩌면 이러한 사실을 알고, 모반해도 죽고 안 해도 죽을 바에는 차라리 모반을 하는 편이 낫겠

505) **이성왕(異姓王)**: 한신(韓信)처럼 유씨(劉氏) 성(姓)을 갖지 않은 왕(王)을 말한다.

다는 생각을 했을는지도 모른다. 그러나 병권(兵權)을 이미 상실한 그에게, 이는 한낱 공상(空想)에 불과하지 않았을까? 이미 자신의 명운(命運)을 좌우할 수 없게 된 그는, 어쩔 수 없이 유방(劉邦)과 여후(呂后)의 함정에 빠져 모살(謀殺) 당할 수밖에, 다른 도리가 없었을 것이다. 설령 한신(韓信)이 진실로 진희(陳豨)와 서로 짜고 모반을 일으켰다고 하더라도, 그것은 모두 유방(劉邦)의 핍박 때문이라고 할수 있을 것이니 충분히 이해할 수 있는 일이다. 은혜와 의리도 저버리는, 음험(陰險)하고 교활한 사람에게, 충성심 같은 것이 무슨 소용이 있겠는가? 한신(韓信)은 모반을 했어야만 했다!

우리들은 일반적으로 한신(韓信)이 진희(陳豨)와 내통하여 반란을 꾀했느냐, 꾀하지 않았느냐 하는 것을, 그가 억울한 죽음을 당했느냐, 당하지 않았느냐 하는 것의 표준으로 생각하기 십상이다. 그러나 사실인즉, 설령 그와 같은 일이 없었다고 하더라도 그는 끝내 죽임을 당하고야 말았을 것이다.

...스마트한사기 사마천 Ram-[?]...

10. 사마천은 언제 어떻게 죽었나?

사마천(司馬遷)은 자(字)를 자장(子長)이라 한다. 그는 전한(前漢) 좌풍익(左馮翊)[506] 하양(夏陽)[507] 사람이다. 그는 중국 고대의 저명한 사학자이자, 문학가이며 사상가다. 그가 편찬한 유명한 역사서적 ≪사기(史記)≫는, 역사학 방면의 금자탑(金字塔)이라고 부를 만한 업적으로, 매우 높은 문헌적 가치를 지니고 있다. 그리하여 그의 저서는 후세 사람들에게, "사가(史家)의 손에서 나온 절세의 명문이자,

---

506) **좌풍익(左馮翊)**: 관직명임과 동시에 행정구역의 명칭으로 한(漢)나라 시대의 삼보(三輔) 중의 하나다. 삼보(三輔)란, 한(漢)나라 때의 수도 장안(長安, 西安 북서쪽) 주변의 행정구역으로서, 장안 및 그 동부를 경조윤(京兆尹), 북부를 좌풍익(左馮翊), 서부를 우부풍(右扶風)이라고 하였다.

507) **하양(夏陽)**: 지금의 섬서성(陝西省) 한성시(韓城市)의 옛지명. 관중평원(關中平原) 동북쪽 귀퉁이에 있다. 서안(西安)에서 210㎞ 떨어져 있다.

운(韻) 없는 ≪이소(離騷)≫(史家之絶唱, 無韻之離騷)"라고 일컬어지고 있다.

한무제(漢武帝)에게 득죄(得罪)하여 궁형(宮刑)[508]을 받은 사마천(司馬遷)이, 발분(發憤)하여 ≪사기(史記)≫를 지었음은 누구나 다 아는 사실이다. 그렇다면 사마천(司馬遷)은 어떻게 해서 죽은 것일까? 이에 대해서는 여러 가지 설이 있다.

우선, 사마천(司馬遷)이 어떻게 하다가 궁형(宮刑)을 받게 되었는지에 대해서부터 이야기를 시작해보자.

명장(名將) 이릉(李陵)[509]은, 이광(李廣)[510]의 손자다. 그는 무예가 고강(高强)하고, 병사들을 자식처럼 사랑했다. 한무제(漢武帝)에게

---

508) **궁형(宮刑)**: 오형(五刑) 가운데 하나로, 죄인의 생식기를 거세하는 형벌.

509) **이릉(李陵, ?~BC 74년)**: 자(字)는 소경(少卿), 농서(隴西, 甘肅省) 출생. 젊어서부터 기마와 궁사에 능하였다. 기원전 99년 이광리(李廣利)가 흉노를 쳤을 때 보병 5,000을 인솔하여 출정, 흉노의 배후를 기습하여 이광리를 도왔다. 그러나 귀로에 무기·식량이 떨어지고 8만의 흉노군에게 포위되어 항복하였다. 무제(武帝)는 그 사실을 듣고 크게 노하여 그의 어머니와 처자를 죽이려 하였다. 이때 사마천(司馬遷)은 이릉을 변호한 탓으로 무제(武帝)의 분노를 사서 궁형(宮刑)에 처해졌다. 이릉은 흉노에 항복한 후 선우(單于)의 딸을 아내로 맞아들였고, 우교왕(右校王)으로 봉해져 선우의 군사·정치의 고문으로서 활약하다 몽골고원에서 병사하였다.

510) **이광(李廣, ?~BC 119년)**: 서한(西漢) 때의 명장(名將)으로서, 농서(隴西) 성기(成紀, 지금의 감숙성 天水 秦安縣) 사람이다. 기원전 129년, 효기장군(驍騎將軍)이 되어 기마병 만여 명을 거느리고 안문(雁門, 지금의 산서성 右玉 남쪽)에서 흉노와 싸우다가, 수적인 열세로 붙들려 포로가 된 뒤, 기적적으로 도망쳐나왔다. 그후 우북평군(右北平郡, 지금의 내몽고 寧城 서남쪽) 태수가 됐을 때, 흉노가 그를 두려워하여 수년 동안 감히 침범을 하지 못했다. 흉노들에게 '비장군(飛將軍)'이라고 불리웠다.

사랑을 듬뿍 받아 특별히 기도위(騎都尉)⁵¹¹⁾에 임명되었다. 기원전 99년에, 한무제(漢武帝)는, 이릉(李陵)을 보내, 5,000명의 보병을 거느리고 가서, 주수장군(主帥將軍)⁵¹²⁾ 이광리(李廣利)⁵¹³⁾와 협동 작전을 펼쳐 흉노(匈奴)에 대항해서 싸우게 한다.

이릉(李陵)은, 군대를 거느리고 남쪽으로 되돌아오던 중, 3만여 명에 달하는 흉노의 기병대(騎兵隊)를 만나 포위당하게 된다. 그러나 그는 이에 굴하지 않고 흉노와 일대 혈전을 펼쳐, 적의 군사 만여 명을 죽인다. 그러자 두려움을 느낀 흉노의 선우(單于)⁵¹⁴⁾는, 퇴각할 준비를 하게 된다. 그런데 불행하게도, 이릉(李陵)의 부하인 관감(管敢)⁵¹⁵⁾이 흉노에 투항을 한다. 그리고 흉노에게, "이릉(李陵)의 군

511) 기도위(騎都尉) : 관직명으로, 한무제(漢武帝) 때 처음 설치했다. 궁전 문 수비를 관장하던 광록훈(光祿勳)에 소속된 관직으로서, 우림기(羽林騎)를 관리, 감독했다. 참고로, 우림기(羽林騎)는 한대(漢代)의 무장(武裝) 시종관(侍從官)을 일컫는다.

512) 주수장군(主帥將軍) : 전군(全軍)을 거느리는 최고 장군.

513) 이광리(李廣利, ?~BC 89년) : 전한(前漢) 무제(武帝) 때의 장군. 서역(西域) 대완(大宛)의 이사성(貳師城)을 공략하여 한혈마(汗血馬)를 얻어, 이사장군(貳師將軍)이라고 불리게 되었다. 그후 대완의 여러 성을 공략해 서역 제국과의 통상의 길을 열고 흉노와의 싸움에서 패한 후, 살해당했다.

514) 선우(單于) : 넓고 크다는 뜻으로, 흉노가 자기네 추장을 높여 이르던 말.

515) 관감(管敢) : 관감(管敢)은 이릉(李陵)의 부하로, 당시 군후(軍侯)의 직을 맡고 있었다. 군후(軍侯)는 한(漢)의 군제에서 곡(曲)의 장(長)을 일컫는 말로, 200명~500명의 군사를 거느렸다. 따라서 오늘날의 군제로 말하면, 중대장급에 해당되는 장교라고 볼 수 있다. 참고로, 한(漢)나라의 군제는 5명을 기초 단위로 삼는다. 매 5명마다 오장(伍長)을 하나씩 두고, 매 10명마다 십장(什長)을 하나씩 두었으며, 매 50명마다 대솔(隊率)을, 매 100명마다 둔장(屯長)을 두었다. 그리고 2개의 둔(屯)을 곡(曲)이라 부르고 매 200명마다 군후(軍侯)를 두었다. 그밖에, 2개의 곡(曲)을 부(部)라고 하고 매 400명마다 군사마(軍司馬)를 두었고, 통상 5개 부(部)를 영(營)이라고 하되 바로 이 영(營)이 독립적인 작전의 단위가 되었다. 그리고 군의 통솔하는 자는 통상 장군(將軍)이라고 부르거나 교위(校尉)라고 하였다.

(軍)이 고립무원(孤立無援)한 상태에 빠져 있는 사실과, 식량과 화살이 바닥이 난 사실을 고자질해 버린다. 그러한 사정을 전해 들은 흉노는, 미친듯이 반격을 가해 온다. 그들의 공격에 맞서서 이릉(李陵)은 죽을 힘을 다해 그들과 교전을 벌였지만, 그 결과는 처참했다. 애초에 5,000명이던 정예군(精銳軍)은 순식간에 10여 명으로 줄어들고 만다. 점점 두터워지는 포위망과 만신창이가 된 채 맨주먹으로 싸우는 부하들을 바라본 이릉(李陵)은 저도 모르게 눈물을 흘리면서 이렇게 말한다.

"전군(全軍)이 전멸을 당하고 말았으니, 무슨 면목으로 황제를 뵐까? 후일을 기약하는 수밖에 없다!"

말을 마친 그는, 말에서 내려 흉노에 투항한다.

이릉(李陵)의 영웅적인 기개에 탄복한 흉노의 선우(單于)는, 자신의 딸을 그에게 주어서, 그가 흉노족에 충성을 다해주기를 기대한다.

한편, 이릉(李陵)의 투항 소식을 접한 한(漢)나라 조정은 발칵 뒤집히고 만다. 화가 머리끝까지 치밀어 오른 한무제(漢武帝)는, "지금 당장 이릉(李陵)의 모친과 처자식을 죽여서, 이릉(李陵)으로 하여금 죗값을 치르게 하라"고 명령을 내린다. 이렇게 명령을 내린 뒤, 한무제(漢武帝)는 여러 신하들을 불러모아 조정에서 이릉(李陵)의 죄

행(罪行)에 대해 토론한다. 대부분의 대신들은 한무제(漢武帝)의 의
견에 동조하며, '죽음이 두려워서 흉노에 투항·변절한 이릉(李陵)의
불충(不忠) 행위'에 대해서 맹렬한 비난을 퍼붓는다. 그러나 태사령
(太史令)516) 사마천(司馬遷)만큼은 이릉(李陵)을 적극적으로 변호하
고 나선다.

"이 장군(李將軍)이, 오천 명의 군사로 만여 명에 가까운 흉노 기병(騎
兵)을 섬멸한 것만으로도, 제 몫을 다했다고 생각합니다. 고립무원(孤立
無援)한 상태에서 식량과 화살만 다하지 않았어도, 이 장군(李將軍)이 흉
노에 투항하는 일은 절대로 없었을 겁니다. 게다가, 이 장군(李將軍)이
진짜로 투항을 한 것인지 아닌지, 아직 모르지 않습니까? 혹시, 추후에
황은(皇恩)에 보답할 기회만을 호시탐탐 노리고 있을지도 모릅니다."

사마천(司馬遷)의 생각은 매우 객관적이었다. 그러나 그의 이와
같은 주장은, 한무제(漢武帝)를 격노케 하고 만다. 무제(武帝)는 벌컥
화를 내며 말한다.

"그러니까 그대의 말인즉슨, 이릉(李陵)을 출병시킨 내게 잘못이 있
다는 것이렷다?! 그리고 이릉(李陵)의 피붙이들에 대한 나의 처리가 잘
못됐다는 말이렷다?!"

---

516) **태사령(太史令)** : 태상(太常)에 예속되어, 천문(天文)과 역법(曆法), 역사 편집 등을 관장하던
관원.

한무제(漢武帝)는 사마천(司馬遷)의 해명도 묵살한 채, 그를 직접 감옥에다 처넣고 만다.

사마천(司馬遷)은, 어쩌다가 무제(武帝)에게 그토록 미움을 받게 된 것일까?

사관(史官)[517]이 되기 위해서는, '진실을 굳게 지키고 사실(史實)을 객관적으로 기술하려는 정신'이 있지 않으면 안 된다. 사마천(司馬遷)은, 통치자의 공덕(功德)을 거짓으로 찬양하는 따위의 일은 하지 못했다. 그러기는커녕, 그들의 좋은 점과 나쁜 점을 있는 그대로 기록하고 평가했다. 한무제(漢武帝)의 잘잘못도 거침없이 지적했다. 그런 사마천(司馬遷)을, 한무제(漢武帝)는 눈엣가시처럼 미워했고, 진작부터 그를 한번 손봐 주려고 벼르고 있던 참이었다. 그러던 차에 이릉(李陵)의 사건이 터진 것이며, 그는 이를 기회로 삼아 사마천(司馬遷)을 감옥에 처넣고 박해를 가하게 된 것이다.

궁형(宮刑)을 받은 사마천(司馬遷)은, 더 이상 남자의 구실을 할 수 없게 된다. 이러한 벌은 그야말로 인간의 존엄을 외면하는, 치욕스럽기 짝이 없는 형벌이었다. 그러나 그러한 형벌도 그의 강철 같은 의지를 꺾지는 못하였다. 그는, "주(周)나라 문왕(文王)이 옥고를 치르는 중에도 ≪주역(周易)≫을 쓴 일,[518] 공자(孔子)가 어려운 처지

---

517) 사관(史官): 역사를 전문적으로 기록, 편찬하는 관원.

518) '문왕(文王)이 옥고를 치르는 중에도 ≪주역(周易)≫을 쓰고': 주문왕(周文王)은, 은(殷)나라의 폭군 주왕(紂王)의 통치 아래서, 큰아들이 가마솥에 삶기는 팽형(烹刑)을 당하고, 또한

에서도 ≪춘추(春秋)≫를 쓴 일,[519] 굴원(屈原)이 내침을 받은 속에서
도 ≪이소(離騷)≫를 지은 일, 두 눈을 다 잃은 좌구명(左丘明)이 ≪국
어(國語)≫를 저술한 일[520] 등……" 고난 속에서도 꿋꿋함을 견지했
던 여러 사례들을 본받아, 초인적인 정신력을 발휘해서 저술 활동
에 몰두한다. 이렇게 10여 년의 노력을 기울인 끝에, 마침내 역사학
계의 불후의 명저(名著) ≪태사공서(太史公書)≫, 즉 ≪사기(史記)≫
가 완성된다.

　이토록 심혈을 기울여서 ≪사기(史記)≫를 완성시킨 태사공(太
史公)은, 그 후 여생을 과연 편안하게 보냈을까? 그리고 그는 언제
세상을 떠난 것일까?

　사마천(司馬遷)은, 기구한 운명 때문에 궁형(宮刑)을 받는다. 그
런 뒤 그는 중알자령(中謁者令)[521]에 임명되어, 사학(史學) 연구를 계

자신도 7년 동안의 옥고를 치렀다. 그러나 그와 같은 극심한 고통 속에서도 문왕은 8괘를
64괘로 풀이하여 ≪주역(周易)≫을 짓는 놀라운 능력을 보여주었다고 한다.

519) '공자(孔子)가 어려운 처지에서도 ≪춘추(春秋)≫를 짓고': 공자가 자신의 뜻을 펼치기 위
해, 천하를 주유(周遊)하는 고난 속에서도 ≪춘추(春秋)≫를 지은 사실을 가리킨다.

520) '두 눈을 다 잃은 좌구명(左丘明)이 ≪국어(國語)≫를 짓는': 좌구명이 국사를 편찬할 때,
그는 방대한 사료를 수집하고 자세한 고찰을 가하기 위해 밤낮을 가리지 않고 일을 한다.
그러다가 결국, 그는 과도한 업무 때문에 눈병에 걸려서, 58세의 나이에 시력을 상실하고
만다.

521) 중알자령(中謁者令): 원래는 상서령(尙書令)이라 불렀다. 진(秦)나라에서 비롯된 관직으로,
주로 문서 및 신하들의 상소문을 관장하는 직책이었다. 한무제(漢武帝) 때에 와서 주로 내
시(內侍)들이 전담하게 했고, 아울러 그 명칭을, '중서알자령(中書謁者令)' 혹은 '중알자령(中
謁者令)'이라고 개칭했다. 그러다가 한성제(漢成帝) 때 와서 다시 상서령(尙書令)이라는 이름
이 회복됐으며, 그 권세 또한 점차 중요해져서 상서(尙書)들을 영도(領導)하게 된다. 후한(後
漢) 때에 와서는 모든 정무가 상서(尙書)에게로 돌아가고, 인하여 상서령(尙書令)은 모든 정

속하게 된다. 그러나 그의 천성은 변할 줄을 몰랐다. 그는 '임안(任安)에게 보내는 글(報任安書)' 중에서 그 당시의 황제를 깎아내리는 직언(直言)을 서슴지 않음으로써, 다시 한 번 살신지화(殺身之禍)[522]를 자초케 된다. 한무제(漢武帝)는 그에게 대역부도(大逆不道)[523]의 죄명(罪名)을 씌워 체포·감금한다. 그리고 모진 고문 때문인지, 아니면 질병 때문인지는 잘 모르지만, 태사공(太史公)은 옥중에서 폭사(暴死)[524]하고 만다.

≪한서(漢書)·구의주(舊儀注)≫에 보면 아래와 같은 기록이 보인다.

"이릉(李陵)이 흉노에 투항했다. 이러한 사유로, 사마천(司馬遷)을 잠실(蠶室)[525]로 보냈다. 원망하는 말이 있었지만, 하옥(下獄) 당하여 죽었다.(陵降匈奴, 故下遷蠶室, 有怨言, 下獄死)"

후세 사람들은, 이에 근거하여, 사마천(司馬遷)이 기원전 93년 말에 죽었을 것이라고 추측한다. 왜냐하면, 사마천(司馬遷)은 그 해

무(政務)와 명령 일체를 책임지고 통괄하는 정부의 사실상의 수뇌가 된다.

522) 살신지화(殺身之禍): 목숨을 잃는 재앙(災殃).

523) 대역부도(大逆不道): 왕권을 범하거나 어버이를 죽이는 따위의 큰 죄로 사람의 도리에 어긋남. 또는 그런 행위.

524) 폭사(暴死): 갑자기 참혹하게 죽음.

525) 잠실(蠶室): 여기서는 고대 중국의 '궁형(宮刑)'을 행하는 감옥'을 의미한다.

11월 '임안(任安)에게 보내는 글(報任安書)'을 썼다는 이유로 하옥(下獄)당하기 때문이다.

어떤 사람들은, ≪사기(史記)·효경본기(孝景本記)≫와 ≪사기(史記)·위장군표기열전(衛將軍驃騎列傳)≫ 중에 '효무황제(孝武皇帝)'와 '무제(武帝)'라는 호칭이 출현함을 근거로, "사마천(司馬遷)이 한무제(漢武帝) 유철(劉徹)을 시호(諡號)[526]로써 부르고 있는 걸로 보아, 무제(武帝) 사후(死後)에도 분명히 살아 있었을 것"이라고 하면서, 사마천(司馬遷)은 기원전 86년, 즉 한(漢)나라 소제(昭帝) 즉위 초년(初年)에 죽었을 것이라고 주장한다.

또 다른 사람들은, 무제후원이년(武帝後元二年), 즉 기원전 87년에 곽양(郭穰)[527]이 이미 중알자령(中謁者令)을 맡고 있는 사실을 들어서, 사마천(司馬遷)이 이때 이미 파면당했거나 죽었을 것으로 추정하고 있다.

구체적인 기록들이 남아 있지 않기 때문에, 후세 사람들은 그저 추측에만 의존하지 않을 수 없다. 이처럼, 태사공(太史公)의 사인(死因)과 졸년(卒年, 죽은 해)은, 끝내 미해결의 숙제로 남겨져 있는 것이, 목전(目前)의 실정(實情)이다.

---

526) **시호(諡號)**: 임금이나 정승, 유현들이 죽은 뒤에 그들의 공덕을 칭송하여 주던 이름.

527) **곽양(郭穰, ?~?)**: 한무제(漢武帝) 때의 환관(宦官).

왕소군

11. 왕소군이 변경으로 간 이유

왕소군(王昭君)[528]은, 중국 역사상 그 유명한 '4대 미인'[529] 중의

하나다. 그녀는 전한(前漢) 시대 남군(南郡) 자귀(秭歸, 지금의 호남성)

사람으로, 이름을 장(嬙)이라고 하였다. 그녀는 방년 17세의 나이에,

---

528) **왕소군(王昭君)**: 이름은 장(嬙). 자는 소군. BC 33년(竟寧 1) 흉노(匈奴)와의 친화정책을 위해
흉노왕 호한야선우(呼韓邪單于)에게 시집가서 아들 하나를 낳았다. 그뒤 호한야가 죽자 흉
노의 풍습에 따라 왕위를 이은 그의 정처(正妻) 아들에게 재가하여 두 딸을 낳고, 그곳에
서 생을 마쳤다. 그녀의 이야기는 후세에 널리 전송되었으며, 많은 문학작품에서도 다루
어졌다. 그중에서 진(晉)의 석숭(石崇)이 작사·작곡하여 기녀에게 부르게 했다는 '왕명군
사(王明君辭)'가 가장 유명하다. 두보(杜甫)와 이백(李白)을 비롯해서 당대(唐代)의 시인들도
이 이야기를 즐겨 썼다. 원·명대에는 희곡으로도 각색되어있는데, 특히 원대 마치원(馬致遠)
의 희곡 '한궁추(漢宮秋)'가 최고의 걸작으로 꼽는다.

529) **4대 미인**: 중국의 대표적인 미녀 네 명, 다시 말해서 서시(西施), 초선(貂蟬), 왕소군(王昭君),
양옥환(楊玉環) 등 4명의 미인을 말한다.

한원제(漢元帝)[530]에게 뽑혀 궁중으로 들어간다. 그 후 그녀는, 친선(親善) 사절(使節)을 자원하여 국경을 넘어 흉노에게로 간 다음, 양국의 우호관계와 평화를 위해 적극적인 공헌을 하게 된다. 대의(大義)를 위한 왕소군(王昭君)의 이와 같은 행보는, 다른 세 명의 미녀들이 감히 추종하기 어려운 점이다. 이 때문에 그녀는, 사람들의 뜨거운 사랑과 존중을 받게 된다. 그렇다면, 왕소군(王昭君)은 어째서 한(漢)나라 궁실의 편안한 생활을 내팽개치고, 굳이 춥고 황량한 흉노의 땅으로 가는 길을 자원(自願)한 것일까?

이 문제에 답하기 위해서는, 우선 한(漢)나라 궁실의 미인 선발의 얘기로부터 시작하지 않으면 안 된다. 한(漢)나라 왕실은, 정기적으로 대량의 궁녀들을 선발하여 황실(皇室)에서 시중을 들게 한다. 한원제(漢元帝)는 그 한명 한명을 만나볼 수도 없고 해서, 우선 화공(畵工)인 모연수(毛延壽)를 시켜 괜찮은 미녀들의 초상화를 그려오게 한 다음, 그 그림을 보고 가부(可否)를 결정하는 방법을 택한다. 그러자 궁녀들은 너나없이 모연수(毛延壽)에게 뇌물을 바치면서, 자신이 황제의 부름을 받을 수 있도록 그림을 좀 잘 그려 달라고 부탁을 한다.

---

530) 한원제(漢元帝, BC 75년~BC 33년): 유석(劉奭). 전한의 제10대 황제. 선제(宣帝)의 맏아들이다. 성격이 부드럽고 어질어 유학(儒學)을 좋아했다. 통치하는 동안 부역과 세금이 번거롭고 가중되었으며, 변방이 불안하고 백성들은 유리(遊離)하는 등 정치가 날마다 부패 일로를 치달았다. 재예(才藝)가 많았고, 사서(史書)에도 밝았으며, 음률에도 정통했다. 16년 동안 재위했다.

모연수(毛延壽)는 왕소군(王昭君)의 초상화를 그려주면서, 그녀에게, '돈을 내면 황제의 부름을 받을 수 있게 해주겠다'는 암시를 한다. 그러나 자신의 뛰어난 미모에 큰 자신감을 갖고 있었던 왕소군(王昭君)은, 모연수(毛延壽)에게 굳이 돈을 쓰고 싶어 하지 않는다. 그러자 모연수(毛延壽)는, 왕소군(王昭君)의 그림에다 해코지를 한다. 왕소군(王昭君)의 보잘것없는 초상화를 받아든 한원제(漢元帝)는, 왕소군(王昭君)에게 아무런 관심을 보이지 않는다. 매혹적인 미모의 왕소군(王昭君)은, 황제의 냉대 속에서 마음에 상처를 입은 채, 외롭고 쓸쓸하게 살아간다.

전한(前漢) 시절에 흉노족들은, 서북쪽 변방에서 끊일 새 없이 소요(騷擾)를 일으켰다. 침략을 다 막았다 싶으면, 그들은 재차 침범을 해오고, 또 침범을 해왔다. 이 때문에 한원제(漢元帝)가 골머리를 앓고 있는데, 때마침 흉노의 선우(單于)인 호한야(呼韓邪)[531]가, '한(漢)나라 여인과 혼인을 하여 한집안 식구처럼 세세대대(世世代代) 영원히 우호 관계를 유지하고 싶다'는 제안을 해온다. 한원제(漢元帝)는 너무나 기뻐, 친선의 표시로 호한야(呼韓邪)에게 다섯 명의 궁녀를 보내기로 한다. 그러자 오랫동안 깊은 궁안에 틀어박혀, 황제

---

531) 호한야 선우(呼韓邪單于, ?~BC 31년): 몽골말로는 'Uhaanyehe'라고 하고, '깊은 지혜, 많은 지혜'라는 의미를 지니고 있다. 전한(前漢) 말엽의 흉노족의 선우(單于)로서, 재위 기간은 기원전 58년~기원전 31년까지였다. 그는 중원(中原) 땅에 와서 황제를 알현한, 첫 번째의 흉노 선우(單于)였고, 왕소군(王昭君)과의 혼인으로 일반에게 널리 알려지게 되었다.

의 얼굴조차 보지 못하며 지내는 자신의 처지를 크게 비관하고 있던 왕소군(王昭君)은, 자진해서 오랑캐에게 시집가겠다고 한다. 비록 그 명분이야 두 나라의 우호와 평화를 위해서였지만, 사실은 스스로 산송장을 자원한 것이나 다름이 없었다.

마침내 호한야 선우(呼韓邪單于)가 성대하게 아내를 맞이하는 그 날이 왔다. 그 날 화려하게 차려입은 소군(昭君)의 아름다운 모습은, 보는 이를 압도하고, 후비(后妃)[532]들의 모습을 여지없이 초라하게 만들어 놓고야 말았다. 그녀의 모습을 본 한원제(漢元帝)는, 깜짝 놀라고 만다.

'후궁(後宮) 중에, 어찌 이토록, 사람의 혼을 빼놓는 절세미인이 있었단 말인가! 그렇다고 흉노와의 약속을 저버릴 수도 없는 노릇이니, 고통스럽지만 포기해야겠다.'

원제(元帝)의 표정을 본 소군(昭君)도 마음속으로 이렇게 말한다.

'황상(皇上)께서 드디어 눈을 뜨셨군요! 잘 보세요, 나 소군(昭君)이 과연 어떤 여자인지를…! 당신이, 만리장성 너머 머나먼 북녘땅으로 쫓아보내고자 하는 여자가 바로 저랍니다.'

---

532) 후비(后妃): 황후와 후궁.

호한야(呼韓邪)가, 여신(女神) 같은 미모의 왕소군(王昭君)을 데리고 훌쩍 떠나버린 뒤, 화가 머리끝까지 치밀어 오른 한원제(漢元帝)는 모연수(毛延壽)를 죽여버린다.

막북(漠北)[533]에 도착한 왕소군(王昭君)은, 호한야 선우(呼韓邪單于)와 서로 손님처럼 깍듯이 존경하며 살아간다. 둘 사이에는 '이도지아사(伊屠智牙師)'라는 아들도 하나 생긴다. 그러나 불행하게도, 이미 나이가 적지 않았던 호한야 선우(呼韓邪單于)는, 몇 년 뒤 세상을 떠나고 만다. 그가 세상을 떠난 뒤, 선우(單于)의 아들은, 흉노족들의 풍습에 따라 소군(昭君)과 혼인을 하자고 한다. 친족관계의 혼란과 예도(禮度)에 어긋남을 우려한 왕소군(王昭君)은, 한(漢)나라 왕실에 글을 올려, '한(漢)나라로 돌아가고 싶다'고 전한다. 그러자 한성제(漢成帝)[534]는, 칙령을 내려서, '대국적인 견지에서 오랑캐의 풍습에 따르라'고 하면서, '흉노와의 우호 관계를 위해 계속해서 공헌하라'고 이른다. 왕소군(王昭君)은, 그의 명령대로 부주누약제 선우(復株累若鞮單于)[535]와 다시 혼인하게 된다. 부부 간의 금실이 좋았던

---

533) **막북(漠北)**: 고비 사막 이북 지역. 주로 외몽고를 가리킨다.

534) **한성제(漢成帝, BC 52년~BC 7년)**: 유오(劉驁). 전한의 제11대 황제. 자는 태손(太孫)이다. 원제(元帝)의 맏아들이다. 즉위한 뒤 주색(酒色)에 빠져 가희(歌姬) 조비연(趙飛燕)을 총애하고 황후로 삼았다. 또 조비연의 언니는 소의(昭儀)로 삼았다. 외척 왕씨(王氏)들이 정권을 잡아 외할아버지 왕봉(王鳳)과 왕숭(王崇), 왕상(王商), 왕근(王根) 및 외삼촌 왕망(王莽) 등이 모두 봉후(封侯)되어 고위직에 올랐다. 정치는 부패하고 백성들은 떠돌아다녀 이로 인해 민중들의 항쟁이 야기되었다. 27년 동안 재위했다.

535) **부주누약제(復株累若鞮, ?~?)**: 호한야 선우(呼韓邪單于)의 장자(長子). 부친의 뒤를 이어 기

둘은, 수복거차(須卜居次)와 당우거차(當于居次)[536]라는 두 딸을 낳는
다. 그 후부터 한(漢)나라의 서북쪽 변방은, 아주 평화롭고 백성들
간의 왕래가 잦게 된다. 소군(昭君)이 죽은 뒤, 그녀의 무덤은 부모
의 나라가 있는 쪽을 향해 만들어진다. 그녀의 무덤가에는 일 년 사
시사철 파란 초목이 무성했다. 이 때문에 사람들은, 그녀의 무덤을
'청총(靑冢)'이라고 불렀다.

　애초에 소군(昭君)이 국경을 넘어 변방으로 건너간 것은, 황제의
총애를 받을 수 없게 되자, 홧김에 그런 것이었다. 그러나 소군(昭
君)은, 일단 국경을 넘자, 양국의 평화라는 막중한 임무를 가슴속 깊
이 간직한 채, 두 민족 간의 교류와 화해를 위해 끊임없는 노력을 아
끼지 않는다. 그리하여 흉노족들에게 농업 생산 기술을 가르쳐서,
다른 나라의 식량을 약탈하는 대신에, 자급자족해서 생활할 수 있
는 능력을 길러줌과 동시에, 문화와 예절을 가르치고 전수하여, 정
벌과 약탈의 마음을 버리고 변방 민족끼리 평화롭게 왕래할 수 있
도록 만든다. 결국 소군(昭君)의 출새(出塞)[537]는, 변경의 평화 및 흉
노(匈奴)와의 우호 관계 형성을 위해서, 매우 적극적인 공헌을 하게

원전 31년부터 기원전 20까지 선우(單于)의 위(位)에 있었다. 부친의 아내인 왕소군(王昭君)
과 결혼하여 두 딸을 두었으며, 재위 기간 동안, 부친의 유지를 받들어 한(漢)나라와의 우
호관계를 적극적으로 개선함으로써, 양국의 우호와 평화를 위해 큰 기여를 했다.
536) 수복거차(須卜居次)와 당우거차(當于居次): '거차(居次)'란 말은, 몽골어로 '공주'라는 뜻을
지니고 있다.
537) 출새(出塞): 국경을 넘어 변경으로 감.

된다.

다만, 이와는 다소 다른 해석 방법을 내놓는 사람들도 있다. 그들의 주장에 따르면, 소군(昭君)의 출새(出塞)는, 모연수(毛延壽)가 안출(案出)한 구국(救國)의 계책이다. 경녕(竟寧) 원년(元年)[538]에 소군(昭君)은, 한(漢)나라 궁궐에 뽑혀 들어간다. 소군(昭君)의 어여쁜 자태를 본 궁정(宮廷) 화공(畵工) 모연수(毛延壽)는, 이미 여색에 빠져 지내던 한원제(漢元帝)가 걱정되기 시작한다. 그가, 그녀에게 빠져서 나라를 그르칠 게 뻔했기 때문이다. 이러한 이유로, 그는 일부러 왕소군(王昭君)의 얼굴을 추하게 그려 놓는다. 아닌게 아니라, 그녀의 추한 초상화를 본 한원제(漢元帝)는, 왕소군(王昭君)을 부르지 않는다. 그는 그러기는커녕, 도리어 그녀를 호한야 선우(呼韓邪單于)에게 보내 버린다.

어떤 사람들은, 모연수(毛延壽)야말로 한(漢)나라 왕실(王室)에 충성을 다한 사람이라고 주장한다. 만약 원제(元帝)가 왕소군(王昭君)을 총애했더라면, 그는 정사(政事)를 전폐(全廢)하고, 나라와 백성을 송두리째 말아먹고 말았을 것이다. 이 설(說)에서는, 모연수(毛延壽)가 정도 이상으로 미화(美化)되어 있다. 그러나 이 문제는, 좀 더 깊이있게 음미해볼 필요가 있다. 왕소군(王昭君)이 정말로 재앙의 원인이었다고 한다면, 흉노로 간 그녀가, 그냥 잠자코 있었을까?

---

538) **경녕(竟寧) 원년(元年)**: 기원전 33년을 말한다. 경녕(竟寧)은 전한(前漢) 말, 한원제(漢元帝) 유석(劉奭)의 4번째이자 마지막 연호(年號)다. 1년 동안 사용했다.

그녀는, 한(漢) 왕실(王室)의 푸대접에 앙갚음을 하기 위해서라도, 선우(單于)를 부추겨서 한(漢)나라 땅을 침략하게 하지 않았을까? 또 선무공작(宣撫工作)[539] 따위는 아예 하지도 않았을 것이며, 만약에 소군(昭君)이, 정말로 향락을 좋아하는, 탐욕스러운 여인이었다고 한다면, 흉노를 엉망으로 만들어 놓지 않았겠는가? 그렇지만, 실제는 이와 달랐다. 변경으로 간 소군(昭君)은, 호한야 선우(呼韓邪單于)를 잘 보좌해서 흉노를 잘 다스렸으며, 부족 백성들에게 높은 추앙을 받았다. 따라서 위의 주장처럼, 모연수(毛延壽)가 충신이었다고는 보이지 않는다. 그도 제딴에는 '좋은 일'을 하기는 했다. 즉, 소군(昭君)으로 하여금 실망을 느껴 변경으로 가도록 만든 장본인이 바로 그였고, 이로 인해 변경으로 가게 된 그녀가, 흉노와의 평화 유지를 위해서 적극적인 공헌을 하게 됐으니까 말이다.

소군(昭君)이 출새(出塞)한 이유(理由)에 대해서는, 보는 사람에 따라 견해가 다를 수 있다. 그것은, 그 당시 아직 강대하지 못했던 한(漢)나라 왕실의 현실을 반영한 것으로 볼 수 있겠으며, 무력으로는 분쟁을 해결하지 못하고 친선이란 유화책(宥和策)을 통해서만 변경 문제를 해결할 수 있었던, 당시의 현실을 잘 반영한 것이라고 하겠다.

---

539) 선무공작(宣撫工作): 지방이나 점령지 주민의 민심을 안정시키고, 국가의 정책을 이해시키기 위한 활동.

조비연

12. 조비연 총애의 수수께끼

조비연(趙飛燕)은, 한성제(漢成帝) 유오(劉驁)의 두 번째 황후(皇后)다. 요염한 용모에 춤 솜씨가 뛰어났던 그녀는, 여동생 합덕(合德)과 함께 소의(昭儀)[540]에 봉해져서, 근 10여 년 동안 성제(成帝)의 총애를 독차지한다. 그리하여, 그 귀(貴)하기가 후궁(後宮)의 으뜸이었다. 그렇다면 그녀는 어떤 사유로, '삼천 명이 받아야 할 총애를 그 한몸에 받(集三千寵愛于一身)'[541]게 된 것일까?

---

540) 소의(昭儀): 중국 고대 비빈(妃嬪)의 봉호(封號)로서, 한원제(漢元帝) 때 처음으로 설치했다. 그 지위는 승상(丞相)과 같은 것이었고, 그 작위(爵位)는 제후(諸侯)와 같았다.

541) '集三千寵愛于一身': 백거이(白居易)가 양귀비를 노래한, '장한가(長恨歌)' 중에 나오는 말. "後宮佳麗三千人, 三千寵愛在一身(아리따운 후궁이 삼천 명이나 있지만, 삼천 궁녀가 받을 사랑을 오직 그 한몸에 받았네)"이라고 한 것.

이 물음에 답하기 위해서는, 조비연(趙飛燕)의 가정사(家庭事)로부터 이야기의 실마리를 풀어나가지 않으면 안 된다. 조비연(趙飛燕)의 부친 조임(趙臨)은, 한(漢)나라 궁부(宮府)[542]의 가노(家奴)[543]로서, 집안이 몹시 가난했다. 조비연(趙飛燕)을 낳은 뒤, 그녀의 부친은 기를 능력이 없어, 그녀를 황량한 들판에다 갖다 버린다. 그런 뒤에, 조임(趙臨)은 밤마다 아기가 우는 꿈을 꾸게 된다. 나흘 후, 그곳으로 다시 찾아간 조임(趙臨)은, 아기가 아직 죽지 않고 살아 있음을 발견한다. 그는 할 수 없이 그녀를 안고 집으로 돌아와, 집에서 억지로 기른다. 집안이 너무도 가난했는지라, 조비연(趙飛燕)은 아주 어린 나이에 양아공주(陽阿公主)의 집으로 팔려간다. 그리고 그곳에서 춤과 노래를 배운다. 조비연(趙飛燕)은 아주 총명한 아이였는지라, 머지않아 매혹적인 목청과 뛰어난 춤솜씨의 소유자가 된다.

한번은, 한성제(漢成帝)가 미복(微服)[544]으로 궁 밖을 나섰다가, 양아공주(陽阿公主)의 집에 들르게 된다. 공주는 가기(歌伎)[545]를 불러 성제(成帝)의 흥을 돋운다. 그러자 조비연(趙飛燕)은, 교태로운 눈빛과, 맑고 청아한 목청과, 아리땁고 유연한 춤사위로, 순식간에 성

---

542) 궁부(宮府): 궁정(宮廷)과 관서(官署)의 합칭(合稱).

543) 가노(家奴): 귀족 가정의 하인.

544) 미복(微服): 지위가 높은 사람이 무엇을 몰래 살피러 다닐 때, 남의 눈에 띄지 않도록 초라하게 옷을 입음.

545) 가기(歌伎): 노래와 춤을 업(業)으로 삼는 여자.

제(成帝)의 마음을 사로잡고 만다. 한성제(漢成帝)는 그녀를 데리고 궁(宮)으로 돌아온다. 조비연(趙飛燕)은 욕금고종(欲擒故縱)⁵⁴⁶⁾의 계책을 써서, 사흘 밤을 계속해서 성제(成帝)의 부름에 응하지 않는다. 그러자 성제(成帝)는 정복하고 싶은 욕심 때문에 안달이 나, 밤마다 그녀를 찾아오게 되고, 종내에는 떨어지지 않게 된다.

조비연(趙飛燕)은, 수려한 용모로 보나, 날씬한 몸매와 출중한 춤 솜씨로 보나, 그 어느 모로든, 후궁(後宮)의 비빈(妃嬪) 중에서 군계 일학(群鷄一鶴)과 같은 존재였다. 춤출 때의, 꽃을 따는 듯 파르르 떨리는 그녀의 손동작이나, 바람에 가볍게 나부끼는 듯한 그녀의 몸 동작은, 성제(成帝)의 혼을 송두리째 빼놓는다. 성제(成帝)는 그녀를 위해서, 특별히 한궁(漢宮)⁵⁴⁷⁾의 태액지(太液池)⁵⁴⁸⁾ 안에 있는, 영주(瀛洲)⁵⁴⁹⁾의 고사(高榭)⁵⁵⁰⁾ 위에서 춤을 추게 한다. 춤판이 벌어지자, 성제(成帝)는 옥가락지로 박자를 맞추고, 풍무방(馮無方)⁵⁵¹⁾은 생황(笙

---

546) 욕금고종(欲擒故縱)의 계책 : 더 큰 것을 잡기 위해 일부러 놓아주는 계책.

547) 한궁(漢宮) : 당시 한(漢)나라 최대의 궁전이었던 건장궁(建章宮)을 말한다.

548) 태액지(太液池) : 한(漢)나라 때 궁전 안에 있던 연못 이름으로, 건장궁(建章宮) 북쪽에 있었고, 이 연못 안에 봉래(蓬萊) 방장(方丈) 영주(瀛洲) 등의 3개의 산(山)이 있었다. 참고로, 당(唐)나라 시대에도 대명궁(大明宮) 안에 태액지(太液池)가 있었다.

549) 영주(瀛洲) : 중국 전설에서, 신선이 산다는 삼신산(三神山)의 하나로, 여기서는 태액지(太液池) 안에 인공적으로 만들어 놓은 산의 이름이다.

550) 고사(高榭) : 지면보다 높게 올려 지은, 칸막이나 문턱이 없는 넓은 방.

551) 풍무방(馮無方, ?~?) : 한성제(漢成帝) 때 사람으로 관(官)이 시랑(侍郞)에 이르렀으며, 음악에 정통하였다는 것 이외에는, 알려져 있는 것이 없다.

簧)을 불어 반주(伴奏)한다. 그 음악에 맞춰 조비연(趙飛燕)은, '귀풍송원곡(歸風送遠曲)'552)을 춤춘다. 그때, 어디로부턴가 몰아치는 일진광풍(一陣狂風)553)에, 조비연(趙飛燕)은 균형을 잃고 자칫하면 물속으로 떨어질 위기에 처하게 된다. 다행히 풍무방(馮無方)이 그녀의 치마를 재빨리 움켜쥔 덕택에, 그녀는 무사할 수 있게 된다. 한성제(漢成帝)는 흥을 돋우기 위해, 다시 궁녀에게 수정 쟁반을 손으로 받쳐 들게 한 다음, 비연(飛燕)에게 그 위에서 춤을 추며 노래를 부르게 한다. 조비연(趙飛燕)의 절묘한 춤 솜씨는, 참으로 전무후무(前無後無)한 것이었다. 이에 한성제(漢成帝)는 이 참신한 볼거리에 흠뻑 젖어들어서, 그녀를 더욱더 사랑하게 된다.

　조비연(趙飛燕)은 얼굴만 예뻤던 것이 아니라, 그 마음씀씀이도 매우 치밀했다. 그녀는 성제(成帝)의 마음을 확실하게 붙들어 놓기 위해, 다시 자신보다 용모가 더 뛰어난 여동생 조합덕(趙合德)을 성제(成帝)에게 추천한다. 조합덕(趙合德)의 미모는 금세 성제(成帝)의 마음을 흔들어 놓게 되고, 합덕(合德)의 따뜻한 마음씨는 성제(成帝)를 더욱더 그녀에게 빠져들게 한다. 한성제(漢成帝)는 마침내, 조씨

---

552) **귀풍송원곡(歸風送遠曲)**: 조비연(趙飛燕)이 지은 시가(詩歌)로, '귀풍송원조(歸風送遠操)'라고도 부른다. 노래의 1절은 대략, "가을 바람 쓸쓸하게 불어오고 찬 서리 내리는데, 긴긴밤을 잠 못 들고 임을 그린다"'는 줄거리를 담고 있고, 2절은 "찬서리 내리고 광풍 몰아치는데, 신선되어 멀리 떠나고자 하니까 임이 나를 손바닥 안에 두고 싶어한다"는 내용을 담고 있다. 원곡은 다음과 같다. "秋風起兮天隕霜, 懷君子兮渺難忘, 感予意兮多慨慷! 天隕霜兮狂飈揚, 欲仙去兮飛雲鄕, 威予以兮留玉掌!

553) **일진광풍(一陣狂風)**: 한바탕 부는 사납고 거센 바람.

(趙氏) 자매가 한순간만 눈앞에 보이지 않아도 마음이 불안해질 정도가 되고 만다. 그리하여 성제(成帝)는, 두 자매의 말이라면 무엇이나 다 들어주게 된다. 그러자 두 자매는 서로 모의(謀議)를 하여 허 황후(許皇后)⁵⁵⁴⁾를 모함에 빠뜨린다. 그들의 말에 따라 성제(成帝)는 허 황후(許皇后)를 폐위한다. 그리고 조비연(趙飛燕)을 새로운 황후로 책봉하고, 조합덕(趙合德)을 소의(昭儀)로 삼는다. 황제의 은총을 독차지하게 된 조씨(趙氏) 자매는, 이로부터 후궁(後宮)들의 생살여탈권(生殺與奪權)을 손아귀에 쥐고서 안하무인(眼下無人)처럼 행동한다.

조씨(趙氏) 자매는 황제의 은총은 받았지만, 임신은 하지 못한다. 다른 비빈(妃嬪)들이 아들을 낳아서 황후의 자리를 위협할까 두려워한 그들은, 다른 궁녀들을 미친듯이 학대한다. "아들을 낳은 궁녀들은 모두 죽여버렸고, 낙태(落胎)를 당한 궁녀들의 숫자도 무수히 많았다.(生子者輒殺, 墮胎無數)" 이 때문에 당시 민간에서는, "연비

---

554) **허 황후(許皇后, BC 1세기?~BC 8년)**: 한성제(漢成帝)의 첫 번째 황후로, 이름은 실전(失傳)되었다. 한선제(漢宣帝)의 황후 허평군(許平君)의 조카딸이다. 허 황후(許皇后)는 명문가 출신으로 재색(才色)을 겸비하였다. 특히 문장에 뛰어나서 10여 년 가까이 한성제(漢成帝)의 사랑을 독차지하였다. 그 때문에 다른 비빈(妃嬪)들은 황제의 사랑을 받지 못하였다. 그러나 나이가 들면서 황제의 사랑도 시들해진다. 게다가 슬하의 자식들도 모두 요절하여 끝내는 사랑을 잃게 된다. 조비연 자매의 입궁(入宮)으로 기원전 18년에는 폐위된다. 폐위 후, 순우장(淳于長)을 통해 복위(復位)를 시도했다가 일이 발각되어, 기원전 8년 한성제(漢成帝)의 칙령으로 자살한다.

래 탁황손(燕飛來 啄皇孫, 제비가 날아와 황손을 쪼아먹는다)"555)이라는 동요가 널리 퍼졌다고 한다. 궁에서 사내아이를 낳은 궁녀들은, 끝내는 핍박으로 죽음을 당하고, 황제의 아들마저도 궁 밖으로 버려진다. 한번은, 허미인(許美人)556)이 아들을 낳았다. 그러자 조합덕(趙合德)은 울고불고하면서 성제(成帝)를 핍박한 뒤, 그들 모자(母子)를 사사(賜死)557)하게 만들고 만다. 여색(女色) 때문에 판단력을 잃은 한성제(漢成帝)는, 불혹(不惑)이 넘은 나이에도 슬하에 자식이 하나도 없었다. 그는, 오로지 조씨(趙氏) 자매의 기분을 맞춰주기 위해서 두 번씩이나 아들을 죽이면서, 국가나 정치 따위는 안중에도 없었다.

그렇다면, 조씨(趙氏) 자매는 왜 임신을 못 했을까? 그들은 원래 피부를 뽀얗고 부드럽게 만들기 위해, 배꼽 안에 환약(丸藥)을 집어넣었다. 이 약은 워낙에 약효가 좋아, 사용 즉시 피부가 희고 매끄럽고 생기에 넘쳤고, 살에서는 무엇인지 달콤한 냄새가 났다. 그리고 사람의 마음을 미묘하게 자극하는 그 향기는, 한성제(漢成帝)로 하여금 더욱더 욕망을 자제하지 못하게 했으며, 그와 잠자리를 같이하지 않고서는 견딜 수 없게 만들었다. 두 자매는 성제(成帝)의 마음을 단단히 홀려서 성제(成帝)의 정력(精力)을 소진시킨다. 그러자 성제(成帝)는 보약을 먹어가면서 음욕(淫慾)을 충족시킨다. 또 방사(方

---

555) 燕飛來 啄皇孫: 조비연(趙飛燕) 때문에 황손들이 다 죽는다는 말이다.
556) 허미인(許美人, ?~?): 한성제(漢成帝)의 비빈(妃嬪) 중의 하나.
557) 사사(賜死): 왕이 죄인에게 독약을 내려 스스로 목숨을 끊도록 하는 일.

士)[558]들은 방사들대로 어떻게든 성제(成帝)의 환심을 사기 위해, 다투어 단약(丹藥)[559]을 갖다 바친다. 처음에는 단약(丹藥)을 하나만 먹어도 정신이 흥분되어, 미인과 잠자리를 같이하게 되면 젊음을 되찾은 것만 같았다. 그러나 장기 복용을 하다 보니 복용하는 약의 양이 자꾸만 늘어나게 되어, 결국에는 19알의 단약(丹藥)을 한꺼번에 복용하고서 행사(行事)[560]를 하다가, 그는 설양(泄陽)[561]으로 사망하고 만다.

성제(成帝)가 조합덕(趙合德)과 잠자리를 같이하다가 죽게 되자, 조야(朝野)[562]는 들끓기 시작한다. 조정의 신하들은, 모든 것이 조합덕(趙合德) 때문이라며 성토(聲討)를 한다. 그러자 죄책감에 시달린 조합덕(趙合德)은, 그만 자살을 하고 만다.

한성제(漢成帝) 사후, 조비연(趙飛燕)의 도움으로 성제(成帝)의 조카 유흔(劉欣)이 즉위하게 된다. 새로운 황제는 고마움의 표시로, 그녀를 원래대로 황태후의 자리에 앉힌다. 6년 뒤, 애제(哀帝)[563]가 세

---

558) **방사(方士)** : 신선의 술법을 닦는 사람.

559) **단약(丹藥)** : 먹으면 죽지 않고 오래 산다는, 신선이 만든 영약.

560) **행사(行事)** : 남녀 간에 성적 관계를 맺는 행위를 비유적으로 이르는 말.

561) **설양(泄陽)** : 소변을 보듯이 계속 사정(射精)함을 이르는 말로, 정액이 다하면 사망에 이르게 된다.

562) **조야(朝野)** : 조정과 민간을 통틀어 이르는 말.

563) **애제(哀帝, BC 26년~BC 1년)** : 원제(元帝)의 손자이자 성제(成帝)의 조카로, 본명은 유흔(劉欣)이다. 성제(成帝)의 태자가 되었다가, 성제가 급사(急死)함에 따라 19세에 즉위하였다. 당시 빈부의 차가 격심하였기 때문에 즉위년에 사단(師丹)의 건의에 따라, 제후왕(諸侯王)

상을 떠난다. 그러자 대사마(大司馬)[564] 왕망(王莽)[565]이 조비연(趙飛燕)에게 '황제의 아들을 살해한 죄'를 물어서, 스스로 목숨을 끊게 한다. 권력자의 사랑을 한몸에 받으며 한 시대를 풍미하던 조비연(趙飛燕)은, 이렇게 해서 저세상 사람이 되고 만다.

조비연(趙飛燕)이 일개 하찮은 가기(歌伎)의 신분에서 황후의 자리에까지 오를 수 있었던 것은, 그녀가 기회를 잡는 데 능했기 때문이며, 수단과 방법을 가리지 않고 여색을 좋아하는 성제(成帝)의 마음을 휘어잡았기 때문이다. 그녀는 성제(成帝)의 환심을 사기 위해, 여동생 합덕(合德)을 바쳤다. 그리고 성제(成帝)의 음심(淫心)을 불러일으키기 위해 몸에서 향이 나게 하는 환약을 사용하였으며, 성제(成帝)가 무절제하게 성욕에 탐닉케 하기 위해 적극적으로 춘약(春藥)[566]을 모아들였다. 또 스스로는 노래와 춤을 악착스럽게 익힌 뒤, 갖은 방법을 다 써서 성제(成帝)를 유혹했다. 그런가 하면, 온갖 지혜를 다 짜내서 허 황후(許皇后)를 모함에 빠뜨리고, 끝내는 국모(國

이하의 토지 소유와 노비 소유를 제한하기 위하여 한전법(限田法)을 반포하였으나 반대자가 많았다. 그 역시 총신(寵臣)인 환관(宦官) 동현(董賢)에게 광대한 토지를 주었기 때문에 이 법령은 시행되지 않았고, 사회 불안이 한층 증대함으로써 한(漢)왕조는 쇠퇴하였다.

564) 대사마(大司馬): 군사와 군대를 맡아보던 벼슬 이름으로, 병조판서에 해당한다.
565) 왕망(王莽, BC 45년~AD 23년): 전한(前漢) 말의 정치가이며 신(新) 왕조(AD 8년~AD 24년)의 건국자. 산동(山東) 출생. 한(漢)나라 원제(元帝)의 왕후인 왕(王)씨 서모의 동생인 왕만(王曼)의 둘째 아들. 갖가지 권모술수를 써서 선양혁명(禪讓革命)에 의하여 전한의 황제권력을 빼앗았다.
566) 춘약(春藥): 성욕을 일으키는 약.

母)의 지위에 올라 삼천 궁녀가 받아야 할 사랑을 한몸에 받게 되었다. 그러나 그러한 그녀도 종국에는, 횡사(橫死)[567]라는 비극적인 말로(末路)를 벗어날 수 없었다.

---

567) **횡사(橫死)**: 뜻밖의 재앙이나 사고로 제명을 다하지 못하고 죽음.

색인

ㄴ

ㅂ

사(士) 77
사공(司工) 252
사공(司空) 252
사구(沙邱) 229, 239
사기색은(史記索隱) 248
사대 미인 312
사마염(司馬炎) 59
사마정(司馬貞) 248
사마천(司馬遷) 58, 303

ス

ㅊ

ㅌ

ㅍ

ㅎ

중국 옛 명사들의 삶과 수수께끼 (고대편)

초판 1쇄 발행일 2014년 5월 12일

편저 왕장안
역주 김영준
펴낸이 박영희
편집 배정옥·유태선
디자인 김미령·박희경
인쇄·제본 태광인쇄
펴낸곳 도서출판 어문학사
　　　　서울특별시 도봉구 쌍문동 523-21 나너울 카운티 1층
　　　　대표전화: 02-998-0094 / 편집부1: 02-998-2267, 편집부2: 02-998-2269
　　　　홈페이지: www.amhbook.com
　　　　트위터: @with_amhbook
　　　　블로그: 네이버 http://blog.naver.com/amhbook
　　　　다음 http://blog.daum.net/amhbook
　　　　e-mail: am@amhbook.com
　　　　등록: 2004년 4월 6일 제7-276호

ISBN 978-89-6184-336-2 93910
정가 16,000원

이 도서의 국립중앙도서관 출판시도서목록(CIP)은 e-CIP홈페이지(http://www.nl.go.kr/ecip)와
국가자료공동목록시스템(http://www.nl.go.kr/kolisnet)에서 이용하실 수 있습니다.
(CIP제어번호: CIP2014011954)

※잘못 만들어진 책은 교환해 드립니다.